마음의 고향

마음의 고향 제三권

지은이 | 淸華 큰스님
엮은이 | 정환담, 김영동
펴낸이 | 김원중
발행인 | 昊 曼

편　　집 | 백진이, 김애경
디 자 인 | 옥미향, 송효신
마 케 팅 | 배병철
관　　리 | 박선옥

초판인쇄 | 2008년 8월 20일
초판발행 | 2008년 8월 25일

출판등록 | 제301-1991-6호(1991.7.16)

펴 낸 곳 | (주)상상나무
　　　　　도서출판 상상예찬
주　　소 | 서울시 마포구 상수동 324-11
전　　화 | (02)325-5191 팩　스 | (02)325-5008
홈페이지 | http://smbooks.com

ISBN 978-89-86089-20-2　03220

값 13,000원

*잘못된 책은 바꾸어 드립니다.

마음의 고향

淸華 큰스님 법문집

제 三 권

眞如實相法門
진여실상법문

상상예찬

발간사

　전문적인 참선(參禪) 명상수행자(瞑想修行者)뿐 아니라 여러 가지 병고(病苦)와 불안의식 속에서 현대를 살아가는 어느 누구에게나 청화(淸華) 큰스님의 법문은 언제나 감로(甘露)의 향기와 같이 최선의 행복(幸福)과 참다운 마음의 평화(平和)와 영원한 해탈의 자유(自由)를 가져다주었습니다.

　그동안 청화대선사(淸華大禪師)의 금구성언(金口聖言)을 금륜회(金輪會)에서 '마음의 고향' 소책자로 발간하여 법보시(法布施)로 널리 보급한 바 있습니다. 이제 인연이 되어 소책자 전체를 단행본 전집 시리즈로 발간하기로 사부대중의 의견을 모았습니다.

　그렇게 하여 「마음의 고향」 시리즈가 기획되었습니다. 불도(佛道)와 참선의 기본 의미를 알려주는 제1권 '순선안심법문' 편, 수행자(修行者)들이 지켜야 할 계율과 마음가짐을 일깨워주는 제2권 '수행자법문' 편, 그리고 진여실상을 강조하신 법문을 모아 이번에 제3권 '진여실상법문(眞如實相法門)' 편을 발간하였습니다.

　큰스님께서는 참선 명상수행의 핵심을 20여년의 장구한 세월동안 '정통선(正統禪)의 향훈(香薰)'에서 '원통불법(圓通佛法)의 요체(要諦)'로 이

끌어주시면서 법이자연(法爾自然)으로 수행자(修行者) 스스로 선오후수(先悟後修)의 순선안심법문(純禪安心法門)인 염불선(念佛禪)에 접근할 수 있도록 팔만사천법문(八萬四千法門)뿐만 아니라 형이상하(形而上下)를 넘나들면서 인류의 최고도의 정신문화(精神文化)로 회통(會通)시켜 주셨습니다.

  항상 진리(眞理)의 비로봉(毘盧峰) 실상(實相)자리에서 삼천대천세계를 심안(心眼)으로 조망(眺望)하시면서 심오(深奧)한 논리와 해박(該博)한 지혜(智慧)로 현대인들의 근기(根機)에 맞게 평이하게 설파하신 큰스님 법문은 종파(宗派)는 물론 종교(宗敎)까지도 초월해서 일반 참선(參禪) 명상 수행자(瞑想修行者)들에게 필독 교과서(敎科書)가 될 것임을 확신합니다.

  바르게 보면 이 자리가 바로 극락세계(極樂世界) 이상향(理想鄕)' 마음의 고향(故鄕)' 입니다. 현전(現前)의 일체존재(一切存在)가 본래시불(本來是佛)로 항상 염불삼매(念佛三昧) 속에서 순수생명(純粹生命)의 광명(光明)으로 찬란하게 장엄(莊嚴)하고 있습니다.

  항상 나무아미타불! 염념상속(念念相續) 기원 드립니다.

2008년 8월

聖輪寺 住持 昊 曼 合掌

너도 불(佛)이고,
나도 불(佛)이고,
만유일체(萬有一切) 두두물물(頭頭物物)
모든 것이 불(佛) 아닌 것은 없다!

나무아미타불(南無阿彌陀佛)!

마음의 고향 제3권 차례

진여실상법문 眞如實相法門

一. 袈裟佛事의 因緣功德 가사불사의 인연공덕   10
二. 安心立命 안심입명   45
三. 眞如佛性 진여불성   85

四. 彼岸의 길 피안의 길   126
五. 南無阿彌陀佛 나무아미타불   178
六. 甘露王如來 감로왕여래   226
七. 一切唯心造 일체유심조   253

부록

- 깨달음과 닦음   276
- 不思議解脫法門 부사의해탈법문   304

인간(人間) 존재(存在)는 원래(原來) 모든 행복(幸福)을 갖추고 있습니다. 진여불성(眞如佛性)자리는 자비(慈悲)도 지혜(智慧)도 능력(能力)도 행복(幸福)도 다 갖추고 있습니다. 우리 인간 본성(本性)은 모두를 다 갖추고 있습니다. 갖추고 있기 때문에 우리가 그 자리에 가버려야 비로소 우리가 안심입명(安心立命)을 합니다.

자비도 지혜도 행복도 능력도 다 갖추고 있는 본성(本性) 자리! 그 자리를 가기 전(前)에는 어떠한 것도 우리한테 만족(滿足)을 주지 못합니다. 행복은 다른 데에 절대로 있지 않습니다. 어느 누구나 나한테 원래 갖추고 있습니다. 내 마음이 없는 사람이 어디에 있겠습니까. 물질이 아닌, 형체(形體)도 없는 그 마음, 마음이 행복을 갖추고 있습니다.

一.　袈裟佛事의　因緣功德
　　　가사불사의　인연공덕

二.　安心立命　안심입명

三.　眞如佛性　진여불성

一. 가사불사(袈裟佛事)의
인연공덕(因緣功德)

> 우리 마음이 본체성(本體性)을 떠나지 않도록 염념상속(念念相續)해야 합니다. 항상 우리의 본성품이 불성(佛性)에서 떠나지 않도록 화두(話頭)를 들고, 염불(念佛), 주문(呪文)도 외우는 것입니다.

　　　　　　　　5월의 춘풍(春風)은 아늑하기도 하고 참으로 평온한 느낌을 줍니다. 이러한 평온한 5월의 훈풍을 타고서 지금 태안사(泰安寺) 동리산(桐裏山)은 새로운 신록(新綠)의 옷을 입고 있습니다.

　이러한 옷이 얼마 안가서는 다시 짙어져서 보다 더 녹음(綠陰)이 무르익어올 것이고, 온갖 여름이 가면 그러한 녹음 또한 가을의 조락(凋落)으로 바뀌고 맙니다. 또 얼마 안가서는 차갑고 앙상한 나뭇가지들만 남깁니다.

이와 같이 사계절(四季節)을 통해서 그때그때 대자연(大自然)은 계절의 옷을 갈아입습니다. 이러한 옷은 계절 따라서 또는 상황 따라서 머물지 않고 그때마다 바뀝니다.

우리 중생(衆生)들도 지금은 사람이 되어서 이러한 사람 모양의 옷을 입었습니다. 그 위에 가지각색의 옷을 입었습니다만 이러한 옷도 상주불변(常住不變)한 것은 아닙니다.

그때그때 경우에 따라서 인연(因緣) 따라서 바꾸어 입을 수밖에 없습니다.

그런데 어떠한 조건이나 상황을 떠나서 영원히 변하지 않는 그런 옷이 있습니다.

산(山)도 역시 봄에는 신록(新綠), 여름에는 녹음(綠陰)이 짙어 가고, 가을에 잎이 떨어지고, 또 겨울에 나목(裸木)이 된다 하더라도 산(山)이라 하는 자체는 변동(變動)이 없습니다.

그와 마찬가지로 우리 사람 역시 비록 중생(衆生)일 때는 업장(業障) 따라서 인간(人間)으로 태어나서 인간의 모양을 하고 있습니다만 항시 인간의 모양을 하고 있는 것은 아닙니다. 중생(衆生)의 인연(因緣)이 다해서 죽으면 그때는 자기 업장(業障)을 따라서 다른 옷을 입는 것입니다.

욕심(慾心)이 너무나 많아서 탐욕심(貪慾心)을 부리면 아귀(餓鬼)의

세계에 가서 아귀(餓鬼)라 하는 귀신(鬼神)의 옷을 입습니다.

또는 더 악독(惡毒)해서 무자비한 짓을 많이 하면 우리 식(識)은, 영혼(靈魂)은 지옥(地獄)에 들어가서 지옥(地獄)의 옷을 입습니다.

어리석기는 하지만 조금 더 나아져서 별로 나쁘지 않은 경우에는 업장이 맑아져서 금생에 죽으면 축생계(畜生界)에 가서 돼지나 소의 옷을 입습니다.

또 사람보다 더 착한 행동(行動)을 해서 보통은 마음이 삼매(三昧)에 잠겨서 마음이 고요하면 우리 의식(意識)은 천상계(天上界)에 태어나서 천상(天上)의 옷을 입습니다.

또 더 나아가서 보다 깊은 공부를 하여 가지고 삼매(三昧), 즉 바른 정견(正見)에 입각한 삼매에 들면 그때는 성문승(聲聞乘)이나 연각승(緣覺乘)이나 또는 보살승(菩薩乘)이라 하는 성자(聖者)의 -구경적(究境的)인 성자는 못됩니다만- 옷을 입습니다.

이와 같이 지옥(地獄)으로부터 차근차근 자기의 업장(業障) 따라서 달리 옷을 입습니다. 그렇게 달리 옷을 입지만 영원히 변치 않는 한 가지 핵심이 있습니다.

영원히 변치 않는 한 가지 핵심의 그 옷이 무엇인가. 그것은 우리 불성(佛性)이고 불심(佛心)입니다.

성품(性品)으로 말하면 불성(佛性)이고, 마음으로 말하면 불심(佛

心)입니다. 이것을 인격(人格)으로 표현한 것이 부처님 아니겠습니까.

부처님이라 하는 그런 경계(境界)에서는 아무리 옷이 사람으로, 일반 축생(畜生)으로 또는 지옥(地獄)으로 그 겉의 모습은 바뀐다 하더라도 알맹이인 핵심(核心)은 변함이 없습니다.

지금 세계적으로 여러 가지 종교(宗敎)도 많이 있고 교리(敎理)도 많이 있습니다.

하지만 이러한 변동(變動)에 따라서 같이 변하지 않는 참다운 모든 존재(存在)의 중심, 모든 그런 종교의 근본, 본질, 본바탕, 이러한 것은 석가모니(釋迦牟尼)부처님 가르침밖에는 없습니다.

우리 불교인(佛敎人)들은 분명히 느끼셔야 하겠습니다. 생사윤회(生死輪廻)에서 우리가 이것 되고, 저것 되고 또는 어떤 경우에 처한다 하더라도 변함이 없는 참다운 생명(生命)뿐입니다.

불성(佛性)을 바로 의식(意識)하고, 불성을 깨닫는 그런 공부는 부처님 가르침 이외에는 없습니다. 그러기에 부처님 가르침은 천상천하(天上天下)에 가장 비교할 수 없는, 천상천하의 무여불(無如佛)입니다.

여기 모이신 우리 불자님들은 이와 같이 천상천하에 비교할 수 없는 그런 가르침을 받을 수 있는 인연(因緣)을 쌓는 것입니다.

이러한 천상천하(天上天下)에 변치 않는 영원한 참다운 생명(生命), 참다운 부처님이 즉 법신(法身) 부처님입니다.

이러한 법신 부처님을 상징(象徵)하고, 법신 부처님을 의미(意味)하는 참다운 옷, 가장 최상(最上)의 옷, 이것이 바로 오늘 우리가 불사(佛事)를 회향(回向)하는 가사(袈裟)입니다.

비록 가사(袈裟)는 천으로 만들고, 또 색도 여러 가지 색으로 해서 만들고 있습니다만 모양은 옷이라 하더라도 가사는 제가 앞서 말씀드린 대로 영원히 변치 않는 불성(佛性), 불법(佛法)을 상징적으로 의미합니다.

이러한 소중한 불법(佛法)을 의미하는 가사불사(袈裟佛事)를 회향하는 것입니다. 가사는 이와 같이 부처님 또는 불법을 의미하는 그러한 소중한 뜻이 있기 때문에 가사에 따른 공덕(功德)이 굉장히 많습니다.

참다운 공덕(功德)은 상(相)을 떠나서, 유루적(有漏的)인 상(相)을 떠나서 무루적(無漏的)인 무위법(無爲法)의 경계에 가 있는 것이 참다운 불성이고 참다운 불법입니다.

불교는 상(相)도, 체(體)도 둘이 아닙니다. 현상(現象)과 본체(本體)가 둘이 아닙니다.

비록 본체(本體)에 있어서 불성(佛性)은 그와 같이 광대무변(廣大無邊)하고, 영생불멸(永生不滅)한 뜻이 있지만 또는 그러한 본체가 그때그때 인연(因緣) 따라서 화현(化現)되는, 본체가 현상화(現象化)되는 그런 것도 무시하지 아니합니다.

　사람으로 이루어지고 앞서 말씀드린 바와 같이 짐승이 되고, 무엇이 된다 하더라도 불성(佛性)은 변함이 없습니다. 불성은 변함이 없기 때문에 인간(人間)도 중요하지만 일반 축생(畜生)이나 또는 기타 식물(植物)이나 어떤 것이나 모두가 다 소중합니다.

　그러한 가운데서 가장 소중한 상징은 즉 법의(法衣), 곧 가사(袈裟)인 것입니다. 그러기에 가사는 도복(道服)이라. 진리(眞理)를 깨닫는 법의(法衣)라 해서 도복입니다. 또한 가사는 자비법의(慈悲法衣)라고도 합니다.

　또 가사는 계법의(戒法衣)라, 또는 가사는 인욕법의(忍辱法衣)라, 즉 그와 같이 가사에 깃들인 공덕이 한도 끝도 없이 많기 때문에 자비(慈悲)나 계(戒)나 인욕(忍辱)이나 이러한 부처님의 모든 육바라밀(六波羅蜜)의 공덕을 원만히 갖추어 있는 그런 법의(法衣)이기 때문에 가사는 무상복전의(無上福田衣)입니다. 위없는 복밭(福田)의 그런 옷인 것입니다.

　여러분께서는 이와 같이 위(上)없는 복밭의 옷을 짓는 불사에 같이 동참하신 것입니다.

　부처님 경전(經典)에 보면 가사불사(袈裟佛事)에 동참하면, 몸이 아프다 하더라도 공경스럽게 일심(一心) 동참하면 몸 아픈 것이 풀리는

것이고 또 우리가 잘못 지어서 금생(今生)의 여러 가지 일이 막힌다 하더라도 가사불사(袈裟佛事)를 공경스럽게, 여법(如法)하게 한다면 그것도 풀리는 것입니다.

옛날 중국 원국(元國)의 대신인 정승(政丞) 한 분이 —그 사람이 아주 바른 사람인데— 참소를 당해서 역적(逆賊)으로 몰렸습니다. 역적으로 몰려서 사형장(死刑場)으로 끌려갔습니다.

끌려가는데 마침 그 집안 사람들이 가사불사(袈裟佛事)를 그야말로 공경스럽게, 정성껏 동참(同參)했단 말입니다. 형장에 끌려가서 망나니가 그런 무서운 칼을 휘둘렀단 말입니다. 목을 쳤습니다. 그러나 그때 그 칼이 두 동강이 되고 맙니다. 두 번째 쳐도 역시 칼이 부러지고 맙니다. 세 번째 쳐도 역시 칼이 부러지고 말았습니다.

그때 그것을 보고 있던 임금이 '이런 괘씸한 일이 있는가? 저 놈이 무슨 요술(妖術)을 부려서 그러는가?' 라면서 임금이 손수 자기 칼을 빼어 들고 목을 베었단 말입니다. 그러나 역시 임금의 그런 보검(寶劍)도 똑깍 부러지고 말았습니다.

이러한 기적적인 일이 생기는 것입니다. 부처님의 법(法)은 현상을 떠나서 심심오묘(甚深奧妙)한 부사의(不思議)한 공덕(功德)이 분명히 있는 것입니다.

다만 우리 중생(衆生)이 사무치게 믿지 못하기 때문에, 정성스럽게 동참을 못했기 때문에 별로 큰 덕을 못 이루는 것이지, 참으로 사무치면 그와 같이 부사의한 복을 주는 것입니다.

용(龍)은 중생(衆生)의 어두운 눈으로는 볼 수 없습니다만 신장(神將)들이나 천신(天神)의 눈으로는 다 볼 수가 있는데, 실은 용은 가상적인 존재가 아니라 분명히 존재하는 축생계의 동물입니다.

그렇기에 부처님 경전에 용두기무(龍頭起舞)라! 용도 가사의 한 조각을 얻으면 축생계를 면해서 천상에 갈 수 있는 복을 받는다고 말했습니다.

또 우각일촉(牛角一觸)이라! 소 우(牛), 뿔 각(角)입니다. 소뿔이 어쩌다가 가사에 부딪히면 잠깐 스치기만 해도 소도 역시 축생계를 면한다고 말합니다. 이러한 공덕(功德)의 힘은 이루 헤아릴 수 없습니다.

이렇게 가사에 따르는 공덕이 헤아릴 수 없는 것이 무엇 때문인가 하면, 가사는 우리 중생을 우리 중생의 본바탕인 성불(成佛)의 길로 이끄는 도복(道服)이고, 해탈(解脫)의 법의(法衣)이기 때문입니다. 그래서 이렇게 가사에 따르는 공덕이 많은 것입니다.

가사(袈裟)는 부처님의 청정무구(淸淨無垢)한 그런 진리(眞理)를 상징하고 또 동시에 가사를 입으면 우리가 가장 빠르게 해탈(解脫)의 길로 부처님의 곁으로 갈 수가 있습니다. 그러므로 가사에 따르는 그런 공덕이 무궁무진(無窮無盡)한 것입니다.

그러나 비록 모양은 이와 같이 가사를 입었다 하더라도 해탈의 길을 바로 못 가면, 다시 바꿔서 말하면 성불의 길에 바로 가지 못하면 그때는 가치가 없습니다. 상대유한적인 가치는 있다 하더라도 참다운 무루(無漏)의 가치(價値)는 없습니다.

가사공덕의 가장 큰 가치, 참다운 가치는 상(相)에 따르는 공덕보다도 -그것은 태양 빛에 비해 반딧불과 같이 미미한 것이고- 이것은 무루법(無漏法)입니다. 해탈의 법, 무루법에 가는 데 있어서 가사공덕의 소중함이 있습니다. 그럼 어떻게 하면 우리가 가장 빨리 성불할 것인가, 이것이 중요한 문제입니다.

가사에 따르는 그런 상(相), 유루법(有漏法)적인 공덕만 바라면 가사불사(袈裟佛事)의 공덕은 별로 없습니다.

그러나 우리는 가사불사(袈裟佛事)를 함으로써 그런 유루적(有漏的)인 재수도 좋고 또는 병도 낳고 여러 가지 복(福)도 받지만 아울러서 보다 근원적인 우주 성불(成佛)의 법(法), 본래 참다운 내가 되고, 참다운 해탈이 되고, -사실은 우리 법이라 하는 것은 세간적인 유위법(有爲法)이나 무루법(無漏法)이나 모든 것이 다 우리의 자성(自性)

입니다- 우리의 불성(佛性)을 밝히는 데에 가장 큰 공덕이 있습니다.

세간이 혼란스럽고 살기가 각박하므로 보통은 다 우선 유위법(有爲法)인 현상적(現象的)인 문제가 잘 되고, 재수가 풀리고, 집안이 잘 되는 것만 바라고 불교(佛敎)를 믿는 분들이 있습니다. 이러한 유위적인 상(相)적인 행복(幸福)의 그런 범주에서만 구하면 제대로 못 봅니다.

재수도 좋고 또는 건강도 풀리고 이러한 상대(相對) 유한적(有限的)인 복(福)도 역시 중요하지만 보다 깊은, 보다 많은 복을 얻기 위해서는 근원적인 해탈(解脫)로 가는 길을 닦아야만 합니다. 그래야만 유위법적인 유한상대 세간적인 복도 더 많이 얻을 수가 있습니다.

어떻게 하면 우리는 빨리 해탈의 길로 갈 것인가. 여기에 모이신 불자님들은 해탈의 길로 가기 위해서 여러모로 인연(因緣) 따라서 공부를 많이 하셨으리라 믿습니다. 그러나 부처님 법은 누가 말한다 하더라도, 비록 어린애가 말한다 하더라도 항시 새롭고 눈물겨울 정도로 감사합니다.

저 같은 사람은 가사(袈裟)를 40년 이상을 입었으나 가사를 입을 때마다 눈물겹도록 감사의 합장(合掌)을 드립니다. 그것은 가사가 오직 제가 말씀드린 바, 우리 범부(凡夫)를 떠나서 해탈(解脫)의 길로 인도하고 해탈을 상징하는 불법(佛法)이기 때문인 것입니다.

지금 우리가 사는 세상은 여지없이 소란스럽습니다. 어째서 소란스러운 것인가. 그것을 분명히 알고 인간(人間)의 존재(存在)가 무엇인가 또는 진리(眞理)의 본바탕이 무엇인가, 인간이 어디서 왔다가 어디로 가는가 하는 이런 문제 그리고 과학(科學)이란 대체로 어떤 것인가, 우리 몸뚱이는 어떤 것인가, 또 물질(物質)이란 무엇인가, 우리가 항상 쓰고 있는 마음은 어떤 것인가 하는 이런 것을 분명히 알면 그렇게들 소란스럽지 않을 것입니다.

가령 마음이라는 문제를 하나 두고서도 구구각색으로 이론(異論)이 굉장히 많습니다. 마음은 하나의 의식(意識)에 불과하다, 의식보다 더 깊을 때는 잠재의식(潛在意識)에 불과하다, 이렇게 해서 어느 정도는 알지만 그런 잠재의식보다 더 깊은 것은 무엇인가? 우리 의식에 가장 근본은 무엇인가?

이러한 우리 마음을 파고 들어가는 마음의 근원적인 도리(道理), 이것을 물어서 확답을 얻는 사람은 적어도 부처님 법을 믿는 사람 외에는 없습니다.

부처님 법을 믿는 사람도 역시 그냥 피상적으로 믿는 분이 많이 있습니다. 그렇기에 불교를 믿는 분도 법(法)에 맞게 행해상응(行解相應)이라, 바른 생각과 행동이 같아야 할 것인데 보통 그렇지가 않습니다.

따라서 우리는 먼저 바른 견해를 세우지 않으면 바로 살아갈 수 없습니다. 즉 말하자면 혼란스러운 것은 우리나라나 세계가 바른 사상(思想)이 확립이 안 되어 있기 때문입니다. 바른 사상이 확립되었다면 인간 세상은 언제나 화평이 넘치는 화장세계(華藏世界)가 되었을 것입니다.

바른 사상을 갖지 못했기 때문에 항시 갈등(葛藤)과 분열(分列)과 반목(反目)이 계속되고 있습니다.

그러면 바른 사상(思想), 바른 견해(見解)는 무엇인가. 대체로 윤곽은 아시지만 이러한 기회를 통해서 저와 더불어 재인식하시길 바랍니다. 바른 견해는 어떤 견해인가.

우리 중생(衆生)의 제한(制限)된 안목(眼目)에서는 천차만별(千差萬別)로 자타(自他)가 있고, 시비(是非)가 있습니다. 여러 가지 그러한 구분이 있다 하더라도 바로 보면 천지우주(天地宇宙)는 오직 하나의 진리(眞理)로 귀일(歸一)되는 것입니다.

만법귀일(萬法歸一)이라! 모든 법(法)이 천차만별로 구분이 있다 하더라도 오직 근원(根源) 바탕은 하나뿐입니다. 근원이 하나인 줄 분명히 알아야 됩니다. 그 하나가 되는 것이 나중에 우리가 죽어서 되는 것이 아니라 지금 분별된 이대로 하나인 것입니다. 우리는 그것을 알아야 합니다.

보통은 만법귀일(萬法歸一)이라 하면 나중에 죽어서 저 몇 억 년 뒤에 하나가 된다, 이렇게 생각하는 분도 있습니다. 그것은 일반 범부의 견해입니다.

잘난 사람, 못난 사람 또는 여러 가지 중생의 천차만별로 무수(無數) 만인의 그런 중생이 있다 하더라도 지금 이대로, 지금 분별된 채로 이대로 하나입니다. 다만 우리 중생은 이 분별(分別)만 보고서 하나인 것을 못 봅니다. 물위에 뜬 파도(波濤)나 거품만 보고 물 자체는 못 봅니다.

성자(聖者)라는 것은 그러한 것을 봄과 동시에 그런 근본바탕을 봅니다. 따라서 우리가 지금 저 사람 강(姜) 씨다 또는 김(金) 씨다, 잘났다, 못났다, 남녀(男女)다, 여(與)다, 야(野)다 하지만 이것은 우리 범부(凡夫)가 보는, 즉 아상(我相)이나 인상(人相)이나 중생상(衆生相)이나 또는 수자상(壽者相)이나 상(相)을 여의지 못하고 보는 것에 불과합니다.

상(相)을 여의고 보면 그때는 무두가 다 하나로 보입니다. 하나로 어떻게 보일 것인가. 모두가 그때는 불성(佛性)으로 보입니다.

불성(佛性)이 인연(因緣) 따라서, 조건(條件) 따라서 이렇게 되고, 저렇게 되고는 했습니다. 그 차이(差異)뿐입니다.

산이 되었거나 냇물이 되었거나 또는 하나의 원자(原子)가 되었거나 근본실상(根本實相), 근본실성(根本實性)은 역시 불성(佛性)뿐입니다.

천지우주(天地宇宙)는 불성뿐입니다. 그런 불성이 가지가지의 인연 따라서 이와 같이 만다라화(曼陀羅華), 바로 훌륭한 여러분들을 모시게 되었습니다.

여러분들을 제가 이렇게 뵌다고 생각할 때는 그야말로 과거 전생(前生)에 무수생(無數生) 동안에 부처님 법(法)을 만나기 위한 그런 선근(善根)을 쌓으신 것입니다.

선근을 안 쌓았으면 부처님 가르침 같은 무상대도(無上大道)를 금생(今生)에 만날 수가 없는 것입니다.

우리는 비록 우리의 제한된 안목에서는 사실은 사람의 허물을 쓰고 있습니다. 사람의 허물을 쓰고 있든, 개의 허물을 쓰고 있든 내내야 우리의 본바탕은 똑같은 불성(佛性)입니다. 우리는 그것을 알아야 됩니다.

비록 지옥(地獄)에 들어가서 그 지옥의 그런 모진 세계의 껍질을 쓰고 있다 하더라도 내내야 알맹이는 불성입니다. 그런데 우리 중생은 탐욕심(貪慾心)이나 또는 분노심(忿怒心)이나 그런 것에 가려져 껍질만 보고서 알맹이를 못 봅니다.

석가모니(釋迦牟尼)나 예수나 또는 공자(孔子)나 그런 성자(聖者)들

은 알맹이를 보는 것입니다. 성자는 번뇌(煩惱)가 없기 때문에 분명히 모든 존재의 실상(實相)을 봅니다.

우리 중생은, 실존(實存)을 못 보는 우리는 하나의 꿈을 꾸고 있습니다. 즉 말하자면 번뇌에 가린 소경인 것입니다.

비록 그 사람이 제아무리 학식(學識)이 많고 지위(地位)가 높고 또는 웅변(雄辯)이 그야말로 무생물(無生物)인 돌이나 하늘에 있는 꽃이 감흥(感興)을 해서 고개를 끄덕끄덕할 정도로 뛰어나다 하더라도 그런 것으로 해서는 불성(佛性)을 못 보는 것입니다.

따라서 불성을 못 보기 때문에 제아무리 웅변을 잘하고, 야당(野黨)이나 여당(與黨)이나 여러 가지 그런 훌륭한 말씀을 많이 하지만 그분들이 부처님을 믿고 참다운 성자가 못되는 한에는 우주만유(宇宙萬有)의 참다운 본바탕인 진리(眞理)는 못 보는 것입니다.

내가 무엇인가 하는 자기 스스로의 참자기는 못 보는 것입니다. 이렇듯 참자기를 못 보는 사람들이 많기 때문에 사회(社會)는 혼란을 면할 수가 없습니다.

그 플라톤도 말을 했습니다만 참다운 성자가 사실은 정치인(政治人)이 되고, 참다운 성자가 정치를 해야만 인류 사회는 비로소 평화스러운 평등(平等)과 자유(自由)를 보장하는 그런 참다운 세계가 온다고 했습니다.

그러나 그렇지 못한 범부의 경우에는 -범부라 하는 것은 마음을 비웠다 또는 무엇을 비웠다 하지만- 언제나 자기 몸뚱이에 걸리고 맙니다. 자기 껍데기에서 걸리고 또는 자기 권속에 걸리고 맙니다. 상대 유한적인 여러 가지 물질에 걸려 있습니다.

그런 제한된 견해로 해서는 참다운 진리를 모를 뿐만 아니라 남을 이끌 자격도 사실 없는 것입니다.

그러기에 정말로 이상적(理想的)인 사회가 되기 위해서는 부처님의 가르침을 바로 닦고 바로 믿어서 보다 더 많은 수의 성자가 많이 나와야 하는데 말입니다.

우리 스스로가 성자가 되고, 우리가 성자가 못되는 한에는 우리 본바탕이 바로 성불이기 때문에 우리 본 생명(生命)이 부처님이기 때문에 부처님까지 우리가 못 갈 때는 우리는 몇 만 생이나 껍질만 쓰고 헤매는 것입니다.

지옥(地獄)의 껍질을 썼다가 또는 축생(畜生)의 껍질을 썼다가 사람의 껍질을 썼다가 말입니다. 그와 같이 껍질만 쓰고 우리는 텀벙거리는 것입니다.

잘 닦아서 성자가 되어야만 비로소 껍질을 벗고서 알맹이 그대로, 부처님 그대로 우리가 자기의 생명의 본래 목적과 사명을 다하는 것입니다.

우주(宇宙)라 하는 것은 내내야 모두가 다 성불(成佛)의 길로 지금 나아가고 있는 것입니다. 따라서 성불의 길을 가는 것은 사실은 우주의 목적(目的)에 따른 것이고 우주의 도리(道理)에 따른 것입니다.

그러면 우리는 어떻게 해야 보다 더 자기의 본 생명을 바로 깨달을 것인가. 우리 마음은 지금 사람이 되어서 사람의 정도로 오염(汚染)이 되어서 사람의 껍질을 쓰고 있으나 우리 마음의 불성은 조금도 때 묻지 않았습니다.

우리 가사(袈裟)를 또한 연화복(蓮華服)이라, 연꽃 연(蓮), 꽃 화(華), 연화복이라고도 합니다. 무슨 뜻이냐 하면 진리는 마치 연꽃 모양으로 진흙탕 가운데 있다 하더라도 진흙에나 흐린 물에 물들지 않는단 말입니다.

그와 마찬가지로 우리 중생의 불성, 마음도 역시 사람이 되나 구름이 되나 또는 지옥을 가나 축생이 되나 우리 불성의 차원은 조금도 물들지 않습니다.

마치 바닷물이 바람 따라서 파도가 높게 일어나고 낮게 일어나서 거품이 되고 또는 파도가 되지만 물기운은 조금도 변치 않듯, 우리 사람도 역시 그런 불성 기운(氣運)이 인간이 되든 무엇이 되든 간에 변함이 없습니다.

우리 중생은 잘 안 보입니다만 성자가 본다고 생각할 때는 본 성품(性品)은 조금도 변동이 없이 여여(如如)한 불성(佛性) 그대로 찬란한 성품뿐인 것입니다.

그러기에 우리 중생은 미처 자기가 안 보인다 하더라도 성자의 가르침 따라서 성자의 흠축이 없는, 조금도 흠이 없는 교훈 따라서 바로 보면 바로 있는 것은 모두가 다 불성(佛性)뿐이구나, 그와 같이 느껴야 됩니다.

이러한 느낌을 갖는 것이 가장 소중합니다.

참선(參禪)도 하고, 염불(念佛)도 하고, 주문(呪文)도 외우고 여러 가지 공부가 많이 있습니다만, 이런 공부가 사실은 모두가 다 불성이 되고자 해서, 빨리 하나가 되고자 해서 하는 공부인 것입니다.

그렇기 때문에 먼저 우리가 인식적(認識的)으로 모두가 다 불성(佛性)뿐이다, 이와 같이 느끼는 것이 선행적(先行的)으로 꼭 필요한 것입니다.

이렇게 해야만 비로소 이른바 선오후수(先悟後修)입니다.

옛날 미련한 때는 애써 닦아가지고 나중에 겨우 알음알음으로 얻지만 지금은 총명한 때라서 그럴 때가 아닙니다. 또는 지금은 다들

너무나 바쁘게 돌아갑니다.

외도(外道)도 많고, 잡설도 많고, 여러 가지 주의, 사상이 많아서 우리는 바쁘고 너무나 복잡하여 바른 견해(正見)를 못 가지면 사실은 단 한 걸음도 바로 못 갑니다.

사회가 얼마나 혼란스럽습니까. 우선 신문(新聞)만 보십시오. 신문이 두 장만 나오더라도 복잡한데 지금은 신문이 석 장, 넉 장이 나옵니다. 그것을 그냥 좀 보려고 할 때 얼마나 우리 마음이 혼란스럽겠습니까.

이와 같이 이런 것, 저런 것, 하여튼 복잡한 때라 우리 마음이 바른 정견(正見)이 딱 정립되지 않으면 바로 못 갑니다.

바른 아버지도 못되고, 바른 어머니도 못되고, 바른 아들도 못됩니다. 우리 젊은이들이 함부로 한다, 또는 우리 부모님들이 부모 구실을 못한다, 이와 같이 말씀을 많이 합니다만 모두가 다 바른 정견(正見)이 서 있지 않기 때문입니다.

그렇기 때문에 비단 우리 수행자(修行者)뿐만 아니라 어떤 누구든지 간에 현대(現代)와 같이 고도로 발달된 이런 시대에는 과연 모든 근원이 무엇인가, 물질의 근원이란 무엇인가, 이런 근원적인 문제를 모르면 방황하여 헤매게 됩니다.

'인간이 있고, 원자가 있고, 무엇이 있고 간에 근원적인 순수에너지, 이것은 바로 불성(佛性)이다' 하는 바른 견해가 앞서야 합니다.

불성(佛性)은 앞서 말씀과 같이 인격적으로 표현하면 부처님입니다. 마음으로 표현하면 불심(佛心)입니다. 불심, 불성, 부처님, 똑같은 뜻입니다. 따라서 모두는 사실은 불성뿐입니다. 불심뿐입니다.

불심(佛心)뿐이기 때문에 화엄경(華嚴經)에서 일체유심조(一切唯心造)라! 모두가 다 마음으로 되어 있습니다. '모두가 다 마음으로 되어 있다', 이러면 불법(佛法)을 이해 못하는 분들은 도저히 감이 안 잡힙니다.

분명히 물질적인 내가 있는 것이고, 나무가 있고, 새가 있고, 여러 가지 원소(元素)가 있고 하거니 어떻게 마음뿐일 것인가. 불법(佛法)을 너무 깊이 못 믿으면 '일체유심조'라 하는, '모두가 마음이다'란 말을 못 믿습니다.

그러나 틀림없이 조금도 흠축 없이 모두가 다 마음뿐입니다. 불심뿐입니다. 불심(佛心)뿐인 것을 확실히 믿으면 우리가 욕심(慾心)을 내겠습니까? 모두가 다 불심(佛心)뿐이라고 확실히 믿으면 우리가 권력(勸力)에 탐을 내겠습니까?

불교(佛敎)를 믿는 분도 여러 가지 과오를 많이 짓고 쇠고랑을 찹니다. 그런 것은 사실은 겉만 믿습니다. 겉의 형상(形象)을 믿고 현상에 집착(執着)하는 것은 불교를 믿는 태도가 아닙니다.

특히 나이를 많이 잡순 보살님들, 잘 보십시오. 현상(現象)을 믿는, 자기 몸뚱이, 내 남편 몸뚱이, 내 아내 몸뚱이 또는 많은 돈, 좋은 집, 이러한 현상을 믿는 분은 참다운 불교인(佛敎人)이 못됩니다.

형상, 이것은 결국 허물어지고 맙니다. 이것은 무상(無常)하고 허무(虛無)한 것입니다.

사람이 죽으면 염라대왕(閻羅大王) 앞에 끌려가는데, 공부를 많이 한 사람은 염라대왕이 안중에도 없는 것이고, 보이지도 않는 것입니다 다만 공부를 못한 사람에게는 염라대왕이 분명히 존재합니다. 육도경계(六道境界) -지옥(地獄), 아귀(餓鬼), 축생(畜生), 아수라(阿修羅), 인간(人間), 천상(天上)- 를 못 벗어나면 염라대왕은 분명히 존재하는 것입니다.

그런데 죽어서 염라대왕한테 끌려갔단 말입니다. 끌려온 중생(衆生)한테 염라대왕이 하는 말이,

"그대가 생전(生前)에 내가 보낸 세 분의 천사(天使)를 보았는가?"

이렇게 물었단 말입니다. 무릎을 꿇고서 죄의 심판을 받는 영가 중생이 못 봤다고 대답을 한단 말입니다.

"내가 보낸 천사는 노(老)가, 병(病)가, 사(死)가니라. 늙음이라 하

는 천사, 늙은 사람들이나 자기의 늙음 그것이고, 또 한 천사는 자기가 아프기도 하고 남이 아픈 것을 보는 그런 병이라는 천사, 또 한 천사는 죽어서 가는 주검이라는 천사, 노, 병, 사 이것이 내가 보낸 세 분의 천사(天使)이니라."

이와 같이 말씀을 했단 말입니다.

사실은 우리 중생(衆生)은 어느 누구나 늙고 병(病)들고, 죽는 것은 천지우주(天地宇宙)의 정칙(正則)입니다. 그러나 우리 중생은 보통 다 이런 천사(天使)를 못 봅니다.

늙어가는 것이 얼마나 허무합니까? 저 같은 사람도 환갑(還甲), 진갑을 넘었습니다만 젊은 때가 어제와 같습니다. 젊어서 파릇파릇 중이 됐을 때가 어제 같단 말입니다.

그러나 이제는 온갖 황혼 길입니다.

또 아프지 않는 사람이 누가 있습니까? 몸이 건강하여 자기는 아프지 않더라도 자기 주변 사람이 아프지 않는 사람이 어디 있습니까? 누가 안 죽습니까? 머리가 영리한 사람들은 이것 보고서 집착(執着)을 별로 하지 않는 것입니다.

이렇게 늙어가서 죽거니 소중한 것이 무엇인가. 과연 내 몸뚱이가 소중한 것인가, 또 재산(財産)이 소중한가, 권력(勸力)이 그렇게들 소

중한가 말입니다. 이런 것은 소중한 것이 아닌 것입니다.

선재대장부(善哉大丈夫) 능요세무상(能了世無常)이라! 착하도다, 대장부여. 능히 세상의 무상함을 깨달음이라. 대장부(大丈夫)라 하는 것은 기운이 세다고 해서 대장부가 아닙니다. 대장부라 하는 것은 무상(無常)을 느껴야만, 일체만법(一切萬法)이 허망무상(虛妄無常)한 것을 느껴야 대장부입니다.

비록 어떤 지위에 있더라도 무상을 못 느끼면 대장부가 아닌 것이고 그 사람은 인간적인 참다운 가치(價値)가 없는 것입니다. 무상(無常)을 참답게 느끼면 그때는 저절로 마음도 비워지고 남한테 궂은 말도 못하는 것입니다. 탐욕(貪慾)도 못 부리는 것입니다.

우선 앞서 말씀과 같이 바른 견해를 가져야 하는데 우리 범부들은 독심에 가려져 있습니다. 어두운 탐욕심(貪慾心)에 가리고, 또 분노(憤怒)하는 진심(嗔心)에 가리고, 어리석은 치심(痴心)에 가린 그런 삼독심(三毒心)에 가려져 있습니다. 범부(凡夫)인 한에는 독한 독심(毒心)을 다 가지고 있습니다.

가장 억울한 것이 무엇인가 하면 우리가 범부(凡夫)를 벗어나 성자(聖者)가 못되는 일입니다. 어째서 우리는 성자가 못 되는 것인가. 제가 방금 말씀드린 바와 같이 삼독심(三毒心)에 가려져 되지 않는단 말입니다.

그러기에 우리 인간(人間)이 할 일 가운데서 제일 중요한 급선무(急

先務)는 우리의 원수인 삼독심(三毒心)을 버리는 것입니다.

저는 불교 의식을 밤마다 합니다. 그렇게 해서 더러는 병이 낫는 보살님들을 보시고 여기 오셔서 불교 의식을 하려고 또 기도를 하시려고 많이 오십니다만 제게 병을 낫게 하는 기술은 아무 것도 없습니다.

그러나 다만 몸과 마음이 둘이 아니다, 마음이 주인(主人)이고 몸은 그 종에 불과한 것입니다, 몸은 사실은 텅 빈 공취(空聚)라, 빌 공(空), 모을 취(聚), '공취'를 잘 기억하십시오.

우리 몸이라는 것은 공취입니다. 공(空)기운이 모여 있습니다. 물질이 아닌 마음기운, 물질이 아닌 에너지기운이 모여서 진동하는 현상을 몸뚱이라 합니다.

우리 마음의 업장(業障)에 알맞게 몸을 받습니다. 아까 말씀드린 것처럼 사람 정도로 우리의 업장이 무거우면 그때는 사람이 된단 말입니다. 그러나 그것이 잠시 인연 따라서 모였다가 흩어지고 맙니다.

황야(荒野)에 집을 지으면 지을 때는 없었던 집이 생기는 것이지만, 뜯어버리면 텅 비어 원래 그대로의 상태가 됩니다. 마찬가지로 사람 몸도 역시 지수화풍(地水火風), 사대(四大)를 비롯한 각 원소를 업장(業障) 따라서 끌어 모아 만들어집니다.

죽으면 어디에 무엇이 남습니까? 내 것도, 네 것도 아닌 것에 우리는 집착합니다.

자기 손이 소중해서 손을 가꾸고 반지를 끼고 별 짓 다 합니다만, 생각해 보면 사실은 텅텅 비어 있습니다. 반지도 자기 손가락도 아끼는 자기 몸매도 간 곳이 없습니다.

이와 같이 우리는 비록 삼독심에 가려져 안 보인다 하더라도 천지우주는 오직 모두가 불성뿐이다, 바로 보면 다 부처님뿐이다, 이와 같이 바로 믿어야 하는 것입니다.

그렇게 믿으면 그 다음에는 우리 행위(行爲)가 달라져야 합니다. 마음이 맑아지면 몸도 맑은 것이고, 또는 그 반대로 우리 몸이 청정(淸淨)하면 몸과 마음이 둘이 아니기 때문에 마음도 따라서 청정해집니다.

그렇기 때문에 계행(戒行)을 지켜야 합니다. 계행을, 계율(戒律)을 안 지키면, 계율이 없으면 살생(殺生)도 하고, 또는 훔치기도 하고, 또는 삿된 음란(淫亂)한 짓을 하기도 하고, 이와 같이 상대유한적(相對有限的)인 것에 끌려서 우리 마음을 움직이다 보면 그때는 우리 마음은 안정(安定)이 되지 않습니다. 안정이 안 되면 우리 마음의 근본번뇌(根本煩惱)를 녹이지 못합니다.

즉 말하자면 아까 말씀드린 바와 같이 탐욕심(貪慾心)이나 분노(忿怒)하는, 성내는 마음이나 이런 마음을 못 녹입니다. 못 녹이면 그때는 이제 우리 불성(佛性)을 못 봅니다. 본래는 부처이건만 부처가 못

되는 것입니다.

 그렇기 때문에 바른 견해와 바른 법으로 우리 행위(行爲)를 다루어야 합니다. 말을 급하게 하면 그에 따라서 우리 마음도 그냥 파동(波動)을 일으킵니다. 파동을 일으킨 마음으로 해서는 우리 번뇌(煩惱)가 더욱 치성(熾盛 ; 불길처럼 높아짐)하여 근본불성(根本佛性)을 보지 못합니다.

 마음이 명경지수(明鏡止水)라. 본래 여러분들 마음은 명경지수와 같습니다. 밝을 명(明), 거울 경(鏡), 그칠 지(止), 물 수(水), 여러분 마음은 원래 밝은 거울과 같이 티끌이 없습니다. 그러나 우리 마음은 지금 명경지수와 같이 맑지 못합니다.

 조금 기분이 나쁘면 그냥 순식간에 악(惡)을 뻗칩니다. 이런 파동(波動)치는 마음에서는 우리 번뇌가 녹을 수 없습니다. 따라서 우리 마음의 근본성품(根本性品)인 불성(佛性)을 볼 수 없습니다. 우리가 행동(行動)을 주의하고, 말도 부드럽게 하려면 먼저 앞서 말씀과 같이 바른 견해가 딱 앞장서야 합니다.

 나와 남이 둘이 있다고 생각할 때는 우리 마음의 파동은 그칠 수 없습니다. 내가 없고 남이 없고, 좋은 것이 없고 궂은 것이 없고, 천지우주(天地宇宙)가 내내야 다 불성(佛性)뿐이라고 자주 느끼고 자기 마음을 달래고 하는 데서 우리 마음의 파동(波動)이 잔잔해지는 것입

니다.

　이렇게 우리 업장을 녹이고 우리 마음의 파동을 자게 하는 이러한 수행법(修行法), 이것이 참선(參禪)이고, 염불(念佛)이고, 주문(呪文)인 것입니다.

　지금 여느 분들이 꼭 자기 하는 방식만이 옳다고 생각합니다. 저 티베트 사람들은 '옴마니반메훔'만 합니다. 그러나 '옴마니반메훔'을 싫어하는 사람들은 '그것은 사도(邪道)다', 이렇게 말하는 분도 있습니다.

　그렇다면 티베트의 고승(高僧)들이나 티베트 불교(佛敎)는 다 사도입니까? 또 염불(念佛)만을 많이 하는 사람은 염불이 가장 수승한 것이고 딴 것은 하면 안 된다고 하는 이런 논법(論法)은 지금 같은 시대에는 통용될 수 없습니다.

　원효대사(元曉大師)나 대각국사(大覺國師)나 또는 보조국사(普照國師)나 정통적(正統的)인 그런 위대한 분들은 모두가 다 그러기에 회통불교(會通佛敎)를 하셨습니다. 천지우주(天地宇宙)가 오직 불성(佛性)뿐인데 무엇을 버리고 무엇을 취하겠습니까.

부처님 말씀, 도인(道人)들 말씀은 모두가 다 불성(佛性)으로 가는 길입니다. 다만 어떻게 하는 것이 자기의 그런 번뇌(煩惱)를 보다 빨리 녹이는 방법일 것인가.

자기 원수인 그런 탐욕심(貪慾心)을 버리고 또는 진심(嗔心), 성내는 분노심(忿怒心)을 버리고 어리석은 무명심(無明心)을 버릴 것인가. 어떤 방법이, 즉 어떤 방편(方便)이 보다 더 빨리 효과적으로 삼독심(三毒心)을 버리는 행법(行法)일 것인가.

이것이 문제인 것이지 어느 것만 옳다고 고집할 필요는 없습니다. 부처님께서나 도인들이 말씀하신 행법은 모든 것이 다 성불(成佛)의 길입니다.

산(山)에 올라가는데 남(南)으로만 갈 수가 있습니까? 동쪽이나 서쪽이나 북쪽이나 어느 방향에서라도 다 산에 올라가는 길이 있습니다. 다만 좀 더 나은 길이 있겠지요. 사람의 근기에 따라서 나은 길, 또는 더 험한 길 그런 차이는 있습니다.

우리 재가(在家) 불자님들이 가장 하기 쉬운 것은 역시 부처님의 이름을 외우는 것입니다. 부처님은 우리가 말로 해도 안 보이므로 못본단 말입니다. 내 본성(本性), 천지우주의 본성 모두가 사실은 부처님이건만 우리 중생은 그걸 못 봅니다.

중생(衆生)의 눈에는 안 보이겠기에 그저 이름이라도 외우면 자기

도 모르는 가운데 부처님의 그런 영상(映像)이 차근차근 우리 마음에 흔적을 둡니다. 우리 사람끼리도 그 사람 이름을 외워보십시오. 그 사람의 영상이 떠오릅니다.

그런데 하물며 부처님 이름은 명호부사의(名號不思議)라. 부처님 이름은 부처님 공덕(功德)을 표시하는 그런 부사의한 명호입니다.

가사 관세음보살(觀世音菩薩)은 부처님의 자비로운 자비의 교훈을 그린 하나의 표상이고, 상징이고, 그런 의미이고, 또 지장보살(地藏菩薩)은 부처님 가운데서 우리 중생의 영혼(靈魂)을 극락세계로 인도하는 그런 의미를 담아서 지은 명호입니다. 나무아미타불(南無阿彌陀佛)은 부처님의 모든 공덕의 이름을 통틀어서, 총칭해서 부른 명호입니다.

앞서 말씀드린 바와 같이 '옴마니반메훔'은 관세음보살본심미묘진언(觀世音菩薩本心微妙眞言)이라는 의미가 있듯이 부처님의 순수한 에너지, 부처님의 생명(生命)을 하나의 음율(音律), 리듬으로 표현한 것입니다.

그렇게 자꾸만 외우면 자기도 모르는 사이에 업장(業障)이 녹아지고 따라서 부처님에게로 가까워집니다.

우리는 지금 현대와 같이 이렇게 복잡한 때는 비록 불교인이 아니라 하더라도 우리 마음이 바른 견해를 가져서 천지우주(天地宇宙)가 모두가 다 불성(佛性)이거니 이와 같이 딱 믿는다면 불교(佛敎)에서 말하는 말이 아니더라도, 기독교(基督敎)에서 말하는 '하나님!'이나, '오, 주여!'나 무엇을 하더라도 상관이 없습니다. 지금은 그런 때입니다.

우리가 지금 15만 이상 기독교인을 다 외도로 몰아세워서 우리가 배척할 수 있습니까? 알라 신을 믿는 이슬람인도 10억 인구가 되는데 우리가 배격하겠습니까? 단 문제는 알맹이, 본바탕만 옳으면 이름이야 어떻게 부르나 무방한 것입니다. 지금은 그러한 때입니다.

화두(話頭)를 의심하더라도 이른바 자기 본분사(本分事) 제일의제(第一義諦)를 우리가 분명히 구해야 합니다.

'무(無)'의 화두를 한다 하더라도 자기 본분사(本分事) 제일의제(第一義諦)를 분명히 못 들면 그때는 참선이 못 되는 것입니다.

'오, 주여, 하나님!'을 외운다 하더라도 역시 그 사람 마음이 불심(佛心)에서 떠나지 않고 하나님이라 하는 개념이 불심에 가까울 때는 바로 참선입니다.

여러분들께서는 주문(呪文)을 하실 분은 주문(呪文)을 하시고 또 염불(念佛)을 하실 분은 염불(念佛)을 하시고, 화두(話頭)를 하실 분은 화두(話頭)를 하십시오. 다만 그것이 자기 근기에 맞으면 좋습니다.

중요한 것은 그렇게 우리 마음이 본체성(本體性)을 떠나지 않을 정도로 계속해서 염념상속(念念相續)해야 한다는 것입니다. 그래야 하는 것입니다.

 길을 가나 또는 밥을 먹으나 이야기 하나 우리 마음이 우리의 본성품, 우리 본래생명인 그런 불성(佛性)에서 떠나지 않아야 합니다.

 그렇게 떠나지 않게 하기 위해서 우리가 화두(話頭)를 들고 염불(念佛)도, 주문(呪文)도 외우는 것입니다. 불심에서 우리 마음이 떠나버리면 그때는 우리가 상(相)에 얽매이고 맙니다.

 다시 되풀이해서 말씀드립니다. 천지우주(天地宇宙)는 일상(一相)이라. 불성일상(佛性一相), 한 일(一), 서로 상(相)입니다. 불성일상(佛性一相)입니다.

 이상(二相), 삼상(三相)이 있는 것이 아니라 천지우주(天地宇宙)는 불성(佛性), 오직 일상(一相)입니다. 천지우주(天地宇宙)는 불성(佛性)뿐이다, 삼매(三昧)도 일상삼매(一相三昧)라, 천주우주는 불성뿐이다, 이렇게 하면 삼매가 이른바 일상삼매입니다.

 육조단경(六組檀經)에 보면 부축품에, 무슨 경전(經典)이나 간에 부축품은 그 경전의 결론입니다. 육조스님의 말씀에 '그대들이 만약 부처님의 일체종지(一切種智)를, - 일체종지는 모든 공덕(功德)을 두루 갖춘 지혜(智慧)입니다 - 부처님의 모든 공덕을 갖춘 일체종지를 얻으려고 하면 마땅히 일상삼매(一相三昧)와 일행삼매(一行三昧)를 참구(參究)하라' 는 말씀이 있습니다.

　일상삼매(一相三昧)란 무엇이냐면 지금 제가 말씀드린 것처럼 천지우주가 불성(佛性)뿐이다, 조금도 다른 것이 없다, 이렇게 돼버려야 합니다. 이것이 이른바 '일상삼매(一相三昧)'입니다.

　이렇게 되고 이렇게 느꼈다 하더라도 우리 중생(衆生)은 범부이생(凡夫異生)이라서 법성(法性)을 보지 못했습니다. 법성을 못 본 사람들은 법문(法門)에도 자꾸 자기 고집만 부립니다. 자기 것만 옳다고 합니다. 남의 공부를 도저히 이해하지 못합니다.

　하지만 법성(法性)을 본 사람들은 그때는 천지우주가 법성이니 그때는 고집이고 뭐고 아무것도 없다고 말합니다. 따라서 우선 우리 불자(佛子)가 공부한 그런 선행적인 조건에 의해서 일상삼매(一相三昧), 천지우주(天地宇宙)가 불성(佛性)뿐이다, 이런 견해가 굉장히 필요한 것입니다. 그 견해를 딱 못 세우면 그때는 참다운 공부가 아닙니다. 참다운 법(法)에 입각한 선오후수(先悟後修)가 못 되는 것입니다.

　선오후수(先悟後修)는 불교(佛敎)의 대강령(大綱領)이고, 요체(要諦)입니다. 미개(未開)한 때는 먼저 잘 닦아가지고 나중에 깨닫지만 지금 현대는 비록 우리가 증명(證明)하지 못했다 하더라도 우선 해오(解悟)로 하여 이론적(理論的)으로 부처님의 가르침을 따라서 '천지우주(天地宇宙) 일체가 불성(佛性)이구나' 하고 자꾸만 관조(觀照)하

고 느껴야 합니다.

이렇게 느꼈다 하더라도 우리는 그냥 좋은 사람 보면 좋아하고 나쁜 사람 보면 싫고 다투곤 합니다.

말하자면 일상삼매(一相三昧)가 못된단 말입니다. 일시적(一時的)으로만 되는 것이지 그런 마음이 계속해서 지속되지 않습니다. 그렇기에 일행삼매(一行三昧)라.

염념상속(念念相續)으로 앞생각, 뒷생각, 가운데 생각, 나요, 너요, 예쁘다, 밉다, 좋다, 궂다는 생각이 못 끼어들게 상속(相續), 지속되어야 합니다. 이것이 한 일(一), 행할 행(行), 일행삼매(一行三昧)입니다.

이러한 일상삼매(一相三昧)를 일행삼매(一行三昧)로 해서 하다 보면 자기도 모르는 가운데 업장(業障)이 녹아지고, 자기 본래면목(本來面目)인 불성(佛性)을 봅니다.

이렇게 공부하는 것입니다. 세상 참 쉬운 것입니다. 천지우주(天地宇宙)의 도리(道理)인 동시에 우리가 제일 하기 쉬운 것이 참선입니다.

육조혜능(六祖慧能)스님께서 이렇게 말씀하셨습니다.

"그대들이 만약 부처님의 모든 공덕(功德)을 갖춘 일체종지(一切種智)를 얻으려고 한다면 마땅히 일상삼매(一相三昧)와 일행삼매(一行三昧)를 참구(參究)할지니라."

화두(話頭)나 염불(念佛)이나 주문(呪文)이나 간에 모두가 다 일상삼매(一相三昧), 일행삼매(一行三昧)를 우리가 얻기 위해서 하는 것입니다.

  이것을 오로지 쉬지 않고 해야 합니다. 하다 보면 자기도 모르는 가운데 본래 자기가 보리(菩提 ; 모든 집착을 끊은 깨달음의 지혜)의 부처님인지라 부처가 되고 마는 것입니다.

  정말로 쉬운 것입니다. 따라서 우리가 가사(袈裟)를 입는 것은 이러한 일상삼매(一相三昧), 일행삼매(一行三昧)에 들어서 상구보리하화중생(上求菩提下化衆生 ; 위로는 깨달음을 구하고, 아래로는 중생을 교화하는 수행)의 대도(大道)를, 상락아정(常樂我淨)과 영생해탈(永生解脫)의 길을 가기 위함입니다.

  우리 스님들은 이와 같이 가사(袈裟)를 입고 있으니 그만큼 우리 마음이 산란하지 않습니다. 아직 이런 소중한 법의(法衣)를 못 입을 때는 자꾸만 딴 생각이 납니다.

  그렇기에 차별이 없고 영원히 변동이 없는 그러한 부처님의 영생(永生)의 지혜(智慧)를 상징하는 가사(袈裟), 이 소중한 해탈복(解脫服), 무상복전의(無上福田衣), 위없는 복밭(福田)의 옷, 이것을 우리의 출가사문(出家沙門)은 금생뿐만 아니라 몇 생을 통해서 한사코 입겠다는 그런 굳은 맹세가 필요합니다.

비록 우리 재가(在家) 불자님들도 이러한 가사를 금생(今生)에는 안 입으셨다 하더라도 입고 안 입는 것은 상(相) 아닙니까.

여러분들께서는 가사를 안 입었더라도 마음에 자비(慈悲), 지혜(智慧), 여러 가지 공덕(功德), 인욕(忍辱), 이러한 육바라밀(六波羅蜜)의 공덕을 여러분의 마음에 담으시면 여러분의 마음이 바로 가사(袈裟)를 입은 것과 같습니다. 참다운 가사를 입은 것입니다.

가사불사(袈裟佛事)에 참여하신 재가 불자님들은 물론 우리 출가수행자(修行者)는 마땅히 금생뿐만 아니라 세세생생(世世生生) 가사(袈裟)를 한사코 입으셔서 성불(成佛)할 때까지 놓치지 않으시기를 간절히 바랍니다.

우리 재가 불자님들은 마음의 가사를 입으셔서 탐욕심(貪慾心)을 부리지 말고, 성내지 말고, 어리석은 마음을 내지 말고, 즉 삼독심(三毒心)을 내지 말고 금생에 성불(成佛)을 하셔서 무상(無上)의 행복(幸福)을 이루시기를 간절히 바라면서 말씀을 마칩니다.

나무아미타불! 나무관세음보살!

二. 안심입명(安心立命)

진여불성(眞如佛性)자리는 자비(慈悲)도 지혜(智慧)도 능력(能力)도 행복(幸福)도 다 갖추고 있습니다. 우리 인간 본성(本性)은 모두를 다 갖추고 있단 말입니다. 갖추고 있기 때문에 우리가 그 자리에 가버려야 비로소 우리가 안심입명(安心立命)을 합니다.

　　　　　　　　　이렇게 날씨가 궂은데 먼 거리에서 고생하시고 오신 것은 다른 데에 뜻이 있는 것이 아니라 무엇인가 좀 얻어야 되겠다는, 자기 행복(幸福)의 한 조각이라도 얻어야 되겠다는 그런 마음이 있어서 오신 것입니다.

대체로 우리 인간(人間)치고 마음이 안락(安樂)하고, 마음이 편안(便安)하고, 그러한 자기 안정(安定)을 도모하지 않는 분은 아무도 없습니다.

행복(幸福)이라는 것도 마음이 안정(安定)되지 않으면 얻으려야 얼

을 수가 없습니다.

우리 부처님 법문(法門)의 대요도 모두가 다 안심법문(安心法門), 마음을 평안하게 하는 안심법문이 기본적인 법의 내용이 되어 있습니다.

달마스님께서 인도(印度)에서 일부러 중국(中國)으로 오신 뜻도 역시 안심법문을 하시기 위해서였습니다.

우리는 길을 갈 때에 길의 순로(順路)라든가 길목을 잘 모르면 마음이 안정(安定)될 수가 없습니다. 그와 똑같이 우리 인생(人生)살이도 우리 갈 길을 훤히 알아버리고, 인생은 대체로 어떤 것인가 그 의미(意味)도 알고, 인생의 궁극적인 목적(目的)이 무엇인가, 이런 인생의 목적의식도 알고, 이렇게 살아간다고 생각하면 참 살기가 편안할 것인데 목표도 모르고, 사는 방법도 모르면 불안하기가 그지없을 것입니다.

우리 현 사회(社會)의 이러한 혼돈된 상황도 모두가 다 불안(不安)한 마음을 제거할 수 없으니까 그와 같이 마음이 괴롭기도 하고 불행(不幸)합니다.

대체로 우리 마음은 또 어떤 것이고, 물질(物質)은 또 어떤 것인가. 그렇게 우리가 생명(生命)을 바치고 그야말로 참 서로 피차 증오하고 그러한 것들이 모두가 다 우리 눈앞에 전개(展開)되는 상황에 대해서 확실히 안다고 생각할 때는 그렇게 할 수가 없습니다. 그러나 모두가 다 불확실(不確實)해서, 투명(透明)하게 다 보이면 좋은데 무엇인지를 잘 모른단 말입니다.

우리가 그렇게 아귀다툼하고 추구(追求)해 마지않는 권력(權力)의 정체는 무엇인가. 자기 평생(平生)을 두고 의식주(衣食住) 때문에 고생하고 헤맵니다만 의식주란 대체 어떤 것인가, 물질은 무엇인가, 이런 것들에 관해서 확실한 그러한 인생관(人生觀)이 서 있지 않습니다.

그래서 우리 마음이 불안하고 따라서 안심입명(安心立命)을 얻을 수가 없습니다.

괴로울 때는, 어떤 누구나 불확실하면 괴롭겠지요. 괴로운 마음이 대체 어디에 가 있는 것인가. 괴로운 마음의 정체를 우리가 알아야 할 것인데, 정체를 알려고 하지 않고서 그냥 잘못 보면 잘못 본 그대로, 자기 마음으로 자작지얼(自作之孼)로 스스로 고통(苦痛)을 받고 번뇌(煩惱)를 일으킵니다.

남을 미워하고 또는 증오(憎惡)하는, 미워하는 그 마음의 정체(正體)는 무엇인가. 이것도 한번 파악해볼 일인데 우리가 별로 생각지 않고서 그냥 덮어놓고 미워하다가 드디어는 죽이고 죽곤 합니다.

사실 따지고 보면 우리가 남 미워도 하고 증오(憎惡)도 하고, 또는 너무나 지나치게 좋아도 하고, 그러한 것들은 모두가 다 사실(事實)

은 아무런 자취가 없습니다. 어떠한 마음이나 우리가 아무리 추구해도 아무런 자취가 없습니다. 자취가 없다는 말은 바꿔서 말하면 텅텅 비어서 아무것도 없다는 말씀이 되겠지요. 따라서 미워하는 마음도 자취가 없거니, 이것도 역시 사실은 없습니다.

가령 우리 범부중생(凡夫衆生)들의 가장 중요한 것이 자기 몸뚱이 아니겠습니까마는 자기 몸뚱이라는 관념(觀念), '나' 라는 이 몸에 대해서 -몸뚱이라 하는 현상적인 상(相)은 있겠습니다만- 이것이 내 몸이라고 하는 관념(觀念), 이것은 아무리 생각해 봐도 이것도 역시 자취가 없습니다.

그런데 부처님 법문(法門)은 그냥 우리 마음 -좋든, 궂든, 싫든 또는 마음이 어떻든 간에- 모두가 자취가 없다는 것은 짐작이 되겠습니다만, 마음의 모양이 없으니까 자취가 없겠지요.

그러나 우리가 판단(判斷)하고 있는, 우리가 인식(認識)하고 있는 대상(對象)은 무엇인가. 우리 범부(凡夫)가 생각할 때는 대상(對象)이 분명히 있다고 생각합니다. 그런 대상(對象)까지도 없다는 것입니다. 이것이 부처님 법문(法門)입니다.

그렇기 때문에 우리 불교(佛敎)는 어렵다고 생각할 수 있습니다. 자기 주관적(主觀的) 관념인 마음은 형체(形體)가 아닌 것이니까 무(無)라 하고, 공(空)이라 하면 납득이 되겠습니다만, 우리가 보고 있는 모든 천차만별(千差萬別)로 구분된 이 대상(對象) 자체(自體)가 비어 있다는 것은 납득(納得)이 안 됩니다.

그러나 이것을 납득해야만 비로소 인생(人生)의 고난(苦難)을 해결할 수가 있고, 불안의식(不安意識)을 제거(除去)할 수가 있습니다. 대상(對象)도 모두가 공(空)이라는 것을 몰라서는 아무리 불교(佛敎)를 많이 안다 하더라도 그것은 인생고(人生苦)를, 우리 번뇌를 이기려야 이길 수가 없습니다.

우리 번뇌(煩惱)를 떠나려야 떠날 수 없다는 것은 바로 인생의 모든 제반문제(諸般問題)를 해결하려야 해결할 길이 없다는 것입니다.

다 대체로 아시는 바와 같이 부처님께서는 과거 전생(前生)에 설산(雪山)에 들어가셔서 그렇게 애쓰고 구도(求道)를 많이 했습니다.

그때는 이제 부처님의 법(法)도 없고 하는 때라서 어떻게 무얼 구할까, 알 수가 없었단 말입니다. 그러나 선근(善根)이 깊은 사람들은 무엇인가 구하려고 하는 마음이 있습니다.

업장(業障)이 무겁고 눈에 보이는 세계에만 만족을 해버리는 그런 천박(淺薄)한 사람들은 그렇지 않으나, 인간성(人間性)의 깊이가 있어서 업장이 가벼운 사람들은 그만큼 깊이가 더 있다고 보아야지요. 업장이 무거운 사람들은 인간성이 얕아서 눈에 보이는 세계만 가지고서 거기에서 그냥 그대로 머물러 버립니다만 깊은 사람들은 무엇인가를 구합니다.

어째서 그러는 것인가. 이런 것도 우리가 생각해 보지 않을 수가 없습니다.

왜냐하면 인간이라고 하는 것이 본래(本來) 부처라 하는 그런 기묘(奇妙)한, 그런 불성(佛性)이라 하는 기묘한 성품(性品)을 다 가지고 있기 때문입니다.

하기는 석가모니 부처님이 안 나오셨으면 부처님 성품(性品), 불성이 무엇인가, 이런 것을 알 길이 없습니다마는, 알 턱이 없다 하더라도 역시 우리가 본래 가지고 있는 것은 본래 실존적(實存的)인 사실이기 때문에 우리가 거기에 따라서 영향(影響)을 받지 않을 수 없습니다.

따라서 우리가 불교(佛敎)를 배우지 않았다 하더라도 무엇인가 추구(追求)하는 마음이 있단 말입니다. 돈을 많이 얻어도 그것으로 만족하지 못하고 말입니다. 또한 젊을 때는 이성(異性)을 추구해서 이성만 충족(充足)되면 되겠지 하지만, 그것을 충족해보아도 만족(滿足)하지 못한단 말입니다.

어떠한 방향으로 나가 보던지 간에 현상적(現象的)인 것을 제아무리 많이 가져본다 하더라도 우리 인간의 근원적(根源的)인 불안의식(不安意識)은 절대로 해소(解消)시키지 못합니다.

왜냐하면 불성(佛性)이라고 하는 것이 원래(原來) 갖추어져가지고 있기 때문에, 불성까지 가버려야지 그 뿌리까지 못 가면 항시 불안(不安)합니다.

다 아시는 바와 같이 우리 불교는, 그러니까 우리가 불성까지 미처 가지 못하면 불성을 깨닫는 경지(境地)에 못 들어가면 윤회(輪廻)라고 하는 빙빙 도는 그러한 인생고(人生苦)를 면할 수가 없지 않겠습니까.

관세음보살(觀世音菩薩)의 상호를 보면 무외시인(無畏施印)이라. 없을 무(無), 두려울 외(畏), 베풀 시(施), 도장 인(印), 일반 중생(衆生)한테 일반 중생의 두려움을 없애주는 하나의 형상이란 말입니다. 이것은 이렇게 손을 들어서 이렇게 보인단 말입니다. 왼손이나 오른손을 이렇게 하고 있습니다마는 일반적으로는 오른손을 듭니다.

중생들한테 '모든 것은 내가 다 안심(安心)을 시켜줄 테니 조금도 두려워하지 말라!', 이렇게 말하고 있는 것입니다.

이것이 무외시인(無畏施印)입니다. 우리 중생의 그런 두려움을 공포심(恐怖心)이라든가, 불안한 마음을 제거하기 위한 하나의 형상이란 말입니다.

저 같은 사람이 관세음보살이 손을 드는 것처럼 들어본들 별것 아니겠습니다만, 부처님께서 정말로 자광삼매(慈光三昧)라. 자비스러

운 광명(光明)이 삼천대천세계(三千大千世界)에 비치는 그런 부처님이 이렇게 손을 드신다고 하면 정말로 모든 중생(衆生)의 고난이 소멸되는 것입니다. 안심입명(安心立命)이 되는 것입니다.

데바닷타가 부처님을 살해(殺害)하고자 해서 코끼리에게 독주(毒酒)를 먹여서 부처님 오시는 길에 그런 영악스러운 코끼리를 풀어 놓았단 말입니다. 아, 독주를 먹였으니, 어떻게 할지를 모르면서 울부짖으면서 부처님에게 돌진해 가겠지요.

그때 부처님께서 그때 하신 형상, 그때 하신 이른바 믿음, 이것이 무외심, 무외시인이란 말입니다.

이렇게 손을 턱 드시니 그렇게 영악스럽고 그 영명(英明 ; 재주와 지혜가 뛰어나며 사리와 도리에 밝음)한 코끼리가 마치 순(順)한 양(羊)처럼 부처님 앞에 무릎을 꿇고서 그리고서 눈물을 철철 흘린단 말입니다.

우리는 이런 것을 그만 비유(比喩)나 상징적(象徵的)인 말로만 생각해서는 안 됩니다. 부처님의 힘은 그와 같은 힘이 있습니다.

레이저 광선이 저 산을 뚫고, 그야말로 철벽을 뚫고 저쪽까지 다 비치는 것을 보십시오.

부처님의 신통묘지(神通妙智)가 그런 힘이 없겠습니까.

우리 중생의 눈에는 지금 보이지 않지만 물리학(物理學)적으로 생각할 때는 천지우주(天地宇宙)라는 것은 전자기장(電磁氣場), 전자기(電磁氣) 광파(光波)로 충만(充滿)해 있습니다. 이것은 물리학자가 다 증명한 말씀 아닙니까. 어느 공간(空間)이나 어느 별이나 어떤 것이나 모두가 다 전자기 파동(波動), 전자기 광파가 충만해 있습니다.

나라는 존재도 또는 너라는 존재도 말입니다. 산천초목(山川草木) 모두가 다 전자기 광명, 전자기 파동, 그것으로 되어 있습니다.

다만 사이클(Cycle), 진동(振動)의 차이(差異) 때문에 각 원소(元素)의 차이가 있는 것입니다.

따라서 모든 존재(存在)는, 그렇게 소중한 내 몸이나 미워하는 사람의 몸이나 좋아하는 사람의 몸이나 모두가 다 전자기 파동으로 되어 있습니다.

우리가 지금 전자기 파동을 볼 수 있는 안경을 쓴다고 생각해 보십시오. 전자기 파동을 볼 수 있는 그런 현미경(顯微鏡)을 놓고서 본다고 생각할 때는 잘난 사람이나 못난 사람이나 모두가 다 지금 전자기 파동만 꾸물꾸물 진동하고 있습니다.

삼천대천세계는 화장(華藏)세계라!

광명이 찬란한 부처님의 광명이 충만해 있는 것입니다. 전자기 파동뿐 아니라 전자기 파동 차원(次元)에서는 아직 그것이 형상이 있으니까, 공간성(空間性)이 있으니까 물질(物質)이라 할 수가 있겠지요.

그러나 부처님께서는 그보다 더 생명적(生命的)인 전자기 파동을 일으킨 본체(本體)를, 생명을 보신단 말입니다. 생명을 바로 보십니다.

전자기 파동도 그것이 본래 있는 것이 아니라 하나의 순수(純粹) 생명의 파동에 불과한 것입니다.

파동이라고 말할 때는 그것이 진동하고 움직이니까 파동(波動)이라고 하겠지요.

따라서 어떠한 것이나 우리 중생(衆生)이 볼 수 있는 것, 현미경으로 보든 육안(肉眼)으로 보든 볼 수 있는 존재(存在)는 하나의 파동치는 무상(無常)한 존재(存在)에 불과합니다.

고유한 존재는 아무것도 없습니다. 따라서 어떠한 것이나 모두가 다 무상합니다. 다 무상뿐이란 말입니다.

내 몸뚱이도 무상, 내 관념도 무상, 관념도 내내야 금생(今生)에 나와서 보고 듣고 느끼고 생각하고 그런 것들이 내 마음이 되었으니까.

그런 마음이 순간 동안도 가만있지 않는단 말입니다. 마치 그것을 비유하기를 그 경망(輕妄)하는 원숭이, 우리 마음이 동요부단(動搖不斷)해서 우리 범부(凡夫)의 마음은 다 '요시랑 저시랑' 합니다. 그런 원숭이에 비유한단 말입니다.

그런 마음을 가지고 우리가 행복을 구하겠습니까. 그런 마음을 가지고 우리가 안심(安心)을 하려야 할 수 없습니다.

수험생은 수험생대로 해서 그 시험에 꼭 합격해야 되겠다는 강박관념이 앞서 있고 말입니다.

부모님들은 거의 협박 비슷하게 졸라대고, 그런 상황 밑에서 우리 마음이 안심(安心)하려야 할 수가 없습니다.

우리 사는 건 모두가 다 이렇습니다.

한 당파(黨派)나, 무엇이나 조직(組織)에 있어 놓으면 이른바 집단(集團) 이기심(利己心)이라. 이런 것 때문에 자기 본마음과는……

우리 범부의 마음은 하찮은 양심에 불과합니다만 하찮은 양심마저도 한 조직(組織)에 들어가면 마음대로 못한단 말입니다.

우리는 지금, 인간 상황이 '나' 라는 상황이 지금 어떤 상황에 있는가, 상황 판단을 잘 해야 합니다. 그래야 인제 인생의 아까 제가 말씀드린 것처럼 편안한 마음을 가져야 한단 말입니다.

편안한 마음을 가지지 못하면 그만치 불안하고 자기가 하는 것이 잘 안 됩니다.

공부를 하든 또는 사업을 하든 간에 우리 마음이 편안해야 합니다. 우리가 지금 결제해서 공부하고 있는 공부가 참선공부 아닙니까. 참

선공부는 안락법문(安樂法門)입니다.

어떤 사람들은 잘 몰라서 참선은 굉장히 고도(高度)한 공부이니까 아주 어렵겠지 합니다만, 그러나 참선 공부가 제일 쉽고 안락한 것입니다. 몸도 편하고 마음도 편하면 그것이 안락하고 인제 그만치 행복과 직결되겠지요.

어째서 참선공부가 안락한 것인가.

참선공부라는 것은 앎으로 해서는, 즉 말하자면 인식(認識)이나 이해(理解)로 해서는 모든 것을 다 알아버린단 말입니다.

내 마음이 대체 무엇인가, 내가 소중하게 아끼는 내 몸뚱이는 무엇인가. 자기 몸뚱이를 지키기 위해서 다른 사람 몸뚱이를 죽이기도 하고 그렇게 하지 않습니까. 또한 잘 먹기 위해서 별 짓 다하고 말입니다.

그것은 자기 몸뚱이가 무엇인지 잘 몰라서 그러는 것입니다. 몸뚱이가 무엇인지 안다면 그렇게 자기 몸뚱이를 살리기 위해서 남의 몸뚱이를 죽인다거나, 또는 엉뚱한 짓을 할 수 없습니다.

지금 여러 가지 사회적으로 불안한 현상을 치유하기 위해서 그렇게 저렇게 치유방법이 많이 나옵니다. 정치적인 차원에서는 또 그런대로 해서 적당한 방편이 있는 것이고 말입니다. 일반 종교는 종교인(宗敎人)대로 해서 여러 가지로 그런 사회적(社會的)인 병폐(病弊)의 치유방법을 말하지 않습니까.

그러나 지금 현대사회는 그렇게 미봉책(彌縫策)인 방법으로 치료(治療)가 될 수 있는 그런 병(病)이 아닙니다.

가장 무서운 병, 고황(膏肓)에 난 병은 백약도 무효라. 고황은 이 명치 끝 안(內)에 있는 병이란 말입니다. 속에 난 그야말로 치명상, 치명적인 병, 이것은 백약으로 고칠 수가 없습니다.

그와 똑같이 우리 중생들은 그런 백약이 소용없는 중병에 걸려 있는 것입니다. 그 병이 무슨 병인가. 그 병은 이른바 무명병(無明病)이라! 무명이라는 병 말입니다.

진리(眞理)를 모르는 어두운 병입니다. 무지(無知)한 병이란 말입니다. '무지'는 무엇을 보고 '무지'라 하는 것인가. 이것은 '내'가 무엇인가를 잘 모른단 말입니다.

내 생명(生命)이 대체로 무엇인가, 내 생명을 모르고 내 관념(觀念)의 형태(形態)가 무엇이며 그 근본(根本)이 무엇인가, 내가 소중히 아끼는 내 몸뚱이가 무엇인가. 이것을 모른다고 생각할 때는 이것은 가장 근원적인 무지입니다.

부처님의 가르침은 그 무명(無明)! 무명의 제거에 있습니다. 12인연법문(十二因緣法門)이나, 사제법문(四諦法門)이나 모두가 다 무지를 제거하는 법 아니겠습니까.

무명 때문에 행(行)이 있고, 식(識)이 있고 모두 쭉쭉……, 결국은

인간이 번뇌(煩惱)가 거기에 이어져서 연결되어갑니다. 무명 때문에 옳지 못한 행(行)이 있단 말입니다. 행이 있으면 따라서 그때는 망식(妄識)이, 식(識)이 생긴단 말입니다.

우주(宇宙)는 무엇인가. 우주 역시 우주의 모든 것들은 지금 우리가 살고 있는 그야말로 지구촌(地球村)이라든가, 각 별이나 모두가 다 이것도 어떻게 해서 생겼을 것인가.

이것도 역시 무명 때문에 생깁니다. 이렇게 말하면 과학(科學)을 좀 한 사람들은 하늘에 있는 천체(天體)나, 우리 지구(地球)가 어떻게 해서 무명(無明)이란 그런 형체가 없는 것이 형체가 있는 지구를 낳았을 것인가, 이렇게 생각합니다만 아까 제가 말씀드린 바와 같이 형체가 있는 모든 것은 실은 형체가 없단 말입니다. 이것을 잘 몰라서 무명 때문에 있다고 봅니다.

여러분은 지금 안 보이고, 여러분이 지금 과학적(科學的) 지식(知識)으로 해서 납득이 안 간다 하더라도 부처님 말씀은 믿어야 합니다. 부처님 말씀은 실상(實相) 지혜(智慧)입니다. 실존(實存) 지혜입니다.

다행히도 현대 실존철학(實存哲學), 키에르케고르나 하이데거나 그런 분들이 창조(創造)한 그 철학은 불안의식(不安意識)이라. 불안의식 때문에 한 계기(契機)가 되어 출발했습니다.

불안을 제거하기 위해서는 어떻게 해야 할 것인가. 불안을 제거하려면 인간의 실존, 우리 인생의 실존을 파악해야 됩니다.

따라서 실존철학에서 문제로 하고 있는 문제의식이 우리 불교에서 무명을 떼라는 그것과 사실은 똑같습니다. 다만 그네들은 깊이가 좀 부족하니까 실존을 제대로 파악은 못했습니다만……

따라서 우리 현대 20세기 후반기에 살고 있는 우리들이 느끼고 있는 그런 무거운 병, 고황에 나 있는 즉 말하자면 백약이 무효인 그런 병을 치료하자면 그냥 보통 약으로는 안 됩니다.

다 남한테 자비(慈悲)를 베풀어라, 봉사를 많이 해라. 그리고 실제 봉사(奉仕)를 많이 한단 말입니다. 그러나 이런 걸로 해서는 치유할 수 없단 말입니다.

어떤 누구나가 다 자비심은 기왕에 부리고 싶겠지요. 부리고 싶으나 자기 몸뚱이가 더 중요하고 남 몸뚱이는 따로 있고, 이렇게 생각하면 누구나 자기 몸뚱이를 먼저 생각하겠지요.

말은 쉬워도 근본적인, 앞서 제가 말씀드린 바와 같이 무명을 제거하지 못하면 치유할 길이 없습니다.

내 마음이 비어 있는 것을, 좋든 궂든 우리 마음이 비어 있는 것은 누구나가 인식이 됩니다마는, 앞서 말씀드린 바와 같이 내 몸도 비어 있고 대상적인 모두가 텅텅 비어 있습니다.

이러한 소식까지는 모르지만, 부처님 가르침은 다 반야심경(般若心經) 정도는 아시는 바와 같이 제법(諸法)이 공(空)이라, 제법은 만유일체(萬有一切)를 다 가르치고 있습니다. 만유일체(萬有一切)가 다 공(空)입니다.

우리가 있는 지구 땅덩어리라든가, 또는 그 은하(銀河) 세계의 - 은하세계도 끝도 갓도 없는 것인데 - 모두 무수 백억의 그런 각 별들이 모두가 다 텅텅 비어 있단 말입니다. 그런 것들이 생겨날 때도 역시 그것도 물질이 물질을 낳은 것이 아니라, 원래는 물질이 아닌 것인데 다만 우리 무명심(無明心)이 동(動)해서 잘못 보아서 현상으로 봅니다.

여러분 가운데서는 철학(哲學)도 공부를 하신 분들이 많이 계시리라고 믿습니다만, 이른바 칸트 철학은 그야말로 굉장히 천재적(天才的)인 동시(同時)에 위대한 철학 아닙니까.

우리 인식(認識)이란 좋다, 궂다 하고 느끼는, 즉 말하자면 마음의 관념(觀念) 작용(作用)이 아니겠습니까.

우리 인식이 객관적(客觀的)인 것이 아니고 우리 인식이라는 것이 저 밖에 있는 대상에 있는 것이 아니라, 인식주(認識主)인 내 주관(主觀)을 떠나서 인식이 성립(成立)될 수가 없단 말입니다.

'모든 인식은 우리 주관에 의존해 있다.'

이것이 칸트의 이른바 인식론(認識論)의 대요란 말입니다.

이것을 보고 칸트는 자기가 말하기를 어떻게 이것이 훌륭한 말이든가 자기 스스로 감탄하기를 마치, 코페르니쿠스가 －코페르니쿠스 이전(以前)에는 천동설(天動說)이라 '지구는 가만히 있고 하늘이 움직인다'라고 생각하는 천문학이 아닙니까－ 반대로 지동설(地動說)이라, 지구가 움직이는 것이지 태양이나 달만이 움직여서 지구를 돈다고 이렇게 안 보았단 말입니다.

그런 것이 그 당시는 하나의 기독교(基督敎)의 교조와 대치가 되어서 박해(迫害)를 받았습다만, 아무튼 그것이 하나의 정설(定說)로 되어서, 바른 학설(學說)로 해서 나왔단 말입니다.

따라서 그것이 천문학의 가장 중요한 계기가 되었는데, 칸트 자신이 그런 지동설(地動說)과 같은 중요한 위치에 있다고 보았습니다.

칸트는 우리들이 일반적으로 생각하는 －밖에 단단한 것이 있으니 단단하다－ 이렇게 보는 것이 아니라 내 마음, 내 관념(觀念), 내 주관(主觀)이 그렇게 보니까 그렇게 인식(認識)이 된다고 보았단 말입니다.

밉게 보는 것도, 미운 사람이 마음 밖에 있는 것이 아니라 내 마음

이 밉게 본단 말입니다.

모든 인식(認識)은 자기(自己) 주관(主觀)에 의존(依存)해 있습니다. 지금까지도 우리는 생각할 적에 '미운 놈, 저 놈 곧 죽이고 싶다.' 이럴 때가 더러 있겠습니다마는 이런 때도 그 대상(對象)이 내 마음 밖에 있는 것이 아니라 자기의 관념(觀念)입니다.

물론 행동이 좋지 않아서 그런 나쁜 행동(行動)도 있겠습니다만 아무튼 그런 나쁜 사람이라 하더라도 부처님께서 보시고 성자(聖者)가 보신다고 생각할 때 어떻게 볼 것인가. 이런 때는 그렇게 안 봅니다. 곧 죽일 놈이라 하더라도 미울 수가 없습니다.

다만 본래는 부처님인데, 본래는 부처와 똑같은 하나의 그야말로 생명(生命) 존재인데, 다만 그 잘못 생각해서 그 버릇 때문에 나쁜 행동을 나한테 보이는구나, 이렇게 생각하시는 것입니다.

그러기에 부처님 은혜(恩惠) 가운데도, 저는 가끔 이야기 합니다마는 은승창열(隱勝暢劣)이라! 숨을 은(隱), 수승할 승(勝), 좋은 점은 숨겨놓고서, 창열이라! 나타날 창(暢), 용열할 열(劣) 말입니다.

진여불성(眞如佛性)이라 하는 그야말로 참 조금도 간격도 없는 것을 숨겨놓고 그냥 나쁜 상(相)만, 못된 그런 현상(現象)만 우리한테 보인 은혜란 말입니다.

똑같은 부처는 부처인데 어느 것 하나도 부처 아닌 것이 있다고 생각할 때는, 그때는 불법(佛法)이 성립(成立)이 못됩니다.

나도, 너도 어느 티끌 하나도 모두가 다 불법 가운데 다 포함되어 있단 말입니다. 따라서 나쁜 사람도 지금 곧 죽일 듯이 미운 사람도 역시 아까 말씀드린 바와 같이 그도 부처님 은혜란 말입니다.

즉 말하자면 무슨 은혜인가.

그 불성이라 하는 그 소중한, 영원(永遠)히 변치 않는, 불생불멸(不生不滅)하고 불구부정(不垢不淨)한 그러한 생명 자체는 숨겨 놓고서 우리한테 겉만, 겉의 상만 나쁘게 보인단 말입니다. 그런 은혜가 있습니다.

그래서 이 세상(世上)에 감사(感謝)하지 않을 수가 없습니다. 따라서 바르게 판단하면 앞서 제가 말씀드린 바와 같이 실상을, 실존을 우리가 느낀다고 생각할 때는 사실은 감사할 뿐입니다.

누구한테 따귀를 얻어맞아도 감사하고, 그러기에 정말로 참, 겸허한 사람들은 누가 얼굴에 침을 뱉어도 말입니다. 자기 손으로나 손수건으로나 침을 닦으려고 하지 않는단 말입니다.

어째서 그러는 것인가. 그 사람이 무안할까봐 까닭 없이 애매하게 침을 뱉어도 말입니다. 보통 사람 같으면 그냥 참기도 어렵겠지요.

그러나 거기서 한 걸음 더 나아가서 닦지도 않는단 말입니다. 그 사람이 무안(無顔)할까봐 그런 것도 역시 그렇게 하라고 시키면 쉽게 할 수가 없습니다.

현상만 생각할 때는 근본(根本) 뿌리를 생각하지 않고, 본래 성품(性品)을 생각하지 않고 현상만 생각할 때는, 곧 매 꽤나 들고 −한 대 맞으면− 두세 대를 때리고 싶겠지요.

부처님 제자라는 것은 어째서 부처님 제자인 것인가. 그런 형상만, 밉고 곱고 그런 상만 안 보고서 본성품을 본단 말입니다. 성품을 볼 때는 우리 불자(佛子)가 일반 중생과 차이가 있습니다.

아쇼카 왕의 왕자(王子) 가운데 구나라(鳩那羅)라는 −인도(印度)에 구나라라는 눈이 굉장히 예쁜 새가 있었습니다. 눈이 예쁘기도 하고 소리도 영롱(玲瓏)한 천하(天下) 명성(名聲)을 내는 새가 있는데− 왕자가 있었는데, 왜 '구나라' 라고 지었는고 하니, 아쇼카왕의 왕자가 눈이 하도 예쁘니까 그렇게 이름을 지었단 말입니다.

장성(長成)해서 결혼까지도 했습니다. 그런데 그 왕비(王妃) 한 사람이 마음이 못되었던가 −그때 아쇼카 왕은 왕비가 많이 있었는데 구나라의 생모(生母)는 아니었겠지요− 구나라의 눈이 하도 예쁘니까 그냥 반했단 말입니다.

그래서 접근하면서 음탕한 말을 자꾸만 하니까 처음에는 좋은 말로 뿌리치다가 나중에는 준열하게 뿌리쳐버렸단 말입니다.

그래서 그 왕비가 왕자에게 원심(怨心)을 품었습니다. '이놈, 두고보자' 하고 말입니다. 그때 마침 이웃나라에 반란(叛亂)이 일어났습니다.

아쇼카 왕은 대체로 아시는 바와 같이 석가모니 부처님 뒤에 한 250년 뒤에 나신 인도를 통일한 왕 아닙니까. 그래서 저 이집트까지 부처님 법을 전파하신 분입니다.

따라서 사실은 예수가 태어난 유태 지방도 역시 아쇼카 왕 때 부처님 법이 그곳까지 포교(布敎)가 된 것입니다. 우리는 그걸 생각해야 합니다.

따라서 그리스교의 신약과 우리 부처님 법과는 상당히 유사점이 많이 있습니다. 그것은 무엇을 의미하느냐 하면 예수가 나오시기 전에 200년 전에 아쇼카 왕 때 저 이집트까지 포교사를 보냈으니 그보다 가까운 유태까지도 부처님 가르침이 유포가 되었다고 보아야지요.

아쇼카 왕자가, 그 잘생긴 왕자가 그 반란을 평정시켰단 말입니다. 좋은 사람이 가면 그 사람의 모양만 보아도 마음이 순화(醇化)가 되는 것입니다.

그 하도 선근(善根)이 좋은 사람이 가니까 별로 싸움도 없이 그냥 굴복해 와서 평정을 시켰단 말입니다.

그리고 떠나오려고 해도 그 반란을 일으킨 나라에서 하도 못 가게 잡으니 못 떠나오고, 그곳에서 십여 년 동안을 지냈단 말입니다.

그때 그 왕비가 한 계교(計巧)를 내서 '이런 때를 이용해서 복수를 해야 되겠구나'라고 생각하고는 아무도 모르게 −여러 가지 복잡한 사연이 많이 있습니다만 제가 생략을 합니다− 왕의 직인을 찍은 문서로 '지금 아쇼카 왕이 병들어 곧 죽게 되었는데, 구나라의 그 예쁜 양쪽 눈알을 먹으면 병이 낫는다. 구나라의 눈알을 빼서 보내라'는 교칙을 보냈단 말입니다.

그러니 그 효심(孝心)도 극진한 구나라가 정말 자기 안구를 빼가지고서 보냈단 말입니다.

사실은 아쇼카 왕이 그랬을리는 만무하고, 그 당시에 직인(職印)은 치아(齒牙)에다 인주를 묻혀 가지고 치아를 아물려가지고 직인을 대용한단 말입니다.

아쇼카 왕이 잠이 들었을 때 그 왕비가 몰래 그야말로 그렇게 아쇼카 왕 치아에 인주를 물려가지고 직인을 그렇게 찍게 했단 말입니다. 그렇게 해서 보냈기 때문에 구나라도 결국은 곧이듣고서 안구를 빼서 보냈단 말입니다.

그러나 세월이 흐르니까 구나라는 소경이 되어버렸겠지요. 세월이 흐름에 따라서 이런 소식, 저런 풍문으로 해서 정작 자기 아버님이 하신 것이 아니라, 자기한테 음탕한 짓을 하려고 한 그런 왕비의 소행이라는 것을 알았단 말입니다.

그랬으나 원채 선근이 깊은 사람인지라 내가 지금 양쪽 눈알을 빼앗긴 것은 왕비가 나빠서가 아니라 과거 무수 생 동안을 지내오면서 내가 그만치 그 사람한테 나쁜 짓을 했으니까 금생에 내 업장이 내 눈알을 뺀 것이지 그 왕비가 뺀 것이 아니라고 생각했습니다.

그 이후에 아쇼카 왕자는 용맹정진으로 공부를 했습니다. 그래서 육안은 어긋나 버렸지만 천안(天眼)이라, 참다운 마음의 눈이란 말입니다. 참다운 법의 눈을 얻었습니다.

그러나 자기 생전에 아버지도 만나보고 싶은 생각이 들어서 자기 내외간에, 소경인지라 이제 가만히 빠져 나와서 걸식 행각을 했단 말입니다.

그래서 어찌어찌 자기 나라로 돌아와서 부왕을 만났습니다. 부왕을 만났는데, 아쇼카 왕이 보니까 분명히 윤곽은 자기 아들인데 아, 눈이 없으니 그 아름답던 눈이 쑥 들어가서 컴컴하게 보이겠지요. 그렇게 사랑하고 그렇게 잘난 아들이 그렇게 되어버렸으니, 부왕이 그만 그 자리에서 정신을 잃고 쓰러져버렸단 말입니다.

겨우 일으켜 세워서 자기 아버지를 다시 자리에 앉으시게 하신 다음에

"아버지시여, 슬퍼하지 마십시오. 어느 누구의 잘못도 아닌 것이고, 모두가 다 나의 업(業)이 과거 전생의, 또 금생의 그런 무거운 업장이 제 눈을 뺀 것입니다. 어느 누구도 원망할 것이 없습니다."

라고 말했습니다. 그러나 아버지는 분노에 떨면서 '어느 누가 어떻게 해서 그대 눈을 빼앗았던고' 하고 추궁을 했단 말입니다. 그러나 구나라 왕자는 조금도 그런 것에 대해서는 사실대로 말씀을 하지 않았습니다.

그랬지만 아쇼카 왕도 나중에 이렇게 저렇게 추궁도 하고, 또는 수소문을 해가지고서 자기 왕비의 짓임을 알았습니다. 그래서 결국은 그야말로 참 왕비를 극형에 처해서 죽였단 말입니다.

그 소식을 듣고 구나라 왕자도 인제 슬픔에 못 이겨서, 결국은 제 업(業)이 제 눈을 뺀 것이지 아버지가 잘못하셨구나, 그래서 그냥 병석에 누워서 얼마 안 가서 죽었다는 그러한 슬픈 애화(哀話)도 있습니다.

구나라 왕자가 법을 깊이 알아서 그렇게 말했다는 것에 그치지 않고 사실은 어떤 누구나가 지금 어떤 상황에 있든지 간에 어떻게 애매한 일을 당하든 간에 모두가 다 자기 업장(業障)이 자기를 괴롭히고 자기를 죽이고 합니다.

우리는 이러한 것을 분명히 알아야 합니다. 자기 어버이를 원망도 하고, 스승도 원망도 하고, 또 사회도 원망도 하고 합니다마는 이런 것은 사소한 하나의 계기(契機)에 불과한 것이지 근원적인 것은 모두가 다 자기 업(業)에 가 있습니다.

아까 제가 말씀드린 바와 같이, 그야말로 참 우리 마음이 안정(安定)된 것입니다.

이런 것은 비유(比喩)도 무엇도 아닌 것이고, 과거(過去) 전생(前生)까지 소급(遡及)해서 올라간다고 생각할 때에 우리 인생(人生)이라는 것이 중중무진(重重無盡)으로 모두 인연(因緣)이 얽히고설킨 고리인 것입니다.

어떠한 것이나, 하나의 것(事)이 이러하다고 생각할 때는 천지우주(天地宇宙)가 거기에 다 같이 동참(同參)되어 있습니다.

자기가 누군가를 이렇게 기분 사나운 사람을 딱 때린다고 생각합시다. 때린다는 손을 움직이는 그 하나의 행동(行動), 이것도 역시 천지 우주가 거기에 다 동참되어 있습니다.

지구(地球)도, 천지(天地)에 있는 모든 별들도, 아까 말씀드린 바와 같이, 인간(人間)의 무명심(無明心)이 쌓이고 쌓여서, 무명심이 파동(波動)이 달(月)같이 보이고 해(太陽)같이 보이고 하는 것입니다.

그런 것은 구사론(俱舍論) 같은 데나 또는 기세경(起世經)같은 경을 보면 어떻게 표현(表現)되어 있는가 하니, 중생(衆生)의 공업력(共業力)으로 -한 가지 공(共), 업 업(業), 힘 력(力)- 우리 중생의 공통(共通) 업력(業力)이 모이고 모여서, 그런 모이고 모인 번뇌(煩惱)의 그림자가 즉 말하자면 은하계(銀河系)같이 보이고, 또는 태양계(太陽系)가 성립되고 지구(地球)가 성립(成立)되고 합니다.

어려워도 이런 문제(問題)를 깊이 생각해야 합니다. 한 번 생각해 보십시오. 불교(佛敎)라는 것이 일체유심조(一切唯心造) 아닙니까. 모두가 다 마음뿐이라는 것이 일체유심조(一切唯心造)입니다.

다시 바꿔서 말하자면 불교는 마음 일원주의(一元主義)입니다. 인류(人類) 역사(歷史) 이후에 가장 치열한 이데올로기적 싸움이 무엇입니까. 유물론(唯物論) 또는 유심론(唯心論)이란 말입니다.

모두는 물질(物質)뿐이다, 그 반대는 모두는 마음뿐이란 말입니다. 여러 가지 형태의 이데올로기가 많이 있으나, 따지고 보면 결국은 그야말로 참, 마음인가 물질인가 하는 이런 싸움인 것입니다. 일반 중생들은 자기 마음의 깊이를 짐작하지 못하니까 눈에 보이는 대로 아, 이놈의 몸뚱이도 다 물질이 아닌가.

또 마르크스의 유물변증법이나 모두가 다 유물론의 기조 위에서 세워졌습니다.

따라서 공산주의(共産主義)도 모두가 다 물질 뿐이다, 마음은 결국은 우리 육체(肉體)에 있는 뇌(惱)의 하나의 반사에 불과하다, 이런단 말입니다.

따라서 불교에서나 기독교에서 본다고 생각할 때는 그런 것을 진리(眞理)로 볼 수가 없습니다.

진리가 안 된 것이니까 그렇게 옹색하고 그렇게 인간이 존엄성(尊嚴性)을 무시하고 그런 지독한 타박을 했단 말입니다. 물질만 평등(平等)하게 하면 다 된다 합니다.

가급적이면 물질은 허망한 것이지만 마땅히 평등(平等)하게 경제적(經濟的)으로 공정한 분배(分配)를 해야 하는 것입니다.

그러나 그렇게만 하면 다 되는 것이 아니라 그에 앞서서 우리 인간성(人間性)이 무엇인가 하는 문제부터 풀어나가야 됩니다.

인간성(人間性) 문제만 바로 풀어버리면 다른 문제는 다 풀립니다. 그런 것이 부처님 법문(法門)에서 약능요심(若能了心)하면 만행구비(萬行具備)라, 만약 마음을 깨달아버리면 만행이 구비라, 마음을 깨달아버리면 만행이 거기에 다 따라간단 말입니다.

우리는 분명히 아까 제가 말씀드린 바와 같이 우리 병(病)은 지금 보통 병이 아닙니다. 보통 감기약 정도 먹고 나을 병이 아니란 말입니다.

근본적인 치료를 해야 씁니다. 근본 치유를 하기 위해서는 미봉책

같은 것은 그런데 적용되는 약(藥)이 될 수가 없습니다.

근본적인 치유란 불교에서는 아가타약(阿伽陀藥, 不死藥)이라. 이것은 만병통치약(萬病通治藥)이란 말입니다. 만병통치약, 이것은 반야(般若)의 약(藥), 반야 탕(湯), 곡차(穀茶)를 좋아한 사람은 반야 주(酒)라고, '술 주(酒)'를 붙일 수 있겠습니다만, 아무튼 반야의 사상(思想)을 가지지 않고서는 절대로 고황에 병들어 있는, 그런 백약(百藥)이 무효(無效)인 그런 병은 고칠 수가 없습니다.

우리 불자님들은 지금 반야의 약을 아십니까? 반야(般若), 이것은 제법공(諸法空) 도리(道理)입니다. 제법공 도리는 이것은 나요, 너요 모두가 다 비었다는 도리입니다.

미운 마음도 비어 있고 말입니다. 미워하는 몸도 비어 있고, 미운 대상(對象)도 비어 있습니다.

그러기에 부처님의 초기(初期) 설법(說法)은 모두가 다 무상(無常)이요, 무상(無相)이요, 무아(無我)요, 공(空)이요, 하는 것입니다.

바로 보면 다 무상(無常)인 것이고, 무상(無相)인 것이고, '나'라 할 것도 없는 것입니다. 우리 중생이 잘못 봐서 '나'라고 고집을 한단 말입니다. 이런 것을 우리 불자님들은 두고두고 그때그때 천만번 되풀이해야 합니다.

반야심경(般若心經)도 그냥 얼른얼른 갔다가 소리 좋게 외우는 것이 문제(問題)가 아니라 뜻을 음미(吟味) 하면서 봐야 됩니다.

그렇게 생각한다고 생각할 때는 자기 암시(暗示)가 되어서 본래 비어 있으니까 결국은 아, 텅 비어온단 말입니다.

이것을 보고 불교의 어려운 말로 해서 신심탈락(身心脫落)이라! 몸 신(身), 마음 심(心), 몸과 마음이 탈락이라, 다 떠넘겨버릴 때는 몸과 마음이 텅텅 비어버린단 말입니다.

불교는 그냥 이론적(理論的)으로 알고 끝나는 것이 아닌 것입니다. 우리가 체험(體驗)으로 해서 실체화(實體化) 시킨단 말입니다. 그래야 아까 말씀 드린 본체(本體)를 파악할 수가 있습니다.

본래(本來) 빈 것인데, 우리 중생(衆生)이 번뇌(煩惱)를 미루어서 본다고 할 때는 모두가 다 물질(物質)뿐이란 말입니다. 천지우주가 다 물질이다, 그런 것을 우리가 비었다고 하면 납득이 안갑니다.

그러나 훤히 다 알고 있는 부처님 말씀이니까 우선 우리가 믿어야 쓰겠지요. 믿은 다음에는 우리 스스로도 체험해야 됩니다.

어떻게 체험해야 할 것인가. 우리 마음을 오로지 한 마음으로 통일 시킨단 말입니다.

좋다, 궂다, 밉다, 예쁘다, 그렇고 저렇고, 이것이고 저것이고, 그런 산란한 마음 때문에 우리 마음이 흩어져서 혼탁해서 바닥이 보이지 않습니다.

부처님 공부는 모두가 다 바닥을 보기 위해서 우리 마음의 본 성품(性品)인 진여불성(眞如佛性) 자리를 보기 위해서 공부를 하는 것입니다.

마음을 가만히 두면 본래 부처인지라 앙금이 가라앉을 것인데, 자꾸만 좋다, 궂다, 시비분별(是非分別)하면 흩어진 마음이 안정(安定)될 수 있는 때가 오지를 않습니다.

그러기에 수험(受驗)공부를 하는 사람도 말입니다. 머리가 정말 좋다면, 그 공부 몇 시간 하고 그러면 머리가 띵하고 그럴 것입니다만 그런 머리도 가라앉히려면…….

내 몸뚱이도 이것이 여러 종류의 원소(元素)들이 결합되어서 빙빙 돌고 있는 하나의 세포(細胞)의 유기적(有機的) 집합체(集合體)에 불과한 것이지 각 원소(元素)도 모두가 다 본래는 물질이 아닌 순수(純粹)한 진여불성(眞如佛性)의 파동(波動), 이것이 원자(原子)가 되고, 원소가 되고 하는 것입니다.

어떠한 것도 모두가 다 진여불성의 하나의 파동에 불과하단 말입니다. 마음의 파동에 불과합니다.

천지우주가 텅텅 비었는데, 아까도 말씀드린 바와 같이 텅텅 비어 있는, 불교 말로 공겁 가운데서 우주가 생겨날 때도, 이것도 역시 일반 중생들의 그런 무명심(無明心), 진리(眞理)를 모르는 그런 무지(無

知)한 마음, 무지한 마음이 쌓이고 쌓여서 현상적(現象的)인 상(相)으로 보입니다.

그 상(相), 그것이 달이 되고 해가 되고, 은하계가 되고 태양계가 되고 했던 것입니다. 그러한 것이 상을 냈지만, 그 상이 그대로 고유하니 있지가 않단 말입니다.

어떠한 한순간도 달도, 별도, 태양도 모두가 다 한자리에 그대로 머물러 있지 않습니다. 순간순간 변화해 마지않는 것입니다.

내 몸도 역시 순간순간 변동(變動)해 마지않습니다. 일반 중생(衆生)들은 그걸 못 보기 때문에 내가 고유(固有)하며 있다고 생각한단 말입니다.

하지만 고정(固定)한 것은 아무것도 없습니다. 그러기에 무상(無常) 아닙니까. 무상(無常)! 무상(無常)은 항상(恒常)이 없다는 무상(無常) 아닙니까.

일체만법(一切萬法)이 모두가 다 무상(無常)입니다. 무상을 잘 느껴야 하는 것입니다.

무상(無常)한 것은 결국(結局)은 어려운 말로 하면은 어떠한 한 순간(瞬間)도 공간성(空間性)이 있지 않은 것이 무상 아닙니까.

순간순간 변화하거니 어떻게 고유한 공간성이 있다고 하겠습니까. 그것은 공(空)이란 말입니다.

반야심경(般若心經)의 제법공(諸法空)이라는 도리(道理)는 그렇게 심심미묘(甚深微妙)한 도리입니다. 그냥 물질은 물리학적으로 분석(分析)하면 분석한 뒤에 에너지가 나오겠지, 그래서 공(空)이다, 이렇게 생각한 정도가 아닙니다.

제가 항상 말씀드린 바와 같이 가사 수분(水分)은 영도(零度)에서는 냉각(冷却)이 되어서 그것이 얼음이 되겠지요. 즉 고체(固體)가 되고 말입니다. 100도 이상 가열(加熱)하면 비등(沸騰)해서 그때는 수증기(水蒸氣)가 되겠지요.

그것이 공중에 올라가서 식으면 구름이 되겠지요. 수분이 얼음이 되건 물이 되건 간에 수분이라는 것은 조금도 변질(變質)이 없지 않습니까.

그와 똑같이 진여불성(眞如佛性)이 달을 구성(構成)하건 태양을 구성하건 우리 몸뚱이를 구성하건 진여불성은 조금도 변동이 없습니다.

물질이 아닌 진여불성, 마음이 —마음이라 해도 이름을 붙인 것이지 본래 가지고 있었겠습니까만— 다만 공간성(空間性), 시간성(時間性)이 없으니까 우리가 인제 마음이라고 하는 것입니다.

물질이 아닌 그것이 이렇게 저렇게 모여서 된단 말입니다. 그것이 내 몸이요, 니 몸이요, 모든 물질이란 말입니다.

그 금(金)을 비싸게 그렇게 돈을 주고 산단 말입니다. 귀걸이 하나도 좋은 것을 하려면 굉장히 값을 많이 치루겠지요. 자기 몸뚱이, 귓불에 그걸 붙이나 안 붙이나 귀는 귀 아닙니까.

우리는 근본적으로 생각을 해야 됩니다. 무슨 필요로 우리 생명(生命)을 낭비(浪費)하십니까. 우리가 할 것은 근본(根本)으로 가는 것 외는 모두가 다 헛짓입니다.

그러기에 석가모니가 못나서 집을 나갔습니까. 그렇게 잘난 분이 집을 나오고 재산(財産)을 뿌리치고 지위(地位)를 뿌리치고 다 뿌리쳐버렸단 말입니다. 석가모니 자신이 왕이 되려고 했으면 충분히 될 수 있었던 분입니다.

자기 생명을 낭비할 필요가 없단 말입니다. 석가모니가 무슨 필요로 출가(出家)를 했겠습니까. 그것은 오직 우리가 바르게 사는 길, 오직 그 한 길 밖에는 없습니다.

다만 세속에서 그런 대로 닦을 것인가, 출가해서 우리 온 힘을 다해서 100% 수행할 것인가 하는 그 차이뿐입니다.

우리는 어떤 누구나가 행복(幸福)을 추구(追求)합니다. 행복을 추구하게끔 인간(人間)은 그렇게 인간 존재(存在)가 행복을 추구하게 되

어 있습니다.

왜 그럴까?

인간(人間) 존재(存在)는 원래(原來) 모든 행복(幸福)을 갖추고 있습니다.

진여불성(眞如佛性)자리는 자비(慈悲)도 지혜(智慧)도 능력(能力)도 행복(幸福)도 다 갖추고 있습니다. 우리 인간 본성(本性)은 모두를 다 갖추고 있단 말입니다. 갖추고 있기 때문에 우리가 그 자리에 가버려야 비로소 우리가 안심입명(安心立命)을 합니다.

자비도 지혜도 행복도 능력도 다 갖추고 있는 본성(本性)자리! 그 자리를 가기 전(前)에는 어떠한 것도 우리한테 만족(滿足)을 주지 못합니다.

그 행복이라는 파랑새를 찾기 위해서 그렇게 산으로 들로 헤맸지만 안 보인단 말입니다. 집에 돌아와서 머리맡에 보니까 인제, 아, 새장 안에 그 예쁜 파랑새가 있단 말입니다.

행복은 다른 데에 절대로 있지 않습니다. 어느 누구나 나한테 원래 갖추고 있습니다. 내 마음이 없는 사람이 어디에 있겠습니까. 물질이 아닌, 형체(形體)도 없는 그 마음, 마음이 행복을 갖추고 있습니다.

과거(過去)에 자기 마음 씀씀이에 따라서 이와 같이 몸뚱이가 되었단 말입니다. 그렇게 아끼는 몸뚱이가 어디서 나왔는가. 과거에 우리 마음 씀씀이에 따라서 부모(父母)하고 연(緣) 따라서 금생(今生)에 이런 몸이 되었습니다.

이 몸뚱이를 얼마나 쓸 것인데 말입니다. 저와 같은 사람이야 인제 십여 년도 못 쓰면 흔적도 없어져 버리겠지요. 젊은 사람들의 몸도 그 몇 십 년 쓰면, 더러는 비명횡사에 간다고 생각하면 몇 년도 못 쓰고 갑니다.

그렇기 때문에라도 부디 우리가 생각을 바로 해야 됩니다. 어차피 없어질 그 몸뚱이에는 그 행복이 있지 않단 말입니다. 어떻게 꾸며 놓아도 결국은 땀 한번 흘려버리면 그 몸에서 냄새가 납니다.

진여불성자리에 이르는 길이 인생이 태어난 이것이 근본 목적(目的)입니다.

공자(孔子)도 또는 소크라테스도 모두가 다 그 길로 갔던 것입니다. 니체나 칸트나 쇼펜하우어나 모두가 그 길로 갔단 말입니다. 다만 각도에 따라서 조금 차이가 있게 표현했다 하더라도 모두가 다 그 길로 지향(志向)을 했습니다. 자본주의나 무슨 주의나 모두가 그 길로 가려고 몸부림치고 있습니다.

다만 바른 도리를 모르기 때문에 자꾸만 이렇게 저렇게 한 것이지 인간 자체(自體)는 본래 부처이기 때문에 완전(完全)해야 한다, 모두가 평등(平等)해야 한다, 모두 자유(自由)로워야 한다, 하며 자유를 추구하고, 모두가 다 진여불성자리를 가기 위해서 몸부림치는 것입니다.

내 마음도 허망(虛妄)하고, 우리 대상(對象) 모두가 다 허망무상(虛妄無常)한 것입니다.

허망무상하기 때문에 금강경(金剛經)에서 여몽환포영(如夢幻泡影)이며, 여로역여전(如露亦如電)이라. 꿈이요, 허깨비요, 물거품이요, 그림자요, 풀에 달린 이슬이요, 또는 번갯불이요, 했습니다.

우리는 아지랑이를 구해서는 안 됩니다. 저 멀리 아지랑이가 그렇게 좋게 보이고, 꿈같은 신기루(蜃氣樓)가 이제야 좋게 보인다 하더라도 고생고생 달려가서 보면 아무것도 없습니다.

우리가 구하는 그 대통령 자리나, 또는 부자나 모두가 다 구해 놓고서 보면 아무것도 없습니다.

우리는 검소(儉素)하게 살아야 됩니다. 검소하게 살면 그만큼 죄(罪)를 덜 짓고 빚을 덜 집니다. 몸뚱이를 잘 먹이기 위해서, 잘 입히기 위해서 너무나 사치하고, 과소비(過消費)하면 말입니다. 그만큼 더 죄를 많이 짓고 빚을 많이 집니다.

모든 것이 인과(因果)이기 때문에 어떠한 것도 인과를 벗어나는 것은 없습니다. 우리가 이 몸뚱이 하나 보존(保存)하기 위해서 너무나 과다한 물질을 소모한다고 생각할 적에는 꼭 그에 따르는 보상(補償)

을 해야 쓰는 것입니다.

한 몸뚱이에 금생에 와서 먹고, 입고 또는 우리 갈 길, 부처님 길을 가는데 그렇게 많은 것이 필요치 않습니다.

프랑스 잔다르크는 영국과 프랑스의 백년전쟁 당시 프랑스군이 모조리 포위당했을 때 16세의 어린 소녀(少女)로 선두에 서서 그 포위망을 뚫고서 오를레앙 성(城)을 탈환했습니다.

그런 힘이 잔다르크한테만 있는 것이 아니라 어느 누구한테나 있습니다.

우리는 석가모니한테 있는 힘, 예수한테 있는 힘이 우리한테도 똑같이 있습니다.

다만 어둠에 가려서 발휘(發揮)하지 못한단 말입니다. 우리는 자기 스스로를 분명히 알아야 합니다. 그런 힘이 있거든 하물며 대학입시(大學入試) 하나 합격(合格) 못하겠습니까.

그런 것이 별 것이 아니란 말입니다. 부처님 힘은 무한(無限)의 힘입니다. 다만 우리가 무한의 힘을 자아내 못쓰고, 자꾸만 이것을 생각하고, 저것을 생각합니다.

공부하는 수험생(受驗生)이나 누구나 마음을 맑게 해서 마음을 가라앉혀야 됩니다. 자기가 좋아하는 것도 텅텅 비어서 자취가 없고 말입니다. 자기 집안 식구 가운데서 동생이 밉다, 이런 것도 자취가 없

습니다.

아무 것도 모두가 다 흔적이 없는 것입니다. 자기 어머님 아버님이 섭섭하게 해도 그 섭섭한 것도 흔적이 없고 말입니다. 이런 것, 저런 것 다 허망한 것이니까, 그렇게 돌려버리고 부처님을 생각해야 합니다.

부처님은 마음의 근본인 것이고, 아까 제가 말씀드린 바와 같이 무한의 가능(可能)을 가지고 있는 하나의 생명(生命) 자체입니다.

그것을 생각하고 공부한다고 생각할 때는 기억력(記憶力)이라든가 모두가 그런 것이 다 완벽한 것입니다.

따라서 입시(入試)라든가 어떤 것이나 다 이룰 수가 있습니다.

천재적(天才的)인 능력의 힘을 어느 누구나 다, -천재보다도 훨씬 더 천재말입니다- 무한한 천재가 우리한테는 누구에게나 다 들어있는 것입니다.

그러기 때문에 우리 학생들도 공부할 때에 머리가 아프거나 그럴 때는 머리에 필요 없는 것이 많이 차 있기 때문에 머리가 아픈 것입니다. 다 버려버리고 모두가 다 원래 허망(虛妄)한 것인데 우리가 괜히 그러한 것들을 머리에 채워 놓고 있습니다.

나라는 생각, 너라는 생각, 우리가 잘못 생각하고 그런 것들이 결국은 텅텅 비어 있는 자취가 없단 말입니다.

우리는 진여불성의 자리, 부처님의 자리를 생각하는 그 공부가 이것이 안심(安心) 공부입니다.

모두가 다 이것이 자취가 없는 것이다, 꿈이다, 그림자다, 사실은 꿈이나 그림자뿐인 것인데 우리가 그런 것 때문에, 꿈의 자취가 어디에 있습니까?

그렇더라도 우리 범부중생(凡夫衆生)은 자꾸만 필요 없는 생각을 떠올립니다.

그런 것, 저런 것을 안 하기 위해서 우리가 염불(念佛)하고 화두(話頭)를 들고 합니다.

염도염궁무념처(念到念窮無念處)하니 육문상방자금광(六門常放紫金光)이라, 우리가 염불(念佛) 게송(偈誦)에 다 아시는 법문(法門) 아닙니까? 생각, 생각, 생각을 하다보면 결국은 그야말로 무념처(無念處)라, 무념지(無念地)에 이르면 육문상방자금광이라, 자기 눈에서나 입에서나 코에서나 귀에서나 자기 몸 전체에서 그야말로 참 훤히 트여 있는, 빛나 있는 우주(宇宙)와 둘이 아닌 그런 자마금색(紫磨金色)이 오색찬란한 광명(光明)이 항상 빛나는 것입니다.

그 오직 한 길, 오직 부처님께서 말씀하신 참다운 반야(般若)의 지혜(智慧), 반야지혜를 떠나서는 도저히 우리 행복(幸福)은 없습니다.

우리는 어떤 누구나가 꼭 행복해야 합니다. 또 행복은 원래(原來) 갖추어져 있습니다.

대무량(大無量)의 그런 보배가 우리에게 원래 갖추어져 있습니다. 대무량의 보배는 대체 무엇인가? 세간적(世間的)인 보배는 그냥 물질(物質)인지라, 물질은 본래 자취가 없는지라 흩어지고 맙니다.

그러나 참다운 보배인 우리 불성(佛性) 보배는 영생불멸(永生不滅)합니다.

자기가 하고 있는 지장보살(地藏菩薩)이나 관세음보살(觀世音菩薩)이나 또는, 나무아미타불(南無阿彌陀佛)이나 또는 화두(話頭)나 그렇게 공부를 하셔서 앞서 제가 말씀드린 일념(一念)공부, 마음이 하나로 딱 모아지는 일념무심(一念無心) 이것은 우주(宇宙)를 움직입니다.

그렇게 해서 진여불성(眞如佛性), 우주(宇宙)의 근본(根本) 핵심(核心)을 움직여 버린단 말입니다. 진여불성까지 우리가 리드(lead)해 버린단 말입니다. 그렇게 해서 꼭 마음이 안심(安心)되고 다시없는, 위(上)없는 행복(幸福)을 누리시기를 바라 마지않습니다.

나무아미타불! 나무관세음보살!

三. 진여불성(眞如佛性)

> 반야의 지혜를 지속시키는 정(定), 선정(禪定), 정혜쌍수(定慧雙修), 정혜균등(定慧均等)을 염두에 두시고 꼭 오욕락(五欲樂)을 떠나서 법락(法樂)을 맛보시기 바랍니다.

위없는 부처님의 이른바 법왕법(法王法)은 말을 떠나고 또는 일체상(一切相)을 떠나 있습니다. 상대적(相對的)인 말이나 형상은 제대로 진리를 다 표현하지 못합니다.

그래서 이렇게 법상(法床)에 오를 때는 마땅히 상(相)을 떠난 법문(法門), 또는 말을 떠난 법문, 즉 우리 중생의 상대 유한적(有限的)인 말을 떠난 참다운 진언(眞言)을 법문(法門)해야 원칙인 것입니다.

그러기에 방(棒)을, 몽둥이를 텅텅 내리치기도 하고 그래서 선기(禪機)를 보이기도 하는 것입니다.

그러나 상황 따라서 이 자리는 그런 자리가 되지 못하기 때문에 역시 해설(解說)이 깃든 법문을 제가 하지 않을 수 없습니다. 우리는 아까 귀의불 양족존(歸依佛 兩足尊)하고, 삼보(三寶)에 귀의하는 그런 예식을 올렸습니다.

양족존(兩足尊)이라는 말은 어떤 것인가? 아시는 분은 다 아십니다만 이것은 자비(慈悲)나 지혜(智慧)나 그러한 모든 덕성(德性)을 완전히 구비한, 완벽하게 구비한 부처님이란 뜻입니다.

부처님의 공덕(功德)의 속성은 비단 자비나 지혜로 끝나는 것이 아니라 한량없이 무량무변(無量無邊)합니다. 그러나 대체로 자비와 지혜 두 속성을 들어서 부처님의 공덕을 대표해 표현합니다.

부처님은 대체로 어떠한 것인가? 우리는, 특히 우리 불자(佛子)들은 이런 질문을 항시 하게 됩니다.

부처님한테 귀의해서 일 년 된 분이나 또는 10년 된 분이나, 몇 십 년 되었다 하더라도 부처님이 아직 완전히 못되고서는, 즉 다시 말씀드리면 성불(成佛)하지 못한 그런 차원(次元)에서는 어느 때나 부처님은 대체로 무엇인가 하는 질문을 하지 않을 수가 없습니다.

따라서 이 질문을 바르게 해답할 수 있어야 우리 수행법(修行法)도 바르게 실행할 수가 있습니다.

앞서 대체로 언급한 바와 같이 부처님은 말로나 문자로는 표현하지 못합니다. 이것은 시간성(時間性)과 공간성(空間性)과 또는 인과율(因果律)을 초월해 있기 때문에 그러는 것입니다.

그런데 우리 중생들은 현상적(現象的)인 형상(形象)만 보고 상대적인 문제만 생각합니다. 그러나 부처님은 현상적(現象的)인 문제도 무시할 수가 없습니다. 현상과 현상의 본래 모습인 실상(實相)을 모두 하나의 것으로 보는 것이 부처님 법이기 때문입니다.

그러나 중생은 안목(眼目)이 짧아서 실상(實相)을 보지 못하고 현상(現象)만 봅니다. 그렇다고 해서 우리 눈에 안 보이는 참다운 세계, 참다운 성품(性品)의 세계가 우리 중생이 볼 수 있는 현상의 세계와 절대로 둘이 아닙니다. 현상, 이것은 모두가 다 실상에서 형상화(形象化)된 것입니다.

이것은 마치 바다에서 바닷물 자체는 실상 곧 체(體)에 비교한다고 하면, 바닷물에서 일어나는 천만 가지 거품이나 파도는 현상적인 용(用)에 해당합니다. 따라서 바닷물을 떠나서 파도와 거품이 없듯 현상을 떠나서 참다운 실상도 있을 수가 없습니다.

우리 중생은 자기 한계상황(限界狀況)을 분명히 느껴야 합니다. 이 현상적(現象的)인 세계만 본다면 우리 중생은 평생 동안 인생 고해(苦海)에서 헤매다가 맙니다. 이런 의미에서 우리는 모두 실향민(失鄕民)입니다. 근본(根本)을 떠난 우리는 모두가 다 실향민입니다.

우리 민족은 지금 1천만의 실향 가족 때문에 서로 피차 가슴을 앓고 있는 셈입니다만 비단 이북에서 온 1천만의 동포들만 실향민이 아니라 본질적으로는 세계 60억 인총(人總) 모두가 다, 성자 이외의 범부인 중생들은 자기 고향을 떠난 실향민입니다. 이것을 우리는 분명히 알아야 합니다.

우주만유(宇宙萬有)의 본성품을 스스로 체험 못한 사람들은 비록 제아무리 분별시비(分別是非)하는 학식이 많다고 할지라도 그것은 실향민의 범주(範疇)를 못 벗어납니다. 불교는 그런 의미에서 참다운 본성을 찾는, 참다운 고향을 찾는 공부입니다. 참다운 고향을 찾기 위해 '지금 나는 어디만큼이나 가 있는가', 이렇게 자기를 성찰(省察)해 보고 자기 반추(反芻)를 해봐야 합니다.

이번에 3박 4일 동안에 공부를 참 잘하셨습니다. 저는 그때 말씀드리기를 우리 중생, 우리 인간들이 추구하는 안락은 오욕락(五欲樂)이라는 상대유한적(相對有限的)인 쾌락을 추구한다고 말씀했습니다.

오욕락이란 다 아시는 바와 같이 재(財), 색(色), 명(名), 식(食), 수(睡)라. 재물이나 또는 이성(異性)간의 욕심이나, 명예 욕심이나 음식 욕심이나 잠 욕심이나 이런 것이 분명 오욕락인데 우리 중생들은 이런 오욕락을 추구합니다.

이것이 인간 세상의 행복의 전부라고 합니다.

그러나 석가모니나 예수나 공자(孔子)나 노자(老子)나 소크라테스 등의 성인(聖人)들은 이렇게 보지 않았습니다.

기독교 성경을 본다고 하더라도 '죽음에 이르는 병이라', 이 말은 키에르케고르가 이것을 제목으로 해서 글을 썼습니다만, 우리 중생은 지금 모두가 다 죽음에 이르는 병을 앓고 있습니다.

왜냐하면 우리 중생들은 눈에 보이는 현상적인 것이 모두라고 생각하고서 참다운 실상적(實相的)인 본성품(本性品)을 보려고 하지 않기 때문입니다. 본성품인 참다운 고향자리를 보려고 하지 않습니다. 고향자리를 모르기 때문에 실향민이 아니겠습니까.

그런데 우리가 보고 있는 이 현상계(現象界), 이것은 사실은 인연 따라서 지나가는 과정에 불과한 것이지 절대로 실존적(實存的)인 것이 아닌 것입니다.

루터가 법문(法門)을 할 때는 법상(法床)에 올라가서 -물론 그의 법상은 우리의 법상과는 다르겠습니다만- 설법대에 올라가면 먼저 가만히 하늘을 한참 우러러 본 다음에 설법을 했다고 합니다. 왜냐하면 영원적인 진리와 자기와의 거리를 없애기 위함이었기 때문입니다. 상당(上堂)에 올라가서 하는 법문이라고 하는 것은 아까 제가 말씀드린 바와 같이 한 마디, 한 마디가 다 영원적인 차원(次元)을 벗어나지 않아야 합니다.

우리가 가는 길이 바로 성불의 길이기 때문에, 가는 길이 바로 참다운 성품 자리를 향해야 하기 때문입니다. 거기서 한 발짝만 벗어나 버리면 생사기로(生死岐路), 죽고 사는 길에 떨어지고 맙니다.

죽음에 이르는 병이란 어떤 것인가? 아까 제가 말씀드린 오욕락, 즉 재물에 눈이 어두워지고 또는 이성간의 욕망에 눈이 어두워지고 또는 명예(名譽)나 또는 식욕이나 잠욕심 등 이런 것에 얽힌 생활은 모두가 다 죽음에 이르는 병입니다.

재물도 잠도 또는 음식도 자기 몸뚱이까지도 결국 스러지고 마는 것이 아닙니까. 어느 땐가는 죽고 맙니다. 어느 땐가는 소멸해서 목숨 한 번 끝나버리면 이 몸뚱이는 흔적도 없습니다. 내생(來生)이 있다고 하더라도 이 몸뚱이 이대로 생(生)을 받는 것은 아닙니다.

평생(平生)의 자기 행위에 따라서 다시 다른 몸을 받는 것이지 이 몸은 이 생으로 끝나고 맙니다. 이 몸뚱이는 인연(因緣)을 따라서 잠시 합해져서 변동(變動)해 마지않는 변화무쌍(變化無雙)한 이 몸뚱이는 오늘 죽을지 내일 죽을지 모릅니다.

이런 것에 우리 마음을 얽매여 산다면 모두가 다 죽음에 이르는 병에 걸린 것입니다. 재물도 마찬가지고 명예도 마찬가지입니다.

따라서 상대유한적인 것에 얽매여 사는 이런 생활은 죽음에 이르는 생활입니다. 우리는 한 걸음만 밖에 나가도 모든 어려운 문제에 부딪히고 맙니다.

예를 들면 공산주의는 대체로 어떠한 것인가 곧 우리가 이북과도 합해야 할 것인데 주체사상(主體思想)은 어떠한 것인가. 또는 우리 한국민족 가운데서 천오백만을 헤아리는 신도를 가진 기독교 신앙은 어떠한 것인가, 아직도 우리 사회에 남아있는 유교(儒敎)는 어떠한 것인가, 이런 문제에 부딪히지 않고 살 수 없습니다. 이런 것에 명확(明確)한 해답을 내려야 합니다.

그래야 참다운, 슬기로운 어머니가 되고, 슬기로운 아버지가 되고, 또 슬기로운 스승, 총명한 사회인이 됩니다. 그렇지 않고는 바른 사회인도, 바른 아버이도, 바른 스승도 못됩니다. 그래서 다른 종교, 다른 이데올로기와 비교해서 생각하지 않을 수가 없습니다.

따라서 현대에는 20대부터 자기 인생관(人生觀), 자기 철학관(哲學觀)이 확실히 서 있어야 합니다.

부처님 가르침은 이와 같이 모든 중생에게 참다운 길이 어떤 것인가. 우주의 본 바탕은 어떤 것인가. 상대유한적(相對有限的)인 생각을 떠나서 영생으로 변치 않는, 움직일 수 없는 부동(不動)의 진리는 어떤 것인가. 이런 가르침, 이것이 부처님 가르침입니다. 비단 부처님 가르침만 아니라 성경이나 유교의 경전이나 또 마흐메트의 코란이나 모두 다 죽는 가르침이 아니라 죽지 않는 영생의 가르침입니다.

무상하기 그지없는 자기 몸뚱이 또는 재산이나 명예나 이성간이 욕망이나 이런 것을 떠나서 참다운, 변치 않는 불멸(不滅)의 진리를 가르치는 것이 각 성자(聖者)의 가르침입니다.

우리는 지금 고향을 가고 있는 나그네입니다. 앞으로 또 얼마나 넓은 바다를 건널지 모릅니다.

내가 지금 어디만큼 와 있는가. 아까 제가 말씀드린 바와 같이 저는 이번 정진(精進) 허두에 우리의 오욕락, 이것은 허망한 것이니까 꼭 법락(法樂)을 구해야 한다고 말했습니다.

법락이란 법 법(法), 즐거울 락(樂)입니다. 적어도 부처님 공부를 하시는 분들은 삼매(三昧)라 하는 용어의 뜻을 알아야 합니다. 독서삼매(讀書三昧) 또는 무슨 삼매라 하는 말도 있지 않습니까.

삼매라 하는 것은 우리 마음이 산란(散亂)하지 않고 바른 도리, 참다운 도리에 우리 마음이 딱 모아진, 그 자리가 삼매입니다.

우리가 생활하는 데 있어서도 더러는 황홀한 때도 있는 것이고 무엇에 도취(陶醉)해서 자기도 모르는 때가 있겠지요.

그러나 이런 것들은 삼매가 못 되는 것입니다. 우리 마음이 참다운 (正) 생각으로 일념(一念)이 딱 되어서 움직이지 않는 그런 때가 삼매(三昧)란 말입니다. 참선을 좀 했다고 해서 그냥 삼매에 드는 것이 아닙니다.

잘 모르는 사람들은 '내가 참선을 좀 했더니 내가 무아무중(無我無中)의 삼매에 들었다', 이렇게 말합니다마는 그런 정도로는 아직 삼매가 못 되는 것입니다.

우리 마음이 정확히 참다운 부처님 성품, 우주만유의 본체자리, 용(用)이 아니고 상(相)이 아니고 근본, 참다운 성품자리, 이런 성품(性品)에 입각해서, 이런 성품 자리를 체험하여 동요(動搖)가 없는 그런 마음이 바로 삼매(三昧)입니다.

그런데 아까 제가 말씀드린 법락(法樂)은 어떤 때 나오는 것인가. 오욕락이란 잘 먹어서 재미가 있고, 재물이 많아서 재미가 있고, 명예가 높아서 재미가 있고, 이런 낙(樂)이 아닙니까. 그러나 참다운 법락은 어떤 것인가?

이것은 방금 제가 말씀드린 바와 같이 삼매(三昧)에 들어야만 비로소 얻을 수 있는 귀중한 보배입니다.

만약 우리 중생이 삼매에 들지 못한다고 생각할 때는 자기 평생, 이렇게 태어나서 소중한 자기 인생은 참다운 행복, 참다운 법락을 맛보지 못하고 가는 셈입니다. 이렇게 억울할 도리가 없습니다.

우리 불자님들은 이번 공부에 법락(法樂)을 맛보셨습니까. 우리 마음이 부처님 성품 자리에 딱 머물러서 조금도 동요 없는 법락을 맛보셨습니까. 우리 인생은 낭비할 마당이 아닙니다. 낭비할 겨를이 없

습니다. 우리 인생은 한 걸음도 한 눈 팔지 말고 참다운 행복을 맛봐야 하는 마당입니다.

그리하여 꼭 고향으로 가야하는 것이며, 고향으로 못 갈 때는 다시 동물(動物)로, 사람으로 끝도 갓도 없이 헤매고 맙니다. 이런 것은 엄격한 사실인 것입니다. 피타고라스도, 엠페도크래스도, 소크라테스도 다 윤회설(輪廻說)을 긍정했습니다. 자기가 금생에 마음먹은 대로 꼭 태어납니다.

따라서 삼매(三昧)를 가리켜 현법락주(現法樂住)라. 나타날 현(現), 법 법(法), 즐거울 락(樂), 머무를 주(住), 삼매를 가리켜 법락이 나타나는 그러한 경계라고도 합니다.

그러나 그 삼매라 하더라도 법락이라 하더라도, 온전한, 영원히 변치 않는 참다운 행복은 못됩니다. 그런 자리에서 증명(證明)은 했다 하더라도 아직도 습관성(習慣性) 잠재의식(潛在意識)에 들어있는 우리의 번뇌(煩惱)를 버리지 못했습니다.

그래서 그러한 습관성이 된 저 우리 마음 구석에 숨어있는 번뇌까지, 그런 씨앗까지 다 뽑아버려야 참다운, 변치 않는 최상락(最上樂)이요, 이 최상락자리가 바로 열반락(涅槃樂)입니다.

열반락이라, 우리가 미처 거기까지 못 간다고 하더라도 알기는 알아야 합니다.

앞서도 말씀드린 바와 같이 우리가 알고 있고, 우리 중생들이 구하는 행복인 오욕락은 사실은 아무런 자취가 없습니다. 이 몸뚱이를 아무리 아낀다 해도 이 몸뚱이는 자취가 없습니다.

이 세상에서 '저 사람이 나를 배신했다', 이런 말들을 많이 합니다만 가장 지독한 배신자(背信者)가 무엇인가 하면은 바로 자기 몸뚱이입니다. 아무리 아껴봐야 죽을 때는 미련 없이 갑니다. 다시 말하거니와 가장 지독한 배신자는 바로 우리 몸뚱이입니다.

분을 칠하고 연지를 칠하고 다이아몬드로 몸을 장식(裝飾)한다 하더라도 제아무리 좋은 옷을 입히고 산해진미(山海珍味)를 먹인다 하더라도 이런 몸뚱이, 이것은 너무 많이 먹으면 그냥 아파버리겠지요.

우리 중생들은 법락을 모르고, 열반락을 모르기 때문에 자기 몸의 노예(奴隸)가 되어서 한세상 보내기가 쉽습니다. 이것이 성자의 가르침 아닙니까. 성자만이 거짓말을 않는 분입니다.

부처님과 우리 중생과 천지우주(天地宇宙)는 절대로 둘이 아니고 셋이 아닙니다.

부처님 가르침 가운데서 가장 중요한 것은 모든 것을 하나의 생명(生命)으로 통관(通貫)한 데에 있습니다. 하나의 생명으로 통관하고 있거니 나무나 소나 사람이나 또는 부처님이나 천체(天體)나 어느 것이나, 모든 것이 다 똑같은 성품(性品)으로 통관(通貫)되어 있습니다.

다만 모양만 차이가 있습니다. 오직 모양만···.

따라서 우리 불자님들이 알아야 할 문제 가운데서 가장 중요한 것이 무엇이냐면 기본적으로 본체(本體)입니다. 체(體)란 무엇인가. 본성품(本性品)이 무엇인가 하는 그 문제(問題)란 말입니다.

누구한테 법문(法門)을 하건, 누구한테 법문을 듣든지 간에 본체가 대체로 어떠한 것인가. 본성품이 무엇인가. 그 자리를 알아버리면 다른 문제는 다 술술 풀려갑니다.

본체(本體)는 다 아시고 또 저도 누누이 말씀 드렸습니다만 이것은 모양이 없습니다. 모양이 없기 때문에 모양만 따지고 사는 사람들은 본체를 모르고 삽니다.

모양이 없지만 그것은 분명히 존재하는 생명이 실존(實存)이기 때문에 일체존재의 근본성품(根本性品)인 본체는 바로 생명(生命)의 실상(實相)자리입니다.

따라서 분명히 존재합니다. 다만 우리 중생의 번뇌로 때 묻은 안목(眼目)으로는 볼 수도 없고 체험(體驗)할 수도 없습니다.

소크라테스가 길을 가다가 '엑스타시(ectasy)'라. 딱 한번 마음이 통일되면 그냥 발도 안 떼고 밤낮으로 머물렀단 말입니다. 그래서 하도 이상해서 사람들이 구경을 하느라고 장마당 같이 되고 했다는 일화가 있습니다만 유명한 분들은 이와 같이 영원적인 본체를 지향(志

向)해서 자기 마음을 동요시키기를 굉장히 싫어합니다.

선방(禪房)스님네가 한 철 90일 동안 밖에도 될수록 나가지 않고, 산문(山門)도 나가지 않고 공부하는 것이 무엇 때문인가 하면 모든 상(相)을 떠나서, 허망무상(虛妄無常)한 현상을 떠나서 영원적(永遠的)인 것, 또 생사(生死)를 초월(超越)하고 또 부증불감(不增不減)이라, 더하지도 않고 덜하지도 않은 일체 존재의 근본이며, 생명이 본체(本體)를 알기 위해서 그랬던 것입니다.

그와 같이 모든 것이 본체는 둘도 아니고 셋도 아니고 오직 하나의 성품입니다. 이러한 본체는 곧 불성(佛性)자리요, 부처님 성품이며, 이것은 하나의 이치(理致)만이 아니요, 참다운 우주(宇宙)의 도리(道理)인 동시에 우주의 생명(生命)입니다.

이것을 잘 모르는 사람들은 그냥 이치로만 따져서 합리적(合理的)인 이치만 구하면 되지 않겠는가 생각해서 마음이 막힘이 없이 술술 풀려가지고 이치만 알면 공부 다 했다, 이렇게 생각하는 분이 있습니다.

그러나 근본자리는 다만 이해가 아니라 지성(知性), 감성(感性)과 의지(意志)와 모든 것을 초월(超越)한 하나의 생명(生命)입니다. 생명체(生命體)이기 때문에 우리가 부처님이라 하는 것입니다.

생명체이기 때문에 하나님이라고도 하는 것입니다. 부처님이라 말하고 하나님이라 말하는 것, 그것도 하나의 우상(偶像)이 아닌가, 이렇게 생각하는 분도 있습니다.

또 화두(話頭)를 구해야지 또는 말없이 구해야지, 부처님이나 나무아미타불이나 관세음보살 등 이렇게 인격화(人格化)시켜서 부르는 것은 하나의 우상이 아닌가, 이렇게 생각하는 분도 있습니다.

우리는 본체가 보이지 않는 중생입니다. 따라서 본체를 어떻게 구할 것인가. 이런 문제는 굉장히 중요한 문제입니다.

이런 문제를 해결하시고 돌아가셔야 그래야 이번에 3박 4일 동안 고생하신 보람이 있습니다.

물리학(物理學) 쪽으로 본다 하더라도 이 우주는 저 밑에 가서는 광양자(光量子), 광자(光子)가 충만(充滿)해 있습니다.

공간성(空間性)도 없고 시간성(時間性)도 없고 또는 질료(質料)나 열량(熱量)도 없는 광자(光子)만이 우주에 충만해 있습니다.

그럼 광양자(光量子)는 무엇인가. 이것은 알 수 없는 우주의 에너지, 우주의 장(場) 에너지, 우주를 구성(構成)한 장 에너지가 광명(光明)같이, 빛같이 보이는 것이 이른바 광양자란 말입니다. 따라서 물리학적으로 본다고 할 적에는 사실 우주가 모두 빛뿐입니다. 광명(光

明)뿐입니다. 광양자가 어떻게 결합되어 있는가, 어떻게 진동하고 있는가에 따라서 중성자(中性子)요, 전자(電子)요, 하는 것입니다.

저는 물리학 전문가가 아니기 때문에 보다 세밀한 것은 모릅니다만 또 제가 말씀드리는 것 가운데서 약간 빗나간 것이 있는지 모르겠습니다만 요는 다 그런 뜻입니다.

또 물리학적으로 볼 때는 광명(光明)의 파동(波動)인가 입자(粒子)인가, 논쟁을 해오다 지금은 파동(波動)이요 또 그런 것이 어느 충동(衝動) 따라서 동요(動搖)해 가지고 중성자, 중간자가 되는 차원에서는 하나의 입자란 말입니다.

입자인 동시에 파동인 광명(光明)이 우주에는 어디에나 틈도 없이 충만해 있습니다.

따라서 우주라는 것은 현대(現代) 물리학적으로 본다고 하더라도 사실은 광명뿐입니다. 광명뿐인 것이 이렇게 운동하고 저렇게 운동하고 해서 양자(量子)가 되고 전자(電子)가 되고 또는 중성자(中性子)가 되었단 말입니다. 그런 것들이 그렇게, 이렇게 모여서 산소(酸素)가 되고 수소(水素)가 되고 각 원소(元素)가 되었습니다.

이런 것들이 모여서 분자(分子)나 세포(細胞)가 되고 우리 몸, 육신(肉身)을 구성하고 나무를 구성하고 하늘에 있는 달(月)이나 별(星)을 구성했습니다. 다시 말하거니와 광명이 어떻게 진동(振動)하고 결합

(結合)하여 사람이 되고 다이아몬드가 되었다 하더라도 그 광명은 조금도 변질(變質)이 없습니다.

부처님 법문(法門)은 그 광명이 그 순수(純粹)한 생명체, 이것이 진여불성(眞如佛性)이며, 덜함도 없고 더함도 없는 진여불성은 일체존재가 모양을 내건 말건 천지우주가 파괴되건 말건 영원히 존재하는 하나의 생명체이며 이것이 바로 부처님 성품이요, 진여불성이라는 말씀인 것입니다.

참다운 우주의 도리니까 바로 진여(眞如)요, 우주의 본 성품이니까 불성(佛性)이요, 법성(法性)이란 말입니다.

또 이것이 하나의 생명이나 바로 부처님이란 말입니다.

억울하게도 우리 중생은 범부중생(凡夫衆生)은 번뇌(煩惱)에 가려져 탐욕심, 성내는 마음, 어리석은 마음이 규칙이 없이 진동하기 때문에 순수한 진동을 못하기 때문에 우리의 본 성품인 광명을 보지 못하는 것입니다.

보지 못하다가·호흡(呼吸)도 하고 염불(念佛)도 하고 화두(話頭)도 하고 해서 우리 마음이 안정(安靜)되어 가면 안정된 정도에 정비례(正比例)해서 우주에 언제나 존재하는 생명이, 광명(光明)이 차근차근 비쳐오는 것입니다.

톨스토이 같은 분도 최후의 자기 기록을 보면 가끔 가다가 광명을 보았습니다. 광명을 보고 환희심(歡喜心)에 넘쳐 절대자를 흠모했습니다만 위대한 분들은 이와 같이 영원적인 광명을 보는 것입니다. 그와 동시에 영원적인 리듬을 듣는 것입니다.

우리 중생은 볼 수 없는 광명, 그러나 우리 중생은 광명(光明)만 볼 수 없는 것이 아니라 우주에 존재하는 영원적인 황홀(恍惚)한 음악(音樂)도 듣지 못하는 것입니다. 우주에는 영원적인 리듬이 분명히 있습니다.

따지고, 따지고 보면 우리는 그와 같은 본래 광명에서 온 하나의 생명입니다. 그러나 다른 생명에 비해서 돼지나, 소나, 나무나, 흙이나 그런 생명에 비해서 다를 것이 없는 하나의 생명입니다.

생명이라고 하면 현대인들은 사람이나 동물이나 식물까지는 생명인데 딴 데도 생명이 있는가, 하지만 부처님 차원에서 본다고 생각할 때는 그 어떤 것이나 다 모두가 전자나, 중성자가 결합체가 아님이 없듯이 어떤 존재나 모두가 다 진여불성, 부처님 성품이라 하는 생명의 형상화(形象化)이기 때문에 그런 차원에서 보면 모두가 생명입니다.

나무도 흙도 다 생명입니다. 일체(一切) 자연(自然)이 생명 아님이 없습니다. 이렇게 생각할 때 자연을 함부로 훼손(毁損)하거나 또는 공해(公害)를 일으킬 수가 없는 것입니다.

나만 생명이고 딴 것은 생명이 아니다, 우리 인류만 생명이다, 인본주의다, 합니다. 불교를 잘 모르는 사람들은 불교가 인본주의(人本主義)라고 합니다.

불교가 인본주의라 하는 것은 인간의 본질이, 인간의 본성(本性)이 바로 부처님이라고 해석할 때만이 불교가 인본주의라는 말에 해당되는 것이지 그냥 중생의 차원에서 사람이 제일 높다, 이런 해석은 인본주의라 말하는 본래의 뜻이 아닌 것입니다.

석가모니께서 맨 처음 태어나서 천상천하유아독존(天上天下唯我獨尊)이라, 하늘 위나 하늘 아래서나 나 홀로 존귀하다는 말씀도 그냥 우리 사람 존재, 범부존재가 존귀한 것이 아니라 불성까지 간, 일체 존재의 근원까지 간 불성까지 깨달아버린 존재, 부처님 차원까지 간 존재만이 하늘 위나 하늘 아래서나 가장 존귀한 존재란 말씀입니다.

우리는 지금 광명(光明)의 바다, 광명의 고향(故鄕)에 가고 있는 것입니다. 또 우리는 광명의 고향에서 떠나온 것입니다. 광명의 고향을 떠나서 얼마나 헤맸는지 모릅니다.

과거 전생(前生)에는 천상(天上)도 갔을 것이고 또는 사람도 되었을 것이고 더러는 축생(畜生)도 되었을 것이고 이렇게 되었다가 다행히 금생(今生)에 사람의 몸을 받고 있습니다.

어떻게 살아야 할 것인가. 또 다시 우리가 광명의 바다, 광명의 고향으로 가야 합니다. 광명의 고향으로 가기 위해서 어떻게 해야 하는 것인가? 이것이 다 아시는 바와 같이 염불(念佛)이고 참선(參禪)이고 주문(呪文)입니다.

그렇기 때문에 저는 항상 말씀드립니다만 우리가 광명의 바다에서 와서, 광명의 고향에서 와서, 다시 광명의 고향으로 간다는 것만 알아버리면 다른 모든 존재도 이 자리에서 잠시 이루어졌다가 다시 광명(光明) 자체가 되는 것임을 아시게 될 것입니다.

사람이 되었다고 해서 광명으로 이루어진 광명 자체가 이우러지거나(萎) 오염(汚染)되는 것은 절대로 아닙니다.

우리 인간이 탐욕심(貪慾心)이나 분노심(忿怒心)이나 어리석은 마음(痴心)에 가려서 미처 모르는 것이지, 설사 사람이 되어서 지금 강도(强盜) 짓을 한다고 하더라도 불성(佛性), 부처님 성품 차원에서 보면 아무 흠도 훼손(毁損)도 없습니다.

순금으로 가락지를 만드나 안경테를 만드나 조금도 변질이 없듯이 진여불성(眞如佛性)자리, 부처님 성품자리는 이렇게 되나 저렇게 되나 변질(變質)이 없습니다.

우리 중생 차원에서 강도요, 나쁜 놈이요, 좋은 사람이요, 하는 것이지 부처님, 불성에서 본다면 불성은 똑같이 온전히 그 사람한테 충만해 있습니다. 나쁜 사람한테도 진여불성 자리가 훤히 빛나 있고, 좋은 사람한테도 다른 동물한테도, 식물한테도, 부처님의 불성광명

(佛性光明)은 훤히 빛나 있습니다.

그렇기 때문에 성자가 본다고 생각할 때는 이렇게 오염(汚染)된 세계, 이것도 역시 바로 광명정토(光明淨土)인 것입니다.

아까 제가 말씀 드렸습니다만 이 자리는 바로 법왕법문(法王法門)을 하는 상당(上堂)이요, 그래서 법왕좌(法王座)라 합니다. 법왕좌는 제가 잘나서 법왕좌에 앉는 것이 아니지만 이 자리에 앉으면 부처님의 참다운 도리(道理) 외에는 절대로 다른 법문을 하지 말라는, 또 하지 못하는 자리입니다.

만약 다른 법문을 하면 두파칠렬(頭破七裂)이라. 머리박이 쪼개져서 일곱 갈래로 찢어지고 만다는 것입니다.

더러 군소리를 한다고 할지라도 현상적으로는 찢어지지 않겠습니다만 참다운 의미에서는 이런 법왕좌에 나와서 허튼 소리를 하면 그 때는 정말로 참다운 의미에서는, 진리의 의미에서는 천 번, 만 번 찢기고 마는 것입니다. 우리 불자님들은 잘 새겨서 느끼시기 바랍니다.

먼저 제가 말씀드린 바와 같이 우리가 떠나온 자리, 우리가 떠나온 자리는 진리(眞理)의 자리요, 광명 충만한, 광명이 무량(無量)한 자리입니다. 그런 자리에서 왔고 또 현재의 자리도 역시 광명무량(光明無量)한 자리임에는 조금도 흠이 없습니다.

다만 억울한 것은 우리 중생이 필요 없는, 결국 죽음의 길로 갈 수밖에 없는 또 죽은 다음에는 흔적도 없어져버리는 이 몸뚱이 때문에, 이 몸뚱이를 '나'라고 하기 때문에 그것에 가려져 그런 광명(光明)을 보지 못하는 것입니다. 광명을 느끼고 광명자리로 다시 돌아가는 공부가 바로 부처님공부입니다.

그러면 부처님공부를 어떻게 해야 가장 빨리 돌아갈 것인가. 이것 때문에 우리 중생들은 옥신각신 서로 싸우고 맙니다. 일본(日本) 일련종(日蓮宗) 같은 종파(宗派)는 '나무호랭개교', 이것이 가장 좋은 방법이다, 이렇게 말합니다.

그래서 한 종파를 세워서 언제 신문을 보니까 우리 한국에도 한 40만 정도의 일련종, 즉 '나무호랭개교'에 들어가 있는 그런 종파가 들어와 있습니다. 즉 우리 한국인도 40만 명 정도가 믿는다는 것입니다.

또는 한국의 법화종(法華宗)도 그 사람들 본을 따라서 나무묘법연화경(南無妙法蓮華經)이라는 경의 이름을, 광명 세계로, 성불의 길로 가는 방법을 법화경(法華經)의 이름을 외는, 경의 이름을 외는 방법을 취합니다.

경의 이름을 외우면서 하는 식(式)은 일본 사람 일련대사(日蓮大師)가 처음으로 창종(創宗)을 했습니다.

그것은 법화경이 제일 좋은 경이니까 법화경의 경 이름인 '나무묘법연화경'이라는 경 이름만 외우면 진리가 그 속에 다 들어간다, 이런 식이란 말입니다.

이것도 하나의 좋은 방법입니다. 그러면 우리가 지금 보통 하고 있는 '나무아미타불(南無阿彌陀佛)'이나 '관세음보살(觀世音菩薩)'은 어떤 것인가.

또는 우리 선방(禪房)에서 보통 하고 있는 '이 뭣꼬(是甚麼)' 선이나, 무자(撫字) 화두(話頭)나, '판때기 이빨에 털 나온다(板齒生毛)' 화두나, 마삼근(麻三斤) 화두나, 이런 것은 어떤 것인가.

이런 것 가운데서 어떤 것이 우리 본래 성품자리로 가장 효과적으로 빨리 가는 지름길인가, 이런 것이 문제가 되겠습니다.

우리 불자님들도 공부를 시작하실 적에 이런 것을 해결하지 않았으면 굉장히 고뇌(苦惱)를 느끼고 또는 더러는 이리 갔다 저리 갔다 우왕좌왕(右往左往) 하다가 공부를 못하고 맙니다.

따라서 돌아가시기 전에 이 문제를 꼭 해결하시고 가셔야 합니다. 일본 스님들이 하니까 우리도 똑같이 우리 40만 신도가 믿고 있듯이 '나무호랭개교'를 믿어야 할 것인가?

우리 부처님자리는 앞서 말씀드린 바와 같이 다만 경(經)만이 아니고 바로 생명(生命) 자체입니다. 내가 생명(生命)인데, 우리가 바로 생명인데 일체존재, 일체생명의 근본자리가 생명이 아니겠습니까? 천지우주(天地宇宙)가 바로 하나의 생명입니다.

그러기에 관무량수경(觀無量壽經)에도 시방여래(十方如來)는 법계신(法界身)이라. 바로 부처님은 우주(宇宙)를 몸으로 한다는 말씀이 있습니다.

부처님은 저 어떤 하늘에 계셔서 하늘만 몸으로 하시는 것이 아니라 부처님은 바로 우주를 몸으로 합니다. 우주를 몸으로 하는 가운데서 우리도 똑같이 우주에 들어 있습니다.

그러나 성품(性品)자리에서는 대소장단(大小長短)이 없습니다. 모두가 우주에 들어 있는 부처님 성품인데 잘난 사람은 부처님 성품이 더 많을 것인가.

그렇지가 않습니다. 못난 사람, 잘난 사람, 다른 동물이나 인간이나 다른 식물이나 하나의 티끌이나 모두가 성품 차원(次元)에서 조금도 차이가 없습니다.

왜 그러는 것인가. 성품(性品), 이것은 공간성(空間性)이나 시간성(時間性)이 없습니다. 공간성이나 시간성이 없는 것은 물질(物質)이 아닙니다. 공간성이 없으니 물질이 아니겠지요. 또한 공간성이 없으니 시간성도 없단 말입니다.

공간도 시간도 인과율(因果律)도 초월한 순수생명(純粹生命) 자체이기 때문에 그런 자리에서는 작고 크고 많고 적고 또는 높고 낮은 차이도 없습니다.

티끌에 있는 진여불성(眞如佛性)이나 사람에게 있는 진여불성이나 석가모니에게 있는 불성이나 예수님 불성이나 똑같습니다.

다만 역사적(歷史的)인 상황(狀況)과 인과(因果)의 여러 가지 차이 때문에 상(相)만, 오직 상(相)만 차이 있게 표현된 것이니 본 성품에서 본다고 생각할 때는 아무런 차이가 없습니다.

따라서 '나무호랭개교'를 한다 하더라도 방금 제가 말씀드린 바와 같이 모두가 대소장단의 차이가 없이 부처님의 참다운 성품은 우주에 간격도 없이 충만해 있고, 훤히 빛나는 부처님의 무량광명이 우주에 충만(充滿)해 있다, 이렇게 확신하면서 '나무호랭개교'를 외우면 허물될 것이 없습니다.

또 '판때기 이빨에 털 나온다'는 화두를 한다고 하더라도 그러면 어째서 판때기 이빨에 털 나온다고 하는가, 이런 식으로 의심(疑心) 해서는 참다운 공부가 아닙니다.

왜 그러한가. 참다운 참선이라는 것은 본 성품자리, 본분(本分)자리, 본래면목(本來面目)자리, 곧 본체(本體)를 여의지 않아야 참다운 참선이 되기 때문입니다.

우리 불자님들도 기왕이면 참선을 하고 싶지요. 스님에게서 말을 들으면 일반 공부는 방편(方便)이요, 참선이라야 훌륭한 공부라고 하니까 저한테도 굉장히 많은 사람들이 화두(話頭)를 타러 옵니다.

그럼 '당신은 지금 어떻게 공부합니까' 하고 물으면 '아, 저는 관세음보살 합니다' 라고 대답합니다. 이런 분들은 관세음보살님하고 화두하고 별도라고 생각한단 말입니다.

물론 관세음보살님을 부른다고 하더라도 관세음보살님을 하면서 그 마음 자세가 본 성품을 떠나서 관세음보살이 저만큼 어디 계신다, 이렇게 관세음보살을 대상적(對象的)으로 추구(追求)하는 것은 참다운 참선이 아닙니다. 그것은 단순한 염불(念佛)인 것이지, 또 염불도 참다운 염불은 아닙니다.

참다운 염불은 그 전에도 가끔 말씀드린 바와 같이 불이불(不二佛)이라.

아니 불(不), 두 이(二), 부처와 내가 둘이 아닌 의미에서 부처님 이름을 외우는 것입니다. 또는 불이불(不離佛)이라. 아니 불(不), 떠날 이(離), 부처 불(佛), 부처와 나와 떠나지 않기 위해서 염불을 한단 말입니다.

좀 어려운 말로 하면은 일상삼매(一相三昧)라.

천지우주가 오직 부처님뿐이다, 부처님 한 분 뿐이다, 이렇게 보기 위해서 염불을 하는 것이고 또 우리 중생(衆生)은 그 자리를 떠나기 쉬운 것이니까 그 자리를 우리가 간절히 지키기 위해서 염불을 하는 것입니다.

이렇게 해야 참다운 염불이란 말입니다. 이렇게 한다고 생각할 때는 '관세음보살'을 외는 그대로 다른 화두(話頭)를 별도로 들 필요가 없습니다.

어떤 화두를 드나 만약 그 화두를 다만 상대적(相對的)인 문제나 의심하고 이럴까 저럴까 또는 이것이 무엇인가 이런 식으로 의심하면 그것은 참선(參禪)이 아닌 것입니다.

회의적(懷疑的)인 것은 하나의 추구법(追求法)에 불과한 것입니다. 마땅히 순간찰나(瞬間刹那)도 본체(本體)를 여의지 않아야, 본분(本分) 소식을, 본 주인공(主人公)을 여의지 않아야 참선이란 말입니다. 이렇게 하다보면 공부가 차근차근 순숙(醇熟)이 됩니다.

우리는 그저 단박에 다 끝나는 것은 아닙니다. 물론 사람의 근기와 선근(善根)에 따라서 차이가 있습니다만 오랜 시간 추구를 많이 해야 합니다.

석가모니께서도 6년 고행(苦行)이 필요했습니다. 조주(趙州)스님 같은 대천재(大天才)도 맨 처음에 공부할 때 남천보원선사(南泉普願禪師)에게 가서 공부를 하셨는데 그때도

"여하시불(如何是佛)잇고."

부처가 무엇인가, 이렇게 조주스님께서 남천보원선사에게 물으니까

"평상심시도(平常心是道)라."

평상 마음이 바로 도(道)라고 대답했단 말입니다.

그래서 그 말을 따라서 조주스님이 깨달았습니다. 그래서 조주스님이 깨달은 경계(境界)를 말씀드리니까 그대가 비록 문득 깨달았다 하더라도, 그대가 비록 돈오(頓悟)했다 하더라도 재참삼십년(再參三十年)하라. 즉 30년 동안 더 참수(參修)하라, 이렇게 말씀했단 말입니다.

우리 마음이 열렸다 하더라도 천지우주(天地宇宙)가 부처님뿐이다, 모두가 광명세계(光名世界)다, 이렇게 알았다 하더라도 그것으로 공부가 다 끝난 것이 아닙니다.

'아하, 그렇구나' 하고 느꼈다 하더라도 공부가 끝난 것이 아닙니다. 앞서도 말씀드린 바와 같이 우리 잠재의식(潛在意識)에 들어 있는 습관성(習慣性), 그 씨앗을 뿌리 뽑으려면 굉장히 많은 세월이 필요합니다. 조주스님 같은 분도 30년이 더 있어야 한다고 말씀했단 말

입니다.

부처님 명호(名號)는 나무아미타불이나 관세음보살이나 모두가 다 진여불성(眞如佛性)자리를 말하는 것입니다.

따라서 나무아미타불 했다고 해서 더 높은 것이 아니고 또는 관세음보살은 낮은 것도 아니며 절대로 고하(高下)가 있지 않습니다. 다만 부처님을 어떻게 볼 것인가 하는 공덕(功德) 차원(次元)에서 볼 때에만 차이가 있을 뿐입니다.

항시 말씀 드립니다만 이런 것이 굉장히 중요하기 때문에 말씀드리는 것입니다. 정녕코 말씀을 드려도 나중에 와서는 또 이상한 질문을 하십니다. 그러기에 다시 서투른 질문을 하시지 않게 하기 위해서 제가 구구하게 말씀드리는 것입니다.

앞서 말씀드린 바와 같이 부처님은 형상(形象)이 아니기 때문에, 모양이 아니기 때문에 또는 이름이 아니기 때문에 부처님은 우주(宇宙)의 대생명이기 때문에 그 자리를 부처님께서 우리에게 제시(提示)하는 법문 자리를 찾기 위해서 나무아미타불 해라 또는 아미타불을 해라, 이렇게 말씀했단 말입니다.

따라서 그런 부처님 명호(名號)는 화두식으로 하면 부처님께서 우리에게 제시하신 화두(話頭)입니다.

다시 말하거니와 부처님께서 우리들에게 나무아미타불 해라 또는 관세음보살 해라 하셨거니, 그것은 부처님께서 우리에게 주신 화두란 말입니다. 꼭 무(無)나 '이 뭣꼬'만 화두가 되는 것은 아닙니다. 화두라는 것은 현성공안(現成公案)이라, 바른 마음에서 본다고 할 것 같으면 우주만유가 모두가 다 화두가 되는 것입니다.

그렇기 때문에 자기가 지금 지장보살(地藏菩薩)을 많이 해서 거기에 습관이 붙어서 약간의 법락(法樂)에 가까운 재미를 보았다면 구태여 이름을 바꿀 필요가 절대로 없습니다.

다만 주의할 것은 지장보살이나, 아미타불이나, 관세음보살이나 모두가 하나의 자리, 하나의 생명자리, 조금도 구분 지을 수 없는 하나의 생명자리이기 때문에 영가천도를 한다고 할 때도 이런 자리에다가 우리 중생이 영혼(靈魂)을 천도(薦度)해야 하는 것입니다.

또는 지구(地球) 같은 땅덩어리를 맡고 있는 성령(聖靈) 기운이 지장보살이다, 이렇게 생각하면 되는 것입니다. 그렇다고 그래서 다른 성령 기운과 하등 차이가 없단 말입니다.

부처님 차원의 참다운 기운은 조금도 한계(限界)가 없습니다. 그러한 부처님 차원의 기운은 우주에 충만(充滿)해 있어서 어디가 덜 있고, 더 있고 차이가 없단 말입니다.

관세음보살을 외워도 바로 그 자리, 또는 나무아미타불을 외워도 똑같이 그 자리, '이 뭣꼬'를 해도 똑같은 그 자리, 또는 광명진언(光

明眞言)을 해도 바로 그 자리, 이렇게 생각하셔야 시야비야(是也非也), 그런 필요 없는 시비를 않고 우리의 공부가 차근차근 진전(進展)이 되는 것입니다.

따라서 앞서 제가 허두에서 말씀드린 바와 같이 귀의불양족존(歸依佛兩足尊)이란 자비(慈悲)와 지혜(智慧)가 원만히 갖춰져 있는 부처님한테 귀의한단 말입니다.

자비나 지혜, 이것은 부처님 자리에 갖춰져 있는 가장 중요한 속성(屬性)인지라 우리가 공부할 때는 꼭 자비와 지혜를 함께 가지런히 가질 때까지 공부해야 합니다.

공중(空中)에 나는 새의 날개가 한쪽에만 있고 다른 한쪽에는 없으면 바로 갈 수가 없습니다.

굴러가는 달구지의 두 바퀴가 똑같이 있어야 하겠지요. 그와 똑같이 부처님의 공덕은, 우리의 본성품(本性品)인 진여불성(眞如佛性)의 공덕은 자비와 지혜가 원만히 갖추어져 있습니다.

다시 오행(五行)식으로 말하면 음(陰)과 양(陽)이 온전히 갖추어져 있습니다. 음만 더 있고 양이 부족하면 안 된단 말입니다. 만일 자비만 좋고 그래서 자비만 추구하고 지혜를 소홀히 한다고 생각할 때는 자비도 참다운 자비가 아닙니다.

자비와 지혜가 원래 혼연일체(渾然一體)라서 온전히 하나로 지혜와 자비가 뭉친 자리가 본래 우리의 성품이기 때문에 이 둘은 둘이 아닌데 그 공덕(功德)을 대별(大別)하면 둘이기 때문에 자비만 찾고 지혜를 무시하면 우리의 공부가 더딥니다.

본래 우리의 근본 생명자리는 다 갖춰진 것인데 하나만 추구하면 공부도 잘 계합(契合)되지 않습니다.

그렇기 때문에 어떤 도인들이나 다 자비와 지혜 또는 정(定)과 혜(慧)를 함께 추구했습니다. 정과 혜에서 정(定)은 정(情)의 정이 아니라 마음을 한군데에 통일시키는 정할 정(定)입니다.

마음을 한군데에 일념(一念)으로 모으는 정(定)과 비추어 보는 지혜는 화엄경(華嚴經)이나 육조단경(六組檀經)이나 보조어록(普照語錄)이나 모든 도인들이 정혜쌍수(定慧雙修) 또는 정혜균등(定慧均等)을 말씀하셨고, 고를 균(均) 같을 등(等), 정과 혜가 같이 고르게 나가야 한다고 말씀했습니다.

이런 점은 주의하셔야 합니다. 어떻게 정과 혜를 같이 공부할 것인가.

화두를 하나 참선을 하나 무슨 공부를 하나 원래 우리 성품에 갖추고 있고 우주에 갖추어 있는 정과 혜, 자비와 지혜를 균등하게 해서 나가야 한단 말입니다. 그래야 공부가 빨리 진척(進陟)되는 것입니다.

부처님의 지혜는 무엇인가. 이것은 이른바 반야지혜(般若智慧) 아닙니까? 반야지혜란 말입니다. 반야지혜가 너무 좋아서 아미타불이나 관세음보살 하는 분들도 '마하반야바라밀'을 해야겠다는 분들도 있습니다.

그것도 물론 좋습니다. 그러나 아미타불이나 관세음보살이나 같다고 생각해야지 기껏 나무아미타불 하는 사람에게 '그것을 그만두고 마하반야바라밀(摩訶般若波羅蜜)을 해라' 한다면 그것도 역시 문제가 있는 것입니다.

자기 식(式)이 좋다고 해서 다른 공부를 비방(誹謗)하거나 폄(貶)할 수가 없습니다. 우리는 이런 데에서 공부하는 방법을 참 주의해야 합니다. 자기가 염불을 좋아한다고 해서 염불 아니면 필요 없다, 염불만이 성불(成佛)한다, 하면 이것도 문제가 큰 것입니다.

그런데서 방금 제가 말씀드린 바와 같이 지혜와 자비가 균등(均等)히 똑같이 가야 한단 말입니다.

그러면 어떻게 균등히 갈 것인가. 그것은 여러분께서 공부를 하시면 그때그때 자기한테 요령이 붙습니다. 그러나 다는 말씀드릴 수 없다고 하더라도 간단한 요령을 윤곽만이라도 제가 조금 말씀드려야 하겠지요.

지혜(智慧)는 무엇인가. 불교의 지혜는 바로 반야(般若)의 지혜입니다. 또한 반야지혜는 제법공(諸法空)의 지혜입니다.

우리 중생이 보는 것은 다 비었단 말입니다. 우리 중생이 보는 것은 모두가 다 변화(變化)해서 마지않는 변화의 과정(過程)에 불과합니다. 변화하는 과정에 있는 것은 실존적(實存的)인 고유(固有)한 것이 아무것도 없습니다.

왜 비어 있는 것인가. 인연(因緣)에 따라서 잠시 합해져 차근차근 변화하고 있기 때문입니다. 어느 순간도 머물지 않고 또 어느 순간도 공간성(空間性)이 있을 수가 없단 말입니다. 그래서 공(空)이란 말입니다.

부처님 법은 철저히 과학적(科學的)입니다. 인연에 따라서 잠시 합해져 그 합해진 그것이 조금도 머물지를 않는단 말입니다.

'베르그송'의 말에도 '우리는 한 시냇물에 두 번 다시 발을 담글 수가 없다'라는 말이 있습니다. 흘러가는 한 시냇물에 우리가 두 번 다시 발을 담글 수가 있겠습니까.

현상계(現象界)는 모두가 일과성(一過性)입니다. 한 번 지나가는 것입니다. 한 번 지나가는 무상한 인생입니다. 누구를 미워하고 누구에게 지독하게 탐착(貪着)할 필요가 없습니다.

자기가 제아무리 미워한 사람도 이윽고 얼마 안가서 흔적도 없이 사라지고 맙니다.

반야(般若)는 모두가 비었다는, 내 몸도 비어 있고, 원수의 몸도,

내 권속(眷屬)의 몸도 다 비어 있다는 말씀입니다. 우리가 잘못 봐서 있다고 보는 것입니다.

잠시 합해져 산소(酸素)나 수소(水素)나 그런 것이 시시각각으로 변동하듯 우리 몸의 세포 역시 시시각각으로 신진대사(新陳代謝)를 해서 변동해 마지않습니다.

고유한 자기 몸뚱이가 있지 않습니다. 그러기에 제법공(諸法空)입니다. 그래서 오온개공(五蘊皆空)입니다. 그래서 이런 부처님 지혜의 법문이기 때문에 반야심경(般若心經)을 그렇게 많이 하는 것입니다.

제법공(諸法空)인데 다만 공(但空)이라는 소식으로만 안다면 그때는 불교가 허무주의(虛無主義)가 되고 맙니다.

우리 중생이 보는 그 자리만 공인 것이지 영원의 생명(生命), 즉 시간성과 공간성을 초월한 영원(永遠)한 생명의 자리는 항상 존재한단 말입니다.

아인슈타인 다음 가는 위대한 물리학자인 호킹 박사도 역시 '우주가 파괴되면 하나의 광명(光明)의 구멍, 블랙홀이라는 광명의 구멍으로 들어갔다가 다시 되어 나온다', 이렇게 말하고 있단 말입니다.

그러나 그런 분들은 보다 깊은 소식은 모르겠지요. 그러나 부처님 법은 천지우주가 다 파괴(破壞)되어서 우리 인간이 광음천(光音天) 이상으로 다 올라가버려서 물질은 조금도 없어진 때라고 할지라도 역시 부처님 법은 조금도 변함이 없고 조금도 감축(減縮)이 없습니다.

모양이 있는 현상계(現象界)는 다시 이루어지는 것입니다.

그럼 우주가 이루어질 때는 어떻게 이루어지는 것인가. 우리 중생의 업력(業力)이 모이고 모여서 원자(原子)가 되고 분자(分子)가 되고 해서 이루어지는 것입니다.

물질(物質)과 중생(衆生)의 업력은 조금도 차이가 없는 것입니다. 모두가 다 염파(念波)에 불과한 것입니다.

모두가 상념파(想念波)란 말입니다. 우리의 상념파가 금생에 이 몸을 만들었습니다. 엄마 태(胎) 속에 들어갈 때에는 우리의 식(識)밖에는 없습니다.

우리의 상념파인 식밖에는 없단 말입니다. 그러한 식(識)들이 부모의 영양(營養)을 취하고 그 영양 밑에서 이렇게 태어났단 말입니다.

물질이라고 하는 것은 불교에서 본다고 할 것 같으면 아무 것도 없습니다. 물질은 없단 말입니다. 모두가 다 진여불성(眞如佛性) 광명(光明)뿐이란 말입니다. 모두가 마음뿐인 것입니다.

따라서 불교의 반야(般若)라는 것은 모두가 다 마음뿐이다, 모두가 다 진여불성뿐이다, 이렇게 느껴야 합니다. 이렇게 느껴야 불교의 지혜입니다.

불경을 많이 외우고 다른 공부를 많이 하는 이런 것은 하나의 분별

(分別) 공부인 것이고, 가장 핵심(核心)은 반야(般若)입니다.

앞에서도 말씀드린 바와 같이 진여불성은 모든 상(相)을 떠난 것이기 때문에 우리 중생이 보는 것은 허망무상(虛妄無常)해서 다 공(空)이고 무아(無我)이기 때문에 내(我)가 있을 수가 없습니다.

무아(無我), 무아를 잘들 말씀합니다. 그러나 무아소식을 좀 더 깊이 알아야 하는 것입니다.

무아 소식을 안다면 앞서 말씀드린 바와 같이 오욕락(五欲樂)을 추구할 아무런 이유가 없습니다. 무엇 때문에 명예(名譽)를 구하고, 무엇 때문에 재산을 구하겠습니까. 그렇다고 아무것도 하지 말라는 말은 절대로 아닙니다.

우리가 최선을 다 하면서 우리 마음의 상태만은 역시 진리에 입각(立脚)하고 있어야 한다는 그런 말씀인 것입니다. 우리의 삶이 그렇게 반야지혜(般若智慧)와 더불어서 살아야 한다는 뜻입니다. 베풀어야 무주상(無住相) 보시(布施)가 됩니다. 어떤 경우라도 반야지혜와 더불어서 해야 합니다.

무자화두(無字話頭)를 하더라도 반야지혜와 더불어서 해야 참다운 참선입니다.

나무아미타불을 외운다고 할지라도 반야지혜와 더불어서 천지우주는 조금도 흠도 없고 간격(間隔)도 없고 모두가 다 부처님의 진여 광명(光明)뿐입니다. 이렇게 해야 참다운 염불입니다.

그러나 이렇게 하는 마음을 우리 중생은 지속시키기 어려운 것입니다. 그러기에 경전(經典)에 보면 우리 마음은 까불기를 잘하는 경망(輕妄)한 원숭이와 같고, 또 풍중등화(風中燈火)라, 바람 가운데에 있는 등불 같다고 하셨습니다.

이와 같이 바람 가운데 있는 등불 같은 동요부단(動搖不斷)한 우리 마음, 또는 원숭이 같이 경망(輕妄)한 우리 마음, 이런 것이 우리 마음인지라 법문(法門)을 들으면 '내가 잘은 모르지만 천지우주가 정말로 참 텅 빈 것이겠구나. 무아(無我)니까 부처님께서 무아라고 하셨겠지', 이렇게 생각들을 하실 것입니다.

그러나 바로 현실에 부딪히면 금방 잊어버리고 만단 말입니다.

따라서 그런 마음, 그 무아(無我)의 마음, 즉 모두가 텅 비었고, 오직 부처님만 존재하고 진여불성만 존재한다. 삼천대천세계(三千大千世界)가 일체유심조(一切唯心造)라. 오직 마음뿐이다. 하는 이러한 마음자리를 지속(持續)시켜야 됩니다. 지속을……

이렇게 지속시키는 것이 정(定)입니다. 정할 정(定)입니다.

지혜와 정을 함께 균등(均等)히 나가야 합니다. 순간 찰나도 반야지혜, 참다운 지혜, 반야의 지혜를 안 떠나야 하는 것이고, 동시에 그 자리를 지켜가야 된다는 것입니다.

그 자리를 지키기 위해서 몇 날이나 몇 달이나 화두(話頭)를 참구하는 것이고, 그 자리를 지켜가기 위해서 염주(念珠)를 가지고 천 번, 만 번 염불을 하는 것입니다. 염불할 때, 화두를 참구(參究)할 때 꼭 놓치지 마십시오.

반야지혜(般若智慧)를 놓치지 마십시오. 반야지혜, 이것은 참다운 우리의 고향자리입니다. 참다운 우리의 생명자리입니다.

한용운(韓龍雲) 선생의 '님의 침묵' 시를 보면 그리운 것은 모두가 다 임이라 했습니다만 우리가 진여불성에서 볼 때는 그립지 않고 미워도 모두가 다 임입니다.

정혜쌍수(定慧雙修)라. 참다운 자비와 지혜를 지속시키는 수행(修行)을 하는 것은 본래 우리가 갖추고 있는 자비와 지혜이기 때문입니다.

우리에게 본래 갖추고 있는 지혜요, 자비요, 정(定)이요, 혜(慧)이기 때문에 우리 공부도 정과 혜, 자비와 지혜를 함께 닦는 공부여야 합니다.

그렇기 때문에 예식 때마다 귀의불양족존(歸依佛兩足尊) 하는 것이 아니겠습니까.

반야의 지혜라. 시(詩)를 쓰나 또는 그림을 그리나 모두가 다 반야의 지혜와 더불어서 해야 합니다. 그래야 걸작이 나오겠지요.

반야의 지혜라, 반야의 지혜를 지속시키는 정(定), 선정(禪定), 정혜쌍수(定慧雙修), 정혜균등(定慧均等)을 염두에 두시고 다음번에는 꼭 자기 집안에서 공부를 하신다고 하더라도 꼭 오욕락(五欲樂)을 떠나서 법락(法樂)을 맛보시기 바랍니다.

법락을 맛보셔야 몸도 가볍고 마음도 가볍습니다. 법락을 맛보셔야 다른 것이나 세속적(世俗的)인 속물(俗物)이 되지 않고 인간다운 인간이 됩니다.

그렇게 해서 꼭 금생에 무상대각(無上大覺), 무상대도(無上大道)를 이루시기를 간절히 바라면서 오늘 법문(法門)을 마칩니다.

나무아미타불! 나무관세음보살!

공부를 하십시오. 기도를 모시고 참선을 하고 무아무중(無我無重)의 경계를 맛봐야 합니다. 무아무중에 딱 들어가면 그때는 자기 몸뚱이가 아무 무리가 없단 말입니다. 꼬집어 뜯어도 아프지도 않는 것입니다. 온갖 번뇌, 육체의 고통은 삼매에 들면 다 초월하는 것입니다.

그래서 앞서도 말씀드린 바와 같이 우리가 있다고 생각한 것이 우리 중생 차원에서 있다고 보는 것이지 성자의 차원에서 본다고 생각할 때는 당체(當體)가 즉공(即空)이라, 이 몸 이대로, 이 책상 그대로 공(空)이란 말입니다. 당체(當體)가 즉공(即空)이라는 그런 부처님 법문을 깊이깊이 음미하십시오.

2

四. 彼岸의 길 피안의 길

五. 南無阿彌陀佛 나무아미타불

六. 甘露王如來 감로왕여래

七. 一切唯心造 일체유심조

四. 피안(彼岸)의 길

> 이 세상에 태어나서 우리가 인생고해(人生苦海)를 건너가 피안(彼岸)으로
> 가는 것이 인간으로 태어난 최대의 목표입니다.

늦더위가 아직도 가시지 않고 기승을 부립니다만 하늘거리는 코스모스는 벌써 가을입니다. 우리는 어제도 인생(人生)의 길을 걸었고 오늘도 어김없이 인생의 길을 걷고 있고 내일도 인생의 길을 걸을 것입니다.

무엇 때문에 그러는 것인가.

부처님의 법문(法門) 가운데 중요한 물음이 있습니다.

'습마물(什麼物)이 임마래(恁麼來)'. 이것은 중국 송(宋)나라 때의 속음인데 이 뜻은 '무엇이 이렇게 있는가?', '무엇이 이렇게 왔는

가?' 하는 뜻입니다.

다시 부언해서 말씀드리면 '나'라는 것은 대체로 무엇이며 지금 나는 어떻게 살고 있는 것인가, 하는 뜻입니다. '내가 대체로 무엇인가' 하는 그런 해답이 내려지면 응당 '어떻게 살 것인가' 하는 그런 우리 삶의 의미(意味)도 거기에서 밝혀질 것입니다.

그러면 과연 어제까지는 내가 인생의 의미대로 바르게 살았던가, 오늘은 바르게 살고 있는 것인가, 내일도 또 오늘 같은 연속이 아니고 보다 진일보(進一步)한 바른 삶이 될 것인가.

이러한 문제(問題)는 우리한테 굉장히 중요한 문제입니다.

우리는 보통 그러한 근본적인 문제를 외면하고 살고 있습니다. 우리가 부처님 가르침을 믿는 것은 그러한 근본적인 문제를 우리 문제로 제기하고 그런 문제에 대해서 바른 해답을 내리기 위해서 종교(宗敎)를 갖고 철학(哲學)을 배우고 하는 것입니다.

불교(佛敎)는 물론 다른 종교도 역시 진리(眞理)를 모르고 헤매는 미혹된 이쪽에서 진리를 깨달아서 자기 마음의 실상(實相)과 우주의 본래 참다운 모습이 무엇인가를 깨달아서 그러한 실상의 저쪽으로 인도하는 가르침입니다.

본래의 뜻으로는 이쪽이나 저쪽의 한계(限界)가 없습니다. 그러나 우선 알기 쉽게 하기 위해서 미혹된 경계를 이쪽이라고 한다면, 깨달은 경계는 저쪽이겠지요.

불교의 차안(此岸), 피안(彼岸)이라. 이쪽 언덕과 인생고해(人生苦海)를 건너서 저쪽 언덕, 인생고해 이쪽은 우리 중생(衆生)이 번뇌(煩惱)를 짓고, 그런 번뇌의 행동으로 해서 악업(惡業)을 짓고, 그렇게 하므로 고통을 받고, 이러한 것이 우리가 사는 이쪽 세계입니다. 우리가 지금 사는 세간입니다.

그런데 우리 인간이 이쪽만 가지면 사실은 인간은 아무런 의미가 없습니다.

다행히도 성자(聖者)들의 가르침 따라서 고해중생(苦海衆生)의 이쪽을 떠나서 저 쪽으로 건너갑니다. 깨달음의 피안(彼岸)으로 건너갑니다. 안락(安樂)의 저 언덕으로 갑니다.

이러한 데에 각 종교의 목적이나 인생의 의미가 있습니다.

그런데 우리 중생(衆生)을 보면 그냥 이쪽에서 무엇인가 살기 위해서, 또는 이쪽을 출발해서 가기는 가는데 고해에서 생노병사(生老病死)를 위주로 한 그 모든 헝클어진, 그러한 어려운 문제가 많이 있는, 또 파도(波濤)가 솟구치는 인생고해(人生苦海)에서 대부분 사람들은 거기에 빠져버립니다. 인생 고해에 한발 내딛자마자 바로 그곳에 빠져버립니다.

다시 쉬운 말로 하면 그냥 속물(俗物)이 돼서 그 곳에서 첨벙거리고 맙니다. 우리가 인생을 통관(洞觀)하면 많은 사람들이 인생고해를 건너서 참다운 깨달음의 저쪽 피안(彼岸)으로 가지 못하고서 그냥 고해(苦海)에서 잠기고 맙니다.

그러나 그런 가운데서 조금 더 수승한 사람들은 총명하기도 하고 또는 불교 말로 업장(業障)이 가벼운 사람들은 물에 빠져 있지만 고개를 들어서 한번 사방을 관망(觀望)합니다.

과연 내가 가는 길이 옳은 길인가, 내가 지금 물에 잠겨 있는데 이대로 잠겨만 있어야 되겠는가. 이렇게 지금 고개를 들고 사방을 관찰합니다.

이러한 사람들은 적어도 인생을 탐구(探究)하는 사람들입니다.

사방을 설사 관찰한다 하더라도 그 물결을 헤치고 앞으로 나가기가 어렵습니다. 용기(勇氣)가 부족해서 사방을 볼 뿐이지 바로 물을 건너가는 그런 실천에 옮기지를 못합니다.

이러한 사람들은 의지(意志)가 빈약해서 그저 이치(理致)로 해서는 꼭 내가 저쪽으로 건너가 우리 그러한 중생들의 어리석음을 떠나 참다운 깨달음의 저쪽으로 가야 하겠구나, 이러한 뜻은 있다 하더라도 실천에 옮기지를 못합니다.

그런데 다행히도 총명하고 또 용기도 있어서 사방을 관찰한 다음에 저쪽으로 가는 것이 옳은 길이구나, 이렇게 자기 목표를 바로 정해서 뚜벅뚜벅 물속에서 걸어서 건너갑니다. 이러한 사람들이 수행자(修行者)입니다.

여기 계시는 여러분 모두가 그러한 분들입니다.

우리 인생(人生)의 길 가운데서 어느 길이 옳은 것인가?

옳은 길을 선택하셔서 깨달음을 성취하신 부처님의 가르침이나 성자들의 가르침이 정당한 것이다, 이렇게 분명히 느끼고 또 그러한 옳은 길을 선택한 다음에 실천으로 여러분들은 분명히 옮기고 계십니다. 이러한 우리 불자님들은 지금 인생고해를 건너가는 도중에 있습니다.

그러나 인생고해를 건너가는 일은 결코 쉬운 것이 아닙니다. 파도가 치고 또는 폭풍우가 일고, 이러한 인생고해이기 때문에 우리가 애쓰고 간다 하더라도 어느 때 다시 그 성난 파도에 휩쓸려 버릴는지 알 수가 없습니다.

그러면 의지가 강건(强健)하지 못한 사람들은 그러한 파도에 휩쓸려서 한 번 바다에 잠기면 다시 일어나지 못합니다.

그러나 칠전팔기(七顚八起)라. 한 번 넘어지면 다시 일어나고, 그렇게 용기를 내어서 끝끝내 가는, 내 생명(生命)이 다 한다 하더라도 한사코 가야 한다는 이러한 분들이 바로 성문(聲聞), 연각(緣覺), 보살(菩薩)이 그러한 분들입니다.

성문이나 연각이나 그러한 분들은 몇 번 넘어지고 다시 물장을 쓰고 잠긴다 하더라도 굴하지 않고 가는 분들입니다. 확신이 강하여 때문에 가는 길은 '이 길밖에는 없다', 이렇게 확신이 강하여 그런 분들은 그렇습니다.

그런데 더욱 더 강한 분들은 자기 자신만 가는 것이 아니라, 다른 사람들도 손을 잡고 건너게 해주어야 하겠다고 하시는 이러한 분들은 이른바 보살(菩薩)입니다.

이러한 것은 제가 지어낸 비유(譬喩)가 아니라 부처님 경전(經典)에 있습니다. 우리 인생은 고해(苦海)이고, 이쪽 언덕은 고생만 받는 사바세계(娑婆世界), 중생세계(衆生世界)이고, 고해를 건너서 저쪽 영생행복(永生幸福)의 극락세계(極樂世界) 피안(彼岸)으로 가는 것을 이렇게 부처님 경전에서 비유했습니다.

우리는 자기 스스로를 한 번 점검해 볼 필요가 있습니다. 나는 지금 얼마만큼 가 있는 것인가. 우리는 우리가 가고 있는 저쪽 피안에 가지 않고도 배길 수 있으면, 가지 않고도 무방하면 별로 노력할 필요가 없겠습니다만 그러나 가지 않고는 못 배기는 것이 우리 중생입니다.

우리 불자님들은 다람쥐 쳇바퀴 돌듯 뱅뱅 도는 윤회(輪廻)라 하는 그러한 것을 너무나 쉽게 생각하십니다. 그러나 참다운 지혜(智慧),

참다운 해탈(解脫)의 지혜, 반야(般若)의 지혜를 모르는 사람들은 사실은 지금 인간(人間)으로 살아 있다 하더라도 윤회의 허물을 짓고 있는 것입니다.

저것이 좋지 않다, 내 것이 좋다, 이렇게 자기의 이욕(利慾)을 위해서 자기 능력을 소모하는 분들은 방금 말씀드린 바와 같이 윤회(輪廻)라 하는 뱅뱅 도는 업(業)을 짓고 있는 것입니다.

왜냐하면 우리가 하는 행동 가운데 좋은 행동이거나 나쁜 행동이나 모두 우리 마음에 훈습(薰習)이라, 우리 마음에다 흔적(痕迹)을 남기기 때문입니다.

우리는 무의식적(無意識的)으로 이것도 하고, 저것도 하고, 우리 관념적(觀念的)으로 남을 미워도 하고, 이런 생각 저런 생각 많은 생각을 합니다. 우리가 한 번 생각했던 것, 우리 행동으로 표현했던 것, 우리 언어로 말한 것, 모두가 그대로 흔적을 남기고 절대로 소멸되지 않습니다.

우리 잠재의식(潛在意識)에 눈에 보이지 않는, 물질이 아닌 우리 의식(意識)에 흔적을 다 둡니다. 그것이 훈습(薰習)이라. 더울 훈(薰), 익힐 습(習), 훈습을 둡니다.

더 쉬운 말로 하면 우리 의식에 종자(種子)를 딱 심어둡니다. 종자를 심어두면 그러한 종자들이 쌓이고 쌓이면 그런 종자의 무게에 따라서 우리가 죽은 뒤에도 거기에 걸맞은 그러한 과보(果報)를 받는 것입니다.

그뿐만 아니라 금생(今生)에도 우리 마음에 부정적(否定的)인 그러한 종자를 많이 심어 놓으면 자기도 모르는 가운데 부당한 사람들, 다른 사람도 똑같이 나쁜 종자를 심기도 하고 좋은 종자를 심기도 하겠지요.

그런데 나쁜 종자를 많이 심은 사람들과 가까워집니다. 더 쉬운 말로 하면 생명(生命) 파장(波長)이 거의 맞는단 말입니다. 업장이 무거운 사람들은 무거운 사람들끼리, 죄가 가벼운 사람들은 가벼운 사람들끼리 유유상종(類類相從)으로 가까워집니다.

또 그뿐만 아니라 우리 중생(衆生)들은 눈에 보이지 않는 세계(世界), 즉 신장세계(神將世界) 팔부신장(八部神將)이라, 천상인간(天上人間)들이라든가 또는 용(龍)이라든가, 용도 그렇게 꾸불꾸불하고 징그러운 용이 아닙니다. 우주(宇宙)의 물 기운(氣運), 우주의 물 기운은 바로 용(龍)인 것입니다.

우주의 그러한 물의 정기(精氣) 그러한 것도 우리 주변에는 다 있는 것입니다. 또 그 외에도 가지가지의 차원(次元)에 따라서 업장(業障)이 무겁고 가벼운 신(神)들이 굉장히 많은 것입니다.

우리 중생(衆生)들은 그러한 것들이 잘 보이지 않지만 느껴야 합니다.

왜 그런가 하면 우리 행동(行動) 하나하나를 천상(天上) 사람들 또는 용(龍)들, 그런 신장(神將)들이 우리 행동을 다 감시(監視)하기 때문입니다. 감시를 한다고 하면 기분이 사납겠지만 그런 신장들은 마음이 총명(聰明)해서 그냥 가만히 있어도 우리 행동을 다 본단 말입니다.

자기 혼자 그 두께가 몇 미터나 되는 철갑(鐵匣)으로 된 그런 독방(獨房) 안에 혼자 있다 하더라도 신장들은 그 철갑을 뚫고 보는 것이 문제가 안 됩니다.

감마선, 베타선, 알파선 그런 방사선(放射線)도 웬만한 두께는 뚫고 보지 않습니까. 그런데 하물며 신장 눈들은 그러한 물질적인 한계를 넘어서는 것입니다.

그렇기 때문에 우리가 어디에 가 있든지간에 그러한 신들은 우리 행동을 다 뚜렷이 보는 것입니다. 이것은 거리에 상관이 없습니다. 그렇기 때문에 우리는 비록 인간의 눈에 그러한 신장들이 안 보인다 하더라도 '신장(神將)들이 분명히 있다', 이렇게 느껴야 합니다. 이것은 사실을 사실대로 뚜렷이 보는 성자(聖者)가 말씀한 것입니다.

천사(天使)도 분명히 있는 것이고 다 보는 것입니다. 그러한 것들이 우리의 정도에 따라서 우리가 선량(善良)하면 선량한 신들이 우리를 지키는 것이고, 우리가 부당하면 우리의 부당한 그 파장(波長) 따라서 선량한 신들은 우리에게 올 수가 없습니다. 우리 몸에서 나쁜 냄새가 풍기면 좋은 향내만 맡는 그런 좋은 사람들은 우리에게 올 수가 없지 않습니까. 그와 똑같이 신장이라 하는 것은 높은 신장들은 모두가 다 깨끗하고 청정한 냄새만 맡는 것입니다.

따라서 우리의 행동이 선량할 때는 자신도 모르게 우리에게서 향기가 납니다. 우리는 우리 행동을 하실 때에 그러한 것을 느끼셔야 합니다. 내가 한마디의 말을 거칠게 하면 바로 나에게서 나쁜 냄새가 나는 것입니다.

사람끼리는 미처 모른다 하더라도 귀신(鬼神)들은 바로 느낍니다. 사람끼리도 나쁜 사람, 즉 업장(業障)이 무거운 사람 옆에 가면 어쩐지 기분사납단 말입니다. 또는 불안(不安)을 느낍니다.

그러나 마음이 차분하고 또 표정이 온화(溫和)하고 또 '어떠한 경우도 저 사람을 해치지 않겠다', 이러한 자비심(慈悲心)을 품은 사람 옆에 가면 자기도 모르는 가운데 마음이 편안(便安)합니다.

관세음보살(觀世音菩薩)님의 그 손 부림 가운데 손을 이렇게 척 드시고서 중생(衆生)들한테 비추십니다. 이것이 무외시인(無畏施印)이라. 관세음보살님 모습을 보면 이렇게 손을 들고 우리 중생들에게 손바닥을 보이시는 모습이 있습니다.

이것을 보고 무외시인이라, 없을 무(無), 두려울 외(畏), 베풀 시

(施), 우리 중생에게 절대로 두려움이 없다, 우리 중생의 공포심(恐怖心)을 모조리 없애는 그러한 손의 모습 말입니다.

우리한테 무슨 무기가 있다거나 흉기가 있으면 상대를 해칠 마음은 없지만 우리한테 무기가 있다는 것을 상대가 안다면 그냥 두려움을 품고 가까이 오려고 하지 않습니다.

그러나 나는 어떠한 경우도 그대를 해치지 않는다, 관세음 보살님의 모습은 어떠한 경우에도 설사 내 목숨을 그대가 빼앗는다 하더라도 나는 그대를 해치지 않는다, 이것이 관세음보살님의 무외시인(無畏施印)입니다.

따라서 우리 수행자(修行者)는 이렇게 되어야 합니다. 저 사람이 잘못 마음을 먹고 내 따귀를 때리든가 말든가, 그러한 것도 문제시할 필요가 없단 말입니다.

앞서 말씀과 같이 우리는 지금 길을 가고 있습니다. 길을 가는 것도 그냥 가는 것이 아니라 인생고해(人生苦海)를 건너고 있습니다. 인생고해를 어떻게 건너야 할 것인가. 인생고해를 건너지 못하면 사바세계(娑婆世界)의 그러한 고생 바다에서 뱅뱅 도는 신세(身世)밖에는 안 됩니다.

그렇게 돌아도 무방하지 않겠는가. 나한테는 좋은 아내가 있고, 나한테는 훌륭한 재산(財産)이 있고, 나한테는 무던한 그런 지위(地位)도 있고, 이런 좋은 세상(世上)에서 그대로 살아도 무방하지 않겠는가. 그러나 그것들이 오래 가지 않는단 말입니다.

갑자기 자기 남편이나 아내가 교통사고 만나서 죽어보십시오. 그 때는 자기 스스로가 마음을 감당할 수가 없습니다.

마음이 연약한 사람들은 같이 죽기도 하겠지요. 같이 못 죽는다 하더라도 평생 동안 자기 배우자를 흠모하고 추모하느라 불행에 빠지고 맙니다.

이것은 특별한 예가 아니라 어떠한 누구나 그러한 고비를 다 겪습니다. 자기 아들이 먼저 간다든가 딸이 먼저 간다든가 또는 죽어서 이별(離別)하지 않는다 하더라도 서로 인연(因緣)이 다 해서 생이별(生離別)을 한다든가 이러한 경우는 누구나 다 있습니다.

그렇기 때문에 인생고해(人生苦海)라 하는 것은 좀 잘 된다 하더라도 별 볼일이 없습니다.

그러나 볼일이 없는 가운데서 최선(最善)으로 사는 길, 이것이 다시 말씀드리면 우리 인생(人生)을 그러한 허망무상(虛妄無常)한 것에 얽매이지 않게 하고, 우리 인생을 참다운 행복(幸福)으로 인도하는 것이 여러분들이 다 아시는 바와 같이 석가(釋迦)나 예수나 공자(孔子)나 노자(老子)나 그러한 분들의 가르침입니다.

그러한 가르침은 무슨 보수를 받고서 우리한테 하는 가르침이 아닙니다. 우리가 아무것도 아니다 하더라도 더러는 우리가 보살(菩薩)이나 성자(聖者)를 해코지해서 순교(殉教)도 시킵니다. 그래도 그분들은 할 수밖에는 없습니다. 그분들이 보는 것은 명백하게 봅니다. 우리 중생들은 명백하게 못 봅니다.

우리는 지금 수행자(修行者)로 해서 길을 가는 불자(佛子)들입니다. 명백히 볼 수 있는 바른 철학적(哲學的)인 견해(見解)가 우리한테는 꼭 필요합니다.

현대사회에서 가장 부족한 것은 물질도 부족하고 자비(慈悲)도 부족하고 다른 부족한 것들이 많이 있지만 가장 부족한 것은 참다운 지혜(智慧)입니다.

우리 마음이라 하는 것은 복덕(福德) 방망이나 똑같습니다. 그러기에 우리 마음을 보고 여의주(如意珠)라 합니다. 여의보주(如意寶珠)라 합니다.

여의주란 우리 중생들의 눈에는 보이지 않습니다. 그러나 그 가운데서 모든 것이 다 나오는 우리 소원(所願)대로 다 나오는 것이 여의주(如意珠)입니다.

금(金)도 은(銀)도 다이아몬드도 자기가 좋아하는 사람도 집도 재물(財物)도 또는 권리(權利)도 다 나오는 그러한 보배가 여의보주(如意寶珠)입니다.

우리 마음은 그러한 여의보주입니다.

우리 중생들은 그 많은 것들이 다 나오는 자비 행복도 다 완벽하게 갖추고 있고 다 들어 있는 여의보주, 또 그것이 저 밖에 가 있는 것이 아니라 바로 내 마음인 그 여의보주, 그 소중한 보배는 구하려고 아니하고 별로 신통치 않은 것만 구하려고 합니다.

그런 보배 가운데서 감투를 구한다, 우리의 생각으로는 감투가 귀중하지 않은가. 감투, 이것은 귀(貴)와 부(富)를 한번에 우리에게 주는 것이 아닌가. 설사 어느 한 동안 감투가 우리한테 부귀(富貴)를 준다 하더라도 그것 때문에 우리는 보다 큰 보배를 훨씬 더 크게 잃어버립니다.

감투를 쓰고서 아만심(我慢心)을 부리고 제법 내가 잘났다, 내가 많이 안다, 이렇게 교만심(驕慢心)을 부리면, 그 사람은 별 것도 아닌 감투 때문에 소중한 보배를 잃어버립니다. 이러한 것은 우리에게 굉장히 큰 손실(損失)입니다.

우리 인생이 짧지 않습니까. 에누리 없이 애쓰고 온전히 살아도 몇 십 년 아닙니까.

다 아시는 바와 같이 자는 동안, 노는 동안, 텔레비전을 보는 동안 다 제(除)하면 정작으로 정미(精米)로 우리가 사는 인생은 정말 몇 년 입니까?

인생은 정말로 총총히 걸어가는 나그네 길입니다. 참 총총한 길입니다. 나이를 먹으면 먹을수록 더욱 더 허무(虛無)합니다.

제 아무리 아끼고 아낀다 하더라도 결국은 여름이 가지 않습니까. 4월 보름날 결제하고 여름동안 우리 참선(參禪) 수행자는 공부하고서 이 동안은 여름인지라 지리합니다.

지리한 때는 빨리 7월 백중(伯仲)이 와서 해제가 됐으면 합니다. 해제가 되면 훨훨 걸망지고 나가야 하겠다, 이런 7월 백중도 벌써 다 지나가서 추석이 앞에 있습니다.

앞서 말씀드린 바와 같이 우리 마음은 그와 같이 요술(妖術) 방망이인 동시에 일체가 다 들어 있는 여의보주(如意寶珠), 인도(印度) 말로 하면 마니보주(摩尼寶珠)라 합니다.

마니보주는 물질이 아닙니다. 물질이 아닌 영롱무이(玲瓏無二)한 것인데 그 가운데는 일체의 지혜(智慧), 공덕(功德)이 다 들어 있습니다. 그러한 것이 바로 우리 마음입니다.

따라서 부처님 법(法)은 그런 여의보주(如意寶珠), 그런 보배 가운데서 우리가 가장 좋은 것을 추려야 합니다. 가장 좋은 것을 구하지 못하면 자기 인생은 손해입니다.

　지지리 자기 가운데 들어 있는 보배인데, 그 보배 가운데서 가장 좋은 것은 그만 두고서 허접 쓰레기를 우리가 구하고 그것을 얻는다고 생각하면 정말로 인생의 낭비입니다.

　여의보주(如意寶珠)가 바로 이것이 앞서 언급한 우리 인생의 참 지혜(智慧)입니다. 참 지혜인 동시에 바른 철학(哲學), 바른 가치관, 바른 정견(正見)입니다.

　그러면 우리가 다행히 좋은 스승도 만나고 부처님 공부를 제법 많이 해서 여의보주 가운데서 반야지혜(般若智慧)를 얻었다, 나한테는 부처님의 지혜(智慧) 가운데서 가장 수승한 부처님의 대승지혜(大乘智慧)가 갖추어 있다, 이렇게 우리가 느꼈다 하더라도 그러한 것이 개념적인 지식(知識)만으로는 우리한테 참다운 힘이 못 됩니다.

　우리 보통 분들은 게을러서 개념적인 지식만 알고 불교를 다 알았다, 불교는 제법(諸法)이 공(空) 아닌가, 불교는 중도(中道)가 아닌가, 일체만법은 평등무차별(平等無差別)의 진여불성(眞如佛性)이 아닌가, 이러한 정도는 이것저것 비교해서 연구도 하고 부처님 법문을 많이 듣는 분들은 대체로 짐작은 됩니다.

　그러나 그것이 자기 생명하고 딱 일치되지를 않는단 말입니다.

　그래서 그냥 지혜로만 아는 이것을 보고 불교말로 하면 간혜지(乾

慧地입니다. 마른 간(幹), 지혜 혜(慧), 땅 지(地)입니다. 바싹 마른 지혜입니다.

알기는 무던히 많이 알지만 그것이 실지로 혼연일체(渾然一體)로 하나가 못 되었단 말입니다. 그렇기 때문에 거기에서 어떤 커다란 행복(幸福)이라든가 충족감은 없습니다.

오늘 법회(法會)는 굉장히 중요한 법회입니다. 왜냐하면 이러한 법회가 그렇게 많은 날을 두고서 되풀이되는 것이 아닙니다.

물론 저 같은 사람 말씀이 아니더라도 여러분들께서 들으실 기회가 많이 계시겠지만, 우리는 간혜지를 떠나서 바싹 마른 지혜를 떠나서 참다운 지혜, 우리 생명과 혼연일체가 되는 그러한 지혜를 어떻게 얻어야 하는지, 그러한 것에 관해서 오늘 법회 동안에 확신을 가지시도록 제가 당부를 드립니다.

앞서 말씀드린 바와 같이 우리는 지금 인생고해(人生苦海)를 건너가는 중인데 조금 물결이 치고 파도가 심하면 '아! 나는 건너갈 힘이 없겠구나, 저곳까지 건너가지 않더라도 그냥 이 자리에서 이대로 지내도 무방하겠구나', 그렇게 생각하고 주저앉아 버립니다.

지혜로 해서 좀 안다 하더라도 저 피안(彼岸)으로 건너가면 틀림없이 무한의 행복이 있는데 그러한 행복보다는 우선 건너가는 고생이 심하므로 여기에서 그렁저렁 해야 되겠다고 하면 결국은 성자(聖者)의 길을 가지 못하고 맙니다.

우리한테는 분명히 누구나가 건너갈 힘을 다 갖추고 있습니다. 자빠지고 넘어지고 엎어지고 한다 하더라도 결국 가면 누구나 갈 수가 있습니다. 그러나 용기(勇氣)가 없고 확신(確信)이 부족하면 못 갑니다.

부처님 경전(經典)에 '심불상속고(心不相續故) 부득결정신심(不得決定信心)'이라. 부처님은 바로 내 생명(生命)의 본바탕인 동시에 우주의 실상(實相), 우주의 진리(眞理)가 부처님 아닙니까.

그러한 부처님을 지향하는, 부처님을 생각하는 그 마음이 상속(相續)되지 않기 때문에, 우리 마음은 금생에 잘못 배우고 잘못 느끼고 잘못 생각한 그것들이 하나의 습관(習慣)이 되어서 우리 마음에 딱 지금 배어 있습니다.

따라서 우리가 무슨 좋은 생각을 좀 갖는다 하더라도 그와 같이 좋은 생각만을 갖는 그걸로 해서는 그것이 우리 가슴에 자리를 잡지를 못합니다.

따라서 그 좋은 생각 모두가 다 본바탕에서는 다 부처구나, 내 마음의 바탕에서는 부처님 광명(光明)이 천지(天地)를 두루한 그런 빛으로 해서 훤히 빛나 있구나, 하고 느낀다 하더라도 그 느낌 그것을 지속을 시켜야 하는 것인데 우리가 바쁘다 또는 어머니의 구실을 해야 한다 또는 아내의 구실을 해야 한다, 하며 자기 직업이나 일상사 때문에 부처님을 지향하는 우리 마음을 우리가 지속시킬 수 없습니다.

 지속시킬 수가 없기 때문에 내내야 이제 범부(凡夫)로 해서 속물(俗物)로 해서 일상성(日常性)에 매몰되어서 거기에서 그쳐버리는 것입니다.

 따라서 그렇게 하면 부득결정신(不得決定信)이라. 꼭 반드시 옳다, 기필코 옳다, 그러한 확신이 서지 않습니다.

 자기 마음에 가서 앞서 제 말씀과 같이 부처님을 지향하는 청정한 그런 종자(種子)가 차근차근 많이 심어져서 부당한 종자보다 훨씬 더 우세하게 우리 마음을 지배하면 될 것인데, 하다 말다 하다 말다 하면 우리 마음에 들어 있는 기성적(旣成的)으로 이미 뿌리내린 그런 부정적(否定的)인 종자, 그러한 종자를 나중에 들어간 부처님을 생각하는 청정한 종자가 이길 수 없습니다.

 그러면 그렁저렁 하다 말다 말아버립니다. 그렇게 되면 고해(苦海)를 건너갈 수가 없습니다. 인생에 태어난 이것은 우리가 인생고해(人生苦海)를 건너가서 피안(彼岸)으로 가는 것이 인생으로 태어난 최대의 목표입니다.

결혼을 설사 못 했다 하더라도 손해 볼 것이 없습니다. 금생에 아무런 감투도 못 써도 손해 볼 것이 없습니다. 자기 재산이 아무것도 없이 누더기 한 벌로 해서 평생을 산다 하더라도 손해 볼 것이 아무것도 없습니다.

다만 우리가 인생으로 태어난 것은 얼마만큼 자기 보배를, 자기 생명의 본바탕을, -우리 생명의 본바탕은 바로 부처님입니다- 마니보주(摩尼寶珠) 가운데 여의보주(如意寶珠) 가운데 가장 중요한 것은 일체존재의 근본성품을 밝힌 그런 지혜(智慧)만 우리 것이 되었다고 생각하면 다른 것은 아무것도 없다 하더라도 아무 손해가 없습니다.

염불상속고 부득결정신이라.

우리가 부처님을 생각하는, 참다운 우주의 도리를 생각하는 그 마음이 상속되지 않으면 결정신앙(決定信仰)을 가질 수가 없습니다.

결정신앙을 가져야 참다운 수행자입니다. 참다운 불자입니다.

우리 인생이 아직도 멀었다고 너무나 미루지 마십시오. 생명이라 하는 것은 노소(老少)가 부정입니다. 젊다고 늦게 가고 늙다고 빨리 가는 것만은 아닙니다.

어느 때 갈지 모릅니다. 호흡지간(呼吸之間)이라. 한 번 내쉰 숨을 못 들이면 주검입니다.

하늘에서 유성(流星)이 떠돌다가 어느 날 우리 집 지붕을 뚫고 떨

어져서 나를 죽일지 모르는 것이고, 비행기가 날다가 운수 사납게 어느 때 와서 내 머리 위에서 추락해서 죽을지 모릅니다. 콜레라, 요즈음 에이즈, 이러한 병들이 어느 때에 우리한테 올지 모릅니다. 나한테는 그런 것이 안 오겠지, 그렇게 장담할 수 없는 것이 우리 무상한 인생이 아니겠습니까.

따라서 절대로 내가 아직은 사십(四十)인데, 내가 삼십(三十)인데 그렇게 자기 인생을 여유 있게 생각하지 마십시오.

그러기에 부처님 말씀으로 진리를 한 번 알아버린 사람들은 여구두연(如救頭燃)이라, 같을 여(如), 머리 두(頭), 불탈 연(燃), 우리 머리에 불이 붙었다고 하면 그보다 더 급한 것이 있겠습니까. 우리 머리에 불이 붙었으면 그보다 더 급한 것은 없습니다.

그렇게 머리에 붙은 불을 끄듯이 우리가 부처님공부를 해야 합니다. 그렇게 하는 것이 진리를 참답게 아는 분이 하시는 공부하는 태도입니다.

지금 사람들은 그렇게 보통은 안 합니다. 그 세속적인 일 다 하고서 마치 하잘것없는 액세서리 정도로 우리 신앙을 생각합니다. 이래서는 정말로 애석하고 정말로 크게 애석한 일입니다.

부처님이나 무수한 도인들이 우리한테 그렇게 고구정녕(苦口叮嚀)으로 우리한테 타이르신 말씀 아니겠습니까. 그 분들이 우리한테 보인 것이 무엇입니까. 예수가 우리한테 보인 것이 무엇입니까.

예수도 십자가에 못 박혀 죽지 않으려고 생각했으면 충분히 피할 수 있었습니다. 잠자코 일부러 갔습니다. 어떠한 위대한 성인(聖人)도 모두가 다 자기가 순교(殉敎)를 피하려면 피할 수 있습니다. 그렇게 총명한 분들이 자신의 목숨 하나 피하지 못하겠습니까. 다만 중생 때문에 잠자코 일부러 갔단 말입니다.

그렇게 해서 우리한테 끼쳐준 것이 오늘날 불교(佛敎)요, 기독교(基督敎)요, 유교(儒敎)요, 도교(道敎)요, 노자(老子)의 도덕경(道德經)이고 합니다.

그러한 가르침은 모두가 다 생명의 가르침입니다. 우리 생명을 헛되게 살지 않고서 정말로 만난(萬難)을 배제해서 꼭 그 길로 가라고 우리를 채찍질하는 가르침입니다.

황벽대사(黃蘗大師)는 나이 70된 편모, 자기 어머니를 뿌리치고 승려가 되었습니다. 의지할 데 없는 70된 노모(老母)를 뿌리치고 승려가 되었다고 하면 굉장히 잔인하고 부도덕하고 불효막심하겠지요.

그러나 절대로 불효가 아닙니다. 만약 황벽대사가 승려가 되어서 그렁저렁 살았으면 대역 막심한 불효자입니다. 그러나 정말로 공부를 잘해서 성자가 되었으면 그 이상의 효도는 없습니다. 왜냐하면 금생의 목숨은 허망한 것이기 때문입니다.

어머님의 목숨이 길어야 10년, 20년 더 사시겠지요. 그러나 그 어머님의 몸뚱이를 위해서 10년, 20년 봉사하고 봉양을 좀 하는 것보다는 어머님의 참다운 생명을 위해서 영생(永生)의 길로 인도한다고 보면 그것은 비교할 수 없는 큰 효성(孝誠)입니다.

그렇다고 해서 누구나 부모님을 다 뿌리치고 자기 가정을 다 뿌리치고 무책임한 그런 행동을 하라는 것은 절대로 아닙니다. 다만 그 어떠한 것이 귀중한가, 그런 비중 관계를 말씀드릴 뿐입니다.

아무튼 우리는 진리의 길로 가는 것이 그 어느 것보다도 가장 급하고 가장 소중한 문제입니다. 앞서도 말씀드린 바와 같이 자기 머리위에 붙은 불을 끄듯이, 또 여거정석(如去頂石)이라.

자기 이마 위에 돌이 놓여 있으면 제일 먼저 그것을 치워야 하겠지요. 같을 여(如), 갈 거(去), 이마 정(頂), 우리 이마 위에 돌을 빨리 치우듯 그렇게 우리 공부는 급한 것입니다.

그렇게 하면 우리가 인생고해를 건너가서 저쪽 피안, 영생 행복의 피안으로 건너가기는 절대로 멀지 않다고 생각합니다.

저는 지금까지도 공부를 다 한 사람은 아닙니다. 그러나 저는 정말로 순수(純粹)하게 구할 때는 절대로 먼 길이 아니라는 확신(確信)을 가지고 있습니다.

어떤 누구나 똑같습니다. 나는 공부를 별로 안 했는데, 나는 인간성이 별로 안 좋아서 죄를 많이 범했는데, 나 같은 사람은 도저히 안 되겠지, 이러한 마음은 눈곱만큼도 가질 필요가 없습니다.

왜냐하면 부처님 성품(性品)은 설사 내가 금생에 나와서 살인죄를 몇 십 번 되풀이해서 범했다 하더라도 부처님 성품은 조금도 오염되지 않습니다.

부처님 성품은 물질이 아닙니다. 물질이 아닌 것은 오염을 받지 않습니다. 부처님 당시에 앙굴마라(鴦掘摩羅), 앙굴마라는 외도의 자기 스승의 가르침 따라서 99인의 사람을 죽인 분입니다.

외도의 자기 스승이 '그대가 정말로 신통자재(神通自在)하는 부처님 법을 얻기 위해서는 사람을 하나 죽여서 그 사람 손가락 하나 자르고 또 한 사람 죽여서 손가락 자르고, 이렇게 손가락 백 개로 목걸이를 해라. 그러면 그대가 무상대도(無上大道)를 통해서 신통자재를 다 한다'고 하니까 그 고지식한 사람이 정말로 아흔 아홉 사람을 죽였습니다.

결국 사람들이 다 도망을 가버렸습니다. 앙굴마라는 굉장한 장사였습니다. 따라서 그 사람이 무서워서 그 사람이 지나가는 거리에는 사람이 없었습니다.

그러나 모자(母子)의 정은 지극한 정이기 때문에 자기 어머니께서는 '아, 저놈이 저러다간 굶어 죽겠구나' 하며 공양(供養)을 들고서 자기 아들한테 간단 말입니다.

그렇게 흉악무도한 아들이지만 어머니는 모정으로 해서 아들에게 밥을 주려고 가까이 갑니다. 사람을 99인을 죽였으니 사람이 환장하지 않겠습니까. 사람을 99명을 죽였으니 눈이 바로 설 수 있겠습니까. 자기 어머니가 어머니로 안 보입니다.

그래서 그 욕심만 생겨서 내가 빨리 도통해서 그래서 신통자재해서 많은 사람을 내가 지배하고 내가 한없는 행복을 느껴야 하겠구나, 이러한 탐욕심(貪慾心) 때문에 눈이 가려져 마음이 어두워져 자기의 소중한 어머니가 어머니로 안 보입니다. 그래서 어머니를 칼로 치려고 했습니다.

부처님께서는 멀리 계셨지만 부처님의 신통자재하는 그러한 묘지(妙智)로 해서 바로 그 앙굴마라 앞에 부처님이 나투셨습니다. 장사 같은 그 사람이 칼을 내리쳤지만 우주를 움직이는 부처님의 힘에 당하겠습니까. 앙굴마라의 그 칼을 든 팔이 조금도 움직일 수가 없었습니다.

앙굴마라가 부처님 제도를 받고 승려가 되었습니다. 승려가 되어

오래지 않아서 자신의 모든 죄를 참회(懺悔)하고 어떻게 지독하니 공부를 했던가 아라한과(阿羅漢果)를 성취했습니다. 아라한과는 성자의 지위입니다.

99인을 죽인 그 사람이 공부를 해서 성자가 되었습니다. 우리 가운데, 사바세계(娑婆世界) 인간 가운데 그보다 더 악독한 사람이 얼마나 있겠습니까.

따라서 그 사람도 역시 99인을 죽였다 하더라도 상대 유한적인 그런 문제는 우리 근본적인 절대적인 물질이 아닌 시간성도 공간성도 없는 우리 소중한 진여불성(眞如佛性)을 오염시킬 수가 없습니다.

따라서 우리는 어떠한 경우도 절대로 비관할 만한 아무런 이유가 없습니다. 다만 한탄할 것은 소중한 부처님의 가르침을 받았다 하더라도 우리 마음이 염념상속(念念相續)으로 상속을 못 시킨단 말입니다.

밥 먹을 때 끊어지고 누구하고 이야기할 때 끊어지고 텔레비전 볼 때 끊어지고 다 끊어져 버립니다.

정말로 우리 생명은 무상(無常)합니다. 무상이라 하는 것은 덧이 없다, 다만 찰나도 믿을 것이 없는 것이 무상입니다. 사람 마음도 마찬가지입니다.

아무리 친한 친구도 우리 범부의 마음은 조건부(條件附)입니다. 자기한테 좀 좋게 하니까 나한테 좋게 하는 것이지, 조금만 기분 나쁘게 해보십시오.

내외간에도 아무리 사랑한다 하더라도 남편이나 아내나 마음에서 그 시기심이 나도록 해보십시오. 그냥 돌아서 버립니다.

우리 중생 마음은 애정(愛情)이나 우정(友情)이나 절대로 절대적(絕對的)인 애정도 우정도 없습니다. 모두가 조건부입니다. 따라서 참말로 애정, 참말로 우정 같은 것은 성자만이 변동이 없습니다.

성자(聖者)한테는 욕을 하든 칼을 겨누어서 목을 찌르든 성자의 마음은 변동이 없습니다. 성자라 하더라도 자기 목을 찌르는데 왜 변동이 없는 것인가.

성자는 이 몸뚱이를 우리 중생같이 소중하게 보지 않습니다. 이따위 몸뚱이는 있으나 없으나 무방하단 말입니다.

몇 십 년밖에 못쓰는 이 몸뚱이가 없어진다 하더라도, 곧 죽어 없어진다 하더라도 상관이 없습니다.

우리 중생이 소중하게 생각하는 이 몸뚱이는 다시는 생기지 않습니다.

사실은 그러한 것이 아니란 말입니다. 죽자마자 그 순간 몸을 받습니다. 바로 순간 몸을 받습니다. 우리가 바로 살았으면 지금까지 쓰던 몸보다도 더 훨씬 좋은 몸을 받습니다.

좀 더우시더라도 참으시고 제 말씀을 들으시기를 바랍니다.

부처님 당시에 부처님 계시는 처소로 저 천리만리 먼 길에서 부처님 소문을 듣고서 부처님을 뵈러 오는 두 수행자가 있었습니다. 오는 도중에 두 수행자가 천리 길을 물어 물어서 부처님을 뵈러 온단 말입니다.

그 도중에 사막도 있고, 인도에는 데칸고원과 같은 험난한 곳이 많이 있습니다. 그러한 데를 거쳐서 오는 것이므로, 더구나 지금같이 교통수단이 좋을 때도 아니므로, 도보로만 걸어오기 때문에 굶기도 하고 물이 동나서 갈증 때문에 갈 수가 없단 말입니다.

그때 다행히 사막을 어느 정도 가니까 풀숲이 있는데 그 속에 조그마한 웅덩이가 보인단 말입니다.

그 웅덩이에는 피라미 같은 작은 고기들이 헤엄을 치고 있었습니다. 그 웅덩이의 물이 한 움큼도 안 되었는데 그 기분 같으면 죽도록 갈증이 심하므로 한입에 그 물을 다 들이마시고 싶단 말입니다.

그렇게 되면 그 웅덩이에 있는 피라미 같은 고기들은 응당 죽지 않겠습니까.

그래서 두 수행자 가운데 한 수행자는 내가 저 물을 마시면 살아서 그렇게 소중한 부처님한테 가서 내 생명보다 더 소중한 부처님을 만나 뵐 것인데 내가 이 물을 안 먹고 죽으면 그 소중한 부처님을 만나 뵙지 못하지 않는가?

이렇게 해서 한 수행자는 간절히 그 물을 먹고 싶고, 또 한 수행자는 내가 죽는다 하더라도 생명은 다 같은 것인데 내가 저 물을 먹어버리고 저 피라미들을 죽게 할 것인가. 이렇게 회의를 품었습니다.

그래서 저 물을 절대로 내가 죽더라도 먹을 수가 없다고 생각한 그 수행자는 그 물을 마시지 않고 정말로 목이 말라서 몇 걸음 못 가서 쓰러져 죽고 말았습니다.

그 물을 마신 또 다른 수행자는 천신만고(千辛萬苦) 끝에 부처님 회상(會上)에 가서 부처님을 만나 뵈었습니다.

부처님을 만나 뵙고 그 부처님의 감로법문(甘露法門)을 들을 때에

'나는 가까스로 살아와서 부처님 법문을 듣는데 그렇게 성실(誠實)하고 자비(慈悲)로운 내 도반(道伴)은 불행히도 부처님의 감로법문을 듣지 못하는구나.'

이렇게 생각할 때 도저히 눈물이 나와서 참을 수가 없었습니다. 부처님께서 그 모습을 보시고서 "그대는 내 말을 듣고서 왜 그토록 슬퍼하는가?" 부처님께서 미소를 지으면서 그렇게 말씀을 하셨습니다. 부처님께서는 전후 사정을 다 알고 계시는 분입니다.

우리는 부처님의 무량지혜(無量智慧)를 분명히 알고 믿어야 합니

다. 저 사람이 어떻게 해서 왔는가, 저 사람의 벗이 어떻게 죽었는가, 부처님은 다 아신단 말입니다.

진여불성(眞如佛性)자리는 다 아는 자리입니다. 우리는 우리 불성(佛性)자리를 '아! 기분이 좀 좋겠지. 우리가 불성을 깨달으면 좀 상쾌하겠지' 그러한 정도의 자리가 절대로 아닙니다.

부처님께서는 전후(前後) 사정을 다 아시므로 방긋이 미소를 지으면서 물었습니다. 그러니까 그 비구가 눈물을 거두면서 그런 말씀을 드렸습니다.

"사실은 저의 벗이 같이 오다가 저는 그 물을 마시고서 가까스로 부처님을 뵙고 청량법문(淸凉法門)을 듣는데, 제 벗은 그 곳에서 물을 마시지 않고서 그냥 쓰러져버렸기 때문에 부처님의 소중한 생명(生命)의 가르침을 듣지 못해서 슬퍼서 그러합니다."

그러하니까 부처님께서

"그대 벗은 죽자마자 도리천(忉利天)에 태어나서 지금 내 뒤에서 그대를 보고 참 성실한 친구구나, 이렇게 찬탄하는 마음으로 내 법문을 듣고 있느니라."

이렇게 말씀을 하셨습니다.

우리는 우리 눈에 보이는 세계만 전부라고 절대로 생각하지 마십시오.

철갑(鐵甲) 속에 들어 있다 하더라도, 앞서 말씀드린 바와 같이 몇 미터 두께의 철갑 속에 들어 있다 하더라도 우리 행동이 다 보이는 것입니다.

다른 사람들이 못 보니까 내가 아무렇게나 해도 된다며 소인들은 보통 남이 보지 않을 때에 아무렇게나 행동합니다. 그러나 남이 안 보는 것이 아닙니다.

영통(靈通)한 그런 분들은 가령 신장(神將)이 미국(美國)에 가서 있다 하더라도 지금 여기에 있는 사람들이 하시는 것을 다 보는 것입니다. 신장의 눈은 물질계(物質界)의 한계(限界)라는 것은 아무런 장애(障碍)가 되지 않습니다.

왜 그러한가.

우리 불자님들, 이 소식도 저한테 여러 번 들으셨지만 제가 다시 또 말씀드립니다.

물질이라 하는 것은 본래 없단 말입니다. 아! 공간성도 시간성도 있는, 내가 있고 네가 있고 자연계가 모두가 다 물질이 아닌가. 지구 덩어리도 또는 삼천대천세계, 또 지구의 60억 인구도 은하계도 모두가 물질이 아닌가.

그런 물질이 부처님 법으로 보면 있지 않습니다. 이러한 도리를 모르면 소승(小乘)이고, 이러한 도리를 알아야 대승(大乘)입니다.

기왕이면 다 대승이 되고 싶지 않습니까. 대승이 되어야 아까 제가 말씀드린 바와 같이 성난 파도가 솟구치는 생사고해를 건널 수 있습니다.

그렇지 못하면 생사고해에서 다시 함몰되고 맙니다. 우리 중생이 이것이 물질이다 하지만 그렇게 물질이 실존적으로 있는 것이 아니란 말입니다.

내 마음으로 내가 좋다고 느끼는 그 감각(感覺)이 본래 자취가 없지 않습니까. 또는 내가 상상(想像)하는 개념들이 자취가 없지 않습니까.

내가 의욕(意慾)하는 내 의지가 어디 눈에 보입니까. 내가 좋다, 궂다, 분별시비(分別是非)하는 그러한 우리 의식이 어디에 존재합니까. 이러한 것들이 사실은 존재하지 않는단 말입니다.

그와 똑같이 우리 중생들이 명명백백(明明白白)으로 이것은 산소(酸素)다, 이것은 질소(窒素)다, 이것은 분자(分子)다, 이것은 세포(細胞)다, 이것은 내 몸이라고 하는 이러한 것들이 본질에서, 본바탕에서 보면 있지가 않다는 것이 부처님의 가르침입니다. 있지 않으면 이러한 것들은 무엇인가.

저 산골짜기의 메아리가 있지 않듯이, 그림자가 실재가 아니듯이, 물 속에 비치는 달그림자가 실재가 아니듯이, 물질은 하나의 우리 염(念), 마음의 파도에 불과한 것입니다.

에너지가 바로 우주의 정기(精氣) 아닙니까. 우주의 정기 이것은 물질이 아닙니다. 시간성(時間性), 공간성(空間性)이 없으므로 물질(物質)이 아닙니다.

방금 제가 말씀드린 바와 같이 제 아무리 어렵더라도 이 소식을 되뇌고, 되뇌고 해야, 이 몸뚱이를 어느 순간 부처님한테 다 바치든가 말든가 또 남을 위해서 이 몸뚱이를 바쳐도 아무런 회한(悔恨)이 없단 말입니다.

그러나 내 몸뚱이가 실제로 있다, 내 재산이 꼭 내 소유다, 이 감투가 내 것이다, 이렇게 생각하는 한에는 참다운 지혜, 참다운 자비, 참다운 사랑, 참다운 우정은 못 나옵니다.

에너지의 파동이 이렇게 진동해서 전자(電子)가 되고, 저렇게 진동해서 양자(陽子)가 되고 또 그래서 중성자(中性子)가 되고 이러한 것들이 결합해서 산소(酸素)가 되고, 수소(水素)가 되고 세포(細胞)가 됩니다.

이렇게 되는 것이지 실존적(實存的)으로 그러한 파동은 머물러 있지 않습니다. 그러한 파동만이 있는 것이지 그것이 물질이 아닙니다.

그러기에 하이젠베르그의 불확정성(不確定性)의 원리라, 저 미세한 데 가서는 무엇이라고 확정을 지을 수가 없는 것입니다. 이것은 물리학(物理學)의 증명(證明)입니다.

소립자(素粒子)와 같은 저 미세한 데 가서는 어떻게 정의를 내릴 수가 없단 말입니다. 그 운동량(運動量)을 정확히 측정하려고 하면 그 위치(位置)를 알 수 없는 것이고, 그 반대로 위치를 정확히 측정하려고 하면 그 운동량이 불확정적입니다.

또 그 언저리에 가서는 시간성도 공간성도 어떻게 측정할 수가 없습니다. 또는 입자(粒子)인가 파동(波動)인가 하는 것도 알 수가 없습니다.

부처님 가르침은 이러한 것을 명백히 우리한테 가르치고 있습니다. 색(色)인 물질이나 소리나 냄새나 맛이나 촉감이나 이러한 것은 모두가 다 이것은 불성(佛性)의 진여법성(眞如法性)의, 진여불성(眞如佛性)의 하나의 형상화(形象化)이며 진여불성의 그림자에 불과한 것입니다.

우리 중생들은 억울하게도 그림자를 보고서 실재라고 보고, 우리 중생은 실제 성품을 모르는 것입니다. 이렇다는 것을 알아야 부처님 제자입니다. 우리 중생이 보는 모든 것은 그림자입니다.

우리 중생이 있지도 않은 것을 보고서 있다고 생각하기 때문에 갈

등이 생기고 싸움이 생기고 몇 천 번 싸워 이겨 봐도 우리한테는 아무런 소득이 없습니다.

결국은 공멸(共滅)이라, 같이 망하고 맙니다. 따라서 우리가 속물근성(俗物根性), 눈에 보이는 허망한 것에만 집착(執着)하고 살면 우리 지구상에 전쟁은 영원히 끝이 없습니다.

우리가 절을 가지고 있으면서 부처님 법을 포교한다 하더라도 내 신도(信徒), 네 신도, 저 사람은 내 절의 신도가 아닌데, 이러한 식으로 생각해서는 화합을 못합니다.

우리는 부처님 법을 실상대로 껍질에 걸리지 말고 알맹이대로 믿어야 합니다. 알맹이대로 믿어야 하루 닦으면 닦은 만큼 자기 마음이 차근차근 정화(淨化)가 되어 갑니다.

그렇게 닦아야 어느 누구하고도 다 화합(和合)을 합니다. 필요하면 자기 몸뚱이도 줄 수가 있는데 누구하고 화합을 못하겠습니까.

그렇게 살아가면 자기 몸에 대해서 별로 부담을 못 느낍니다. 이 몸뚱이는 오늘 죽어도 무방하고, 내일 죽어도 무방할 것이 아닌가. 꼭 녹용이나 인삼을 먹어야 할 것인가. 이러한 것을 먹는다고 꼭 오래 사는 것은 아니지 않습니까.

과거 전생에 얼마만큼 바르게 살았는가, 금생에 얼마만큼 바로 살았는가. 내가 올바르게 살았다고 생각할 때는 천지신명(天地神明)이 우리를 지키는 것입니다.

땅도 지키고 나무도 지키고 나무와 내가 둘이 아니고 자연과 내가 둘이 아니고 천지 우주와 내가 둘이 아니거늘, 내가 바로만 살면 나무도 숲도 개도 범도 사자도 모두가 다 나를 지키는 것입니다.

범이나 사자나 개나 그러한 짐승들이 무슨 이성적(理性的)인 뜻이 있을 것인가, 이렇게 생각을 하지 마십시오.

우리는 절에 가면 산신탱화(山神幀畫)를 보시지 않습니까. 산신님이 그 영악스러운 범의 머리를 어루만지는 것을 보십시오. 마치 고양이같이 산신님 앞에서 부드럽게 다소곳이 앉아 있습니다.

그런데 산신(山神)은 무엇인가. 산신 이것은 부처님의 정기가 산에 가 있으면 산신입니다. 부처님의 정기가 물에 가 있으면 용왕(龍王)입니다.

그러면 부처님 정기가 백두산이나 지리산이나 그러한 큰 산에만 있는 것인가. 부처님 정기는 그러한 큰 산에만 있는 것이 아니라 조그마한 손톱 위에 놓을 만큼 작은 흙더미 가운데도 부처님 정기는 충만해 있습니다. 무장무애(無障無礙)라, 부처님 정기는 조금도 대소의 한계가 없습니다.

유한상대(有限相對)의 물질계에 크고 작고 많고 적고의 한계가 있는 것이지, 부처님 세계에서는 크고 작고 또는 많고 적다는 한계가 없습니다.

따라서 나한테 있는 부처님 정기나 -나한테 있는 정기는 내 마음입니다- 물에 있는 부처님 정기인 용왕이나 산에 있는 부처님 정기인 그런 산신이나 또는 별에 있는 부처님 정기인 묘견보살(妙見菩薩)이나 모두가 다 똑같은 하나의 정기(精氣)입니다.

한계가 없습니다.

우리는 이렇게 부처님한테 가는 길 외에 우리가 가야 할 다른 선택의 길은 없습니다. 다른 선택의 길은 다 윤회(輪廻)의 길입니다. 뱅뱅 돕니다. 우리는 정말로 부처님 가르침을 결정신심(決定信心)으로 기필코 받아들여야 합니다.

기필코 믿기 위해서는 관세음보살(觀世音菩薩)이면 관세음보살, 나무아미타불(南無阿彌陀佛)이면 나무아미타불, 무(無)자 화두면 무자 화두, 옴마니반메훔이면 옴마니반메훔, 자기가 하는 공부를, 자기 집에서 공부하는 그 순간뿐만 아니라, 입으로는 밥을 먹어도 속으로는 부처님의 공부가 그대로 흘러 있단 말입니다.

잠을 잘 때도 우리가 부처님을 흠모추구(欽慕追求)하고 부처님한테 지향하는 마음이 그대로 흘러 있단 말입니다.

흘러가는 물도랑을 왼쪽으로 내면 물이 왼쪽으로 흘러가고 물도랑을 오른쪽으로 치면 오른쪽으로 흘러가지 않습니까. 그와 똑같이 우리가 잠자기 전에 텔레비전이나 보고 재미난 것만 생각하면 꿈속에서도 그러한 것들이 많이 나옵니다.

그러나 부처님을 생각하고 잠이 들면 우리가 꿈속에서도 내내 부처님 생각을 하는 것입니다. 잠을 자면서도 공부할 수가 있습니다. 우리 공부하기가 이렇게 참 쉬운 것입니다. 그렇게 하면 꿈도 가볍고 잠을 깬 다음에는 몸도 굉장히 가볍습니다.

사람들은 그렇게 살기가 쉬운 것인데 자꾸만 자기가 지어서 어려운 쪽으로만 갑니다.

부처님을 생각하고 부처님 공부를 계속적으로 하면, 지속적으로 하면, 염념상속(念念相續)을 하면, 그때는 우리 마음이 차근차근 부정적인 업장(業障)의 씨앗보다는 선업(善業)의 종자가 차근차근 더 맑아집니다.

선업의 종자가 나쁜 업장의 종자보다 비중(比重)이 더 많으면 결정신심(決定信心)이라. 우리 공부가 이제는 후퇴(後退)되지 않습니다. 우리 잠재의식에 그런 선업의 종자가 악업의 종자보다 더 많으면 그때는 우리 공부에 후퇴가 없습니다.

그러나 보통은 우리가 조금 더 노력하면 선업의 종자가 많았다가, 또 함부로 게으름 부리면 적었다가, 이렇게 시소게임 같이 오르락내리락합니다. 따라서 결정신심으로 해서 기어코 내가 해내겠다, 마음먹어야 합니다.

이렇게 제가 말씀드려도 실감이 잘 안 나시겠지요. 참선(參禪)을 해도 참선 그것이 쉬운 것이 아니지 않은가. 꽤 어렵고, 염불(念佛)을 하거나 기도(祈禱)를 모셔도, 삼일이나 일주일 동안이나 모시면 굉장히 어렵지 않겠는가, 이렇게들 생각합니다만 그렇게 어려운 것이 아닙니다.

어렵지 않으나 무슨 일이나 한 고비가 있지 않습니까. 한 고비를 올라갈 때는 좀 어려워도 고비만 넘으면 그때는 내리막길입니다. 보통 사람들은 고비까지 못갑니다.

잠이 쏟아지게 오고 그렇게 망상(妄想)도 많이 나오고 몸도 괴롭고 다리가 쑤시고 어깨가 저리고 이러한 때가 누구나 다 있습니다. 그러나 이 몸뚱이가 죽어도 별 것이 아니다, 이 몸뚱이에 대한 애착만 놓아버리면 빨리 고비가 옵니다.

빨리 고비를 넘습니다. 그러나 자기 몸뚱이 애착을 못 놓으면 공부를 좀 한다 하더라도 고비를 못 넘고 맙니다. 고비를 못 넘으면 자기 몸뚱이가 항시 천근만근 무겁단 말입니다.

앞서 제가 말씀드린 바와 같이 천지우주에 물질은 눈곱만큼도 없고 다 모두가 불심(佛心), 부처의 마음이란 말입니다.

순수에너지, 우주의 정기, 불심, 부처 이것만이 우주에는 존재하고 다른 것은 모두가 다 우주에너지인 불심이 어떻게 진동하는가, 어떻게 운동하는가, 어떻게 결합되는가, 그것에 따라서 상(相)만 보입니다.

우리 중생(衆生)은 상(相)만 보고 진정한 불심(佛心)은 못 봅니다.

따라서 내가 보는 것은 좋든 궂든 이것은 다 실재가 아닌, 물위에 비치는 달그림자, 또는 산골짜기에서 울리는 메아리, 또는 형체에 의해서 이루어지는 그림자, 이렇게 생각을 하셔야 합니다.

그렇게 하는 것이 부처님 법을 믿는 것입니다.

이와 같이 물질은 조금도 없기 때문에 내 소중한 몸뚱이도 물질이 아니란 말입니다.

내 소중한 몸뚱이가 물질이 아니거니 물질이 아닌 자기 몸이 무슨 무게가 있습니까. 몸이 무게가 없습니다.

산길을 몇 십 리를 올라가면 피로하시기도 하겠지요. 그러나 그러한 때는 부처님 법을 반조(返照)해서 한 번 생각하십시오.

내가 지금 분명히 다리가 아프고 무거운데 본래에서 보면 이 몸뚱이가 없지 않은가, 공이지 않은가, 공이므로 무게가 없지 않은가, 무게만 없을 뿐만 아니라 맛도 촉감도 없지 않은가, 촉감도 없을 때는 아픈 것도 없지 않은가.

아픈 것도 무게도 맛도 모두가 다 본래는 없습니다.

반야심경(般若心經) 도리를 다 아시지 않습니까. 무색성향미촉법(無色聲香味觸法)이라. 색이나 소리나 냄새나 맛이나 촉감이나 또는 우리 의식이나 모두가 텅 비었단 말입니다.

이 무게가 없는 것을 우리 나쁜 습관 때문에, 삼독심(三毒心)을 못 떠나버린 우리의 잘못된 그런 무지(無知) 때문에 이 몸을 내 것이라고 생각하고, 내 것이라고 생각하면 그 순간부터 차근차근 무게가 생깁니다.

돌이켜보면 생각이 무슨 무게가 있겠습니까. 중생의 마음은 애착을 품을수록 무게는 더 무거워집니다. 애착을 품을수록 조금만 아파도 그냥 아픈 것을 잘 못 참습니다. 이 몸뚱이는 내 것도 아닌데 죽든가 말든가 이렇게 생각하면 그렇게 영양소를 많이 안 먹어도 살아가고 몸이 가볍게 지내는 것입니다.

우리가 그렇게 몸뚱이의 노예가 되어서 살 필요가 없습니다. 금(金), 은(銀), 다이아몬드로 우리 몸을 장식할 필요도 아무것도 없습니다. 차라리 몽땅 놓아서 남한테 베풀면 그것이 공덕(功德)이 됩니다.

정말로 우리가 바로 살아야 합니다. 부처님 제자라는 것은 그냥 말로만 듣고 그렁저렁 사는 것이 아니지 않습니까. 그 태국(泰國)의 잠롱 시장을 보십시오.

얼마나 좋습니까. 적게 먹고 적게 쓰고 많이 벌어서 남한테 베풀고 이렇게 되어야 참다운 불자입니다. 이렇게 되어야 재가불자(在家佛子)입니다.

내가 있는 절이 설사 아무도 오지 않아서 지붕에 비가 새어서 하는 수없이 그 집이 쓰러지면 그것이 무엇입니까. 기왕이면 쓰러지지 않고 좋은 전당이 되면 좋겠지요.

그러나 내가 전생에 복(福)을 못 지어서 나한테는 아무도 찾아오지 않아서 내가 사는 절이 지금 곧 쓰러진다 하더라도 그 밑에서 도인(道人)이 나오면 됩니다.

천막을 치고 있다 하더라도 무수한 불자가 모여서 바른 부처님 공부를 하면 됩니다. 그러나 가급적이면 무리 없이 정답게 해서 장엄한 전당이 있으면 좋겠지요. 그러나 절대로 부처님 법도를 떠나서 해서는 안 됩니다.

나와 남이 둘이 없고 모든 중생이 다 본래로 부처님이라, 99인까지 죽인 사람도 부처님께서는 조금도 차별 없이 대했습니다. 그것이 불심입니다.

우리는 관세음보살님이 손을 척 들고서 어떠한 중생이나 나는 해치지 않는다, 그대가 총으로 나를 쏜다 하더라도 나는 그대를 해치지 않는다, 이것이 관음보살의 무외시인(無畏施印)입니다. 없을 무(無), 두려울 외(畏), 베풀 시(施), 그대는 나한테 조금도 두려움을 갖지 말라는 것입니다.

그러나 우리 중생들은 그렇게 안 됩니다. 조건부로 저 사람이 나한테 좋게 할 때 미소를 짓지만 한번만 욕하면 그냥 소리를 높입니다.

우리가 부처님한테 나아가는 길, 이것은 세상에 더없는 행복한 길입니다. 모두를 다 바쳐도 이것은 조금도 후회가 안 되는 길입니다. 그러면 내 아들이 못살지 않는가, 또는 무엇이 못되지 않는가, 절대로 못되는 것이 아닙니다.

자기 부모가 부처님 길을 바로 간다면 자기 아들한테 여태까지 밥을 세 끼를 주다가 한 끼만 주었다 하더라도 그것이 공덕이 못되는 것이 아닙니다. 보다 더 큰 공덕이 되는 것입니다.

우리는 어떠한 누구한테나 어느 친구한테나 남편한테나 아내한테나 자기 제자한테나 모든 누구한테나 부처님 법으로 인도하는 것 외에 보다 더 큰 베풂은 없습니다.

그렇게 하기 위해서는 우리 스스로가 먼저 정답게 법(法)대로 살아야 합니다. 이렇게 해서 앞서 제가 말씀드린 바와 같이 결정신심이 딱 되어서 후퇴가 없는 신심, 후퇴가 없는 신심은 우리 의식 가운데에 나쁜 업보다는 좋은 업이 보다 비중이 더 많은 때에 후퇴가 없습니다.

반반(半半)이면 그때는 위험하겠지요. 그리고 우리 마음에 있는 업(業)의 종자가 더 많고 그 반대로 해탈(解脫)의 종자가 더 적을 때는 항시 우리는 불안하고 후퇴하곤 합니다.

그러나 우리가 부단히 공부해서 상속적으로 −지금 이 말씀을 들으실 때도 여러분들 마음을 훤히 밝은 조금도 일그러짐이 없는, 낳지 않고 죽지 않는 그 부처님의 그 광명의 자리, 그 자리에 마음을 두고 들으십시오− 누구한테 가서 부처님 경론을 듣는다 하더라도 여러분들 스스로 반야심경이나 금강경을 보신다 하더라도 우리 마음이 성품자리에 가 있으면서 법문을 보고 듣는다면 '아! 그렇구나' 하고 그냥 납득이 되십니다.

우리 근본 성품은 앞서 말씀과 같이 한도 끝도 없는 보배입니다. 여의보주(如意寶珠)라! 모든 보배가 다 나오는 보배 중의 보배가 우리 마음입니다. 천지를 다 얻는다 하더라도 이 보배를 놓치면 우리한테는 아무 가치가 없습니다.

따라서 그 보배가 꼭 옳다고 믿는 그 마음, 그 마음이 우리 불자인데 거기까지 되었다 하더라도 아직은 간혜지(乾慧地)라.

바싹 마른 지혜입니다. 바싹 마른 지혜는 우리를 생사해탈(生死解

脫)하게 할 수 없습니다. 앞서 말씀드린 인생고해(人生苦海)를 건너갈 수 없습니다.

어떻게 해야 건너갈 것인가 —저희들이 혹시 다시 못 만나는 경우가 있다 하더라도 여러분들께서 기억을 확실히 하시기 위해서 말씀드립니다— 별시(別時)공부라!

우리가 공부하는 방법을 안다 하더라도 하루나 이틀이나 사흘이나 일주일이나 한 달이나 또는 몇 달씩이나 이렇게 지속적으로 공부하는 기회를 가지셔야 합니다.

그렇게 해야 우리의 지혜가 바싹 마른 간혜지가 되지 않고 참다운 진지(眞智)라, 참다운 지혜가 됩니다.

우리 성자가 아닌 지혜는 모두가 바싹 마른 지혜입니다. 바싹 마른 지혜로는 우리를 참답게 해탈시킬 수가 없습니다. 참다운 행복을 보장할 수가 없습니다. 그러나 참다운 해탈만이 진정한 자유(自由)요, 진정한 행복(幸福)입니다. 진정한 영생(永生)입니다.

따라서 여기에 가기 위해서 방금 제가 말씀드린 바와 같이 어떠한 공부 방법이 되었든 우리가 하는 공부를 '오 주여!', '하나님이여!'

그것도 좋습니다.

내내야 어느 것이나 표현은 상관이 없고 그 내용의 알맹이가 모두가 다 내 생명(生命)의 본체(本體)인 동시에 우주(宇宙)의 본체(本體), 그 자리에다 우리 마음을 두고 공부하신다면 이름은 어떻게 부르나 상관이 없습니다.

따라서 그 자리를 사흘이고 나흘이고 한 달이고 그렇게 지속적으로 공부를 하셔야 그래야 우리 마음이 부정적인 업보다도 긍정적인 선업의 힘이 차근차근 강해집니다.

그렇게 되는 것인데, 그렇지 못하고서 그냥 일상적으로 매몰되어 앞서 말씀드린 충실한 아내, 충실한 남편, 충실한 어버이, 다 이렇게만 되면 그만 아닌가, 아들한테 우리가 잘할 때도 부처님 자리를 떠나지 않아야 합니다.

남편한테 잘할 때도 부처님 자리를 떠나지 않아야 합니다. 그래야 우리 공부가 손해를 보지 않습니다.

상대 유한적인 것에 휘말려버리면 제 아무리 인간적인 의미에서 아들한테 딸한테 아내한테 잘한다 하더라도 그것은 해탈의 공부는 못되는 것입니다.

따라서 누구한테든지 우리가 인간인지라 다 잘해야 하겠지요.

좋은 아내, 좋은 남편, 좋은 부모가 꼭 되어야 합니다. 그러나 우리가 그냥 상대적인 효성(孝誠) 또는 상대적인 자비(慈悲), 이러한 것은 참다운 사랑, 참다운 효성, 참다운 자비가 못됩니다.

우리 마음이 진여불성(眞如佛性)에 머물러 있으면서 해야 참다운 효성이고 참다운 사랑이 되는 것입니다. 그래야 참다운 우정입니다. 이렇게 하는 공부를 별시공부라, 다를 별(別), 때 시(時)입니다. 사흘이나 일주일이나 한 달이나 그렇게 하셔야 합니다.

우리 출가한 스님들은 기도를 모시고 불사(佛事)를 많이 하시지 않습니까. 자기 소원은 커다란 집을 지어서 모든 중생들을 공부하게끔 하고 싶다, 이렇게 소원을 세우지만 소원이사 누구나 세울 수가 있겠지요.

그러나 그 소원이 성취가 되기 위해서는 쉽지가 않단 말입니다.

그렇게 되려면 기도를 잘 모시고 참선을 많이 해서 우리 마음이 불심하고 거리가 가까워져야 합니다.

우리 마음이 불심하고 거리가 가까워지고 또 우리 정성이 산에 있는 산신, 물에 있는 용왕 또는 흙에 있는 지장보살(地藏菩薩)의 영험한 기운 또 천지우주는 부처님 기운으로 되어 있으므로 우리가 부처님 공부를 하면 나무나 흙이나 모두가 다 우리가 하는 행동에 감동(感動)하는 것입니다.

이렇게 하면 우리 불사가 다 잘 됩니다.

이렇게 해서 별시공부, 사흘이고 일주일이고 한 달이고, 정말로 인생이 급합니다. 순식간에 가버립니다. 올해는 그렇게 할 수가 없고 명년(明年)되면 아들도 딸도 여의고 일주일이나 공부해야지, 이렇게 생각을 마십시오.

사람은 허망하지 않습니까. 앞서 제가 말씀드린 바와 같이 가장 중요한 것이 머리 위에 붙은 불을 끄듯 자기가 지금 좋은 집에 못 살아도 손해가 없습니다.

그런 것이 무슨 문제입니까. 우리 마음이 얼마만큼 부처님한테 가까이 접근했는가, 그것이 문제입니다.

그와 같이 해서 우리 마음이 부처님과 가까이 되면 부처님은 분명히 우주에 가득 찬 광명(光明)입니다. 부처님은 지혜와 행복과 자비와 일체공덕을 갖춘 광명입니다.

그러한 광명을 그런 보배를 우리가 순간순간 봅니다. 그런 가시적인 눈부신 광명이 아니라 청정광명(淸淨光明)이라.

어디에 걸림이 없고 산에도 걸림이 없고, 천지우주의 어느 별에도 걸림이 없고 우주에 무장무애라, 걸림이 없는 그런 광명을 우리가 순간순간 보는 것입니다.

그러한 광명을 못 보았으면 우리 공부가 아직까지 번뇌(煩惱)가 그만큼 남아 있다는 증거입니다. 우리 마음은 원래 광명입니다. 우주의 순수에너지는 원래 광명인 것입니다.

전자나 양자나 또는 광자(光子)나 모두가 다 방사광선(放射光線)입니다. 일체물질을 구성하고 있는 이른바 전자기(電磁氣), 그것이 광명 즉 빛입니다. 그런 빛이 물리학적으로 볼 수 없는 가장 기본적인 빛이 우리가 공부를 하면 우리의 청정한 안목으로 해서 우리한테 비추어 옵니다.

그러한 빛의 일부가 흐릿하나마 우리한테 비추고 있는 것이 우리 눈 아닙니까. 지금 반짝반짝 빛나는 여러분들의 눈이 모두가 다 부처님의 광명이 제한된 채로 비추어 옵니다.

일주일이나 또는 며칠 동안 참선을 하고 염불이나 기도를 모시면서 거울을 놓고 자기 눈을 보십시오. 어린애 눈같이 맑게 비추어옵니다. 우리 생명은 바로 빛입니다.

그러한 빛을 앞서 제가 말씀드린 바와 같이 지속적으로 별시수행(別時修行)으로 사흘이나 일주일이나 한 달이나 이렇게 하시면 꼭 보시는 것입니다.

꼭 그 빛을 보신 다음에는 공부에 후퇴가 없습니다. 정말로 부처님 공부는 거짓이 없구나, 빛을 볼 때는 자기 몸이 조금도 무게가 없이 환희용약(歡喜踊躍)이라. 그러한 빛을 볼 때는 환희용약이라, 마치 뛰놀듯 감격(感激)과 행복(幸福)을 느낍니다.

자기 몸뚱이는 홀연히 순교(殉敎)도 하고, 그런 사람들은 그와 같은 광명(光明)을 나름대로 조금씩 경험한 사람들이므로 그렇게 순교를 하는 것입니다.

그래서 그러한 광명이 공부가 차근차근 나아가면 나아갈수록 더욱더 광범위하게 빛나서 드디어는 우주 전부가 다, 이것이나 저것이나 우주의 두두물물(頭頭物物), 우주 만상의 모두가 다 광명으로 빛나버린단 말입니다.

따라서 우주는 광명의 세계가 됩니다.

극락세계(極樂世界)는 바로 광명의 세계입니다. 화장세계(華藏世界)라, 극락세계라, 광명세계(光明世界)가 모두가 하나의 뜻입니다. 하나를 두고 하는 말입니다.

꼭 부처님의 가르침, 부처님의 가르침 이것은 생명의 가르침입니다. 다시 우리가 반항(反抗)할 수 없는, 다시 아니 갈 수 없는, 우리 다른 선택을 할 수 없는, 오직 외길 청정(淸淨)한 길입니다.

이 길도 그렁저렁 가서는 소중한 보배를 얻지를 못합니다. 내 생명의 참다운 자리, 참 진(眞), 나 아(我), 진아(眞我). 큰 대(大), 나 아(我), 대아(大我).

참다운 자기 본래면목(本來面目), 그 자리가 바로 참다운 자기 주체(主體)입니다.

그 자리를 안 떠나고 말하고 행동하고 또는 정치를 하고 그래야 주체성(主體性)을 떠나지 않고 한다고 말할 수가 있는 것입니다.

이렇게 하셔야 우리 마음, 본래 부처, 우리 마음은 거리낌이 조금도 없습니다.

물질이라는 것은 원래 아무것도 없이 모두가 다 불심(佛心)으로 충만(充滿)해 있습니다. 성자(聖者)의 눈으로 보면 오직 불심만이 우주에 가득 차 있습니다.

우리는 지금 잘못 보고 있는 것입니다. 우리 중생은 그림자나 가짜만 보는 것입니다.

꼭 자기한테 맞는 수행법(修行法)을 골라서 꼭 사흘이나 일주일이나 한 달이나 별시수행(別時修行)을 하십시오. 별시수행으로 해서 공부하는 것은 제아무리 바쁜 사람이라 하더라도 가장 소중한 일을 선행적으로 하시는 것이 됩니다.

지금 주부로서 소임을 다 하시면서 충분히 공부하실 수가 있습니다. 자기 직장이 있다 하더라도 연가(年暇)를 내서 어디에 가서 일주일이나 한 달이나 공부해도 좋습니다.

어떻든 간에 별시수행(別時修行)으로 내 생명의 본바탕인 동시에 모든 생명의 본바탕인 이런 광명을 본다면 자기 좋고 자기 동생 좋고 집안 좋고 사회 좋고 다 좋은 것입니다.

어느 회사에 그러한 사람이 한 분만 있다 하더라도 그 회사의 보배입니다.

꼭 이렇게 하셔서 금생(今生)에 누구한테 꾸어온 것도 아닌, 돈 투자해서 우리가 찾는 것도 아닌, 가장 기분 좋게 하는 공부, 이러한 공부로 해서 누구나가 좋아하는 그런 공부, 이러한 공부로 해서 금생에 꼭 광명(光明)을 보시기를 바랍니다.

광명(光明)을 보셔서 영생(永生)의 행복(幸福)을 누리시기를 바라 마지않습니다.

나무아미타불(南無阿彌陀佛)! 나무석가모니불(南無釋迦牟尼佛)!
나무마하반야바라밀(南無摩訶般若波羅蜜)!

五. 나무아미타불(南無阿彌陀佛)

> 믿으십시오. 믿으셔야 합니다. 부처님은 내 생명의 본질인 동시에 우주의 본체이며 그 가운데는 무량의 공덕이 다 들어 있다고 했습니다.

나그네 길

추풍낙엽이라, 만추(晚秋)의 가을바람에 낙엽이 우수수 떨어지고 있습니다.

보통 우리 인생을 가리켜서 '나그네 길' 이라 이렇게 표현을 합니다. 그러나 우리 인간만이 나그네는 아닙니다. 우리 인간 존재가 지금 살고 있는 이 세상은 분명히 '나그네 길' 입니다.

그러나 이 인간세상뿐만이 아니라 과거 전생이나 미래 내생도 모두 '나그네 길' 입니다.

불교말로 하면 '삼계유여객사(三界唯如客舍)'라. 욕계(欲界), 색계(色界), 무색계(無色界), 모두가 하나의 객사에 지나지 않습니다.

따라서 이와 같은 나그네 길은 마땅히 출발점이 있어야 할 것이고, 따라서 종착점이 응당 있어야 합니다.

우리는 어디서 출발했을 것이며, 또 지금은 인간세상에 있지만 앞으로 어떻게 해서 종착점에 갈 것인가.

이러한 것은 근본적인 가장 중요한 문제입니다.

그런데 우리 인간들은 먹고, 살고, 입고 하는 의식주에 바쁘다 보니까 보통은 이런 본질적인 문제를 잊어버리기 쉽습니다. 이러한 본질적인 중요한 문제는 잊어버리고서 우리가 구하는 것은 한도 끝도 없이 가지가지로 많습니다.

예를 들면 먹는 것이나 입는 것이나 사는 것이나 또는 같은 인간끼리 사귀는 남녀간이나 친구지간이나 어떤 관계나 모두가 다 완벽한 그러한 관계를 우리는 추구합니다.

그러나 그런 관계를 추구하는 것들이 이루어질 수가 있을 것인가?

우리 인간의 근본 번뇌, 고(苦) 가운데도 있듯이, '구불득고(求不得苦)'라. 구하지만 우리가 얻을 수가 없단 말입니다. 자기 분수에 맞게끔 인간은 인간대로 또는 아들은 아들대로, 어버이는 어버이대로 정답게 분수에 맞는 것을 요구한다면 모르겠지만 대부분 다 자기 분수를 떠나서 구합니다.

그렇기 때문에 우리가 구하는 것은 얻을 수가 없이 항시 불만스러운 것이 전부입니다.

'아프지 않겠다'고 마음을 먹는다 하더라도 어느 날엔가 우연히 아프고 맙니다. 젊은 날은 내 소중한 젊음이 조금도 변화가 안 되고 항상 계속되겠다, 하지만 세월 따라서 주름살도 생기고 하지 않습니까. 이와 같이 '나그네 길'이라는 것은 그때그때 변화무상한 것인데 우리 중생들은 자기가 좋은 쪽으로만 변화되기를 바랍니다.

정말로 우리 인생은 이것저것 따지고 보면 고생 바다이고 종단에는 그렇게 하다가 이 몸뚱이 몽땅 버리고 죽고 마는 것인데 어차피 죽을 수밖에 없는 것입니다.

그렇게 생생하고 울창하던 숲들이 이렇게 다 일그러지고 추풍낙엽이 되어 떨어지는 만추의 계절, 이런 때는 정말로 우리 인생도 저와 같이 될 수밖에는 없겠구나.

평소에는 우리가 들뜨고 바빠서 미처 못 느꼈다 하더라도 이 가을, 만추에만은 자기 본질적인 인생의 문제를 회고해보고 성찰을 해 보아야 하는 것입니다.

성자의 가르침은 '나그네 길'의 등불

 대체 나는 지금 어떻게 살고 있는가, 우리는 각자 성자의 가르침 따라서 정답게 살고 있는가. 성자의 가르침은 우리 나그네 길에서 하나의 등불입니다.

 그 분들은 인생과 우주의 본 바탕을 훤히 깨달은 분들이고 또 우리 출발점은 어디고, 목적지는 어디고, 어떻게 가야만이 바르게 한눈팔지 않고서 목적지에 도달할 수 있을까 하는 그러한 것을 극명하게 우리한테 가르치신 분들입니다.

 우리는 지금 세계화, 국제화 시대에 살고 있기 때문에 그러한 성인들의 가르침도 포섭하고 같이 대비해가면서 화합해야 하는 것인데 그렇지 않고서 우리가 믿는 종교의 가르침만이 최고다, 이렇게 생각해서는 화해를 못합니다.

 또는 다른 가르침에는 진리가 없고 우리 불교만이 유일하게 옳다고 생각할 때는 할 수없이 다른 가르침을 배격도 해야 하겠습니다만 사실 핵심은 다 똑같습니다.

 이른바 근본주의(根本主義) 또는 원리주의(原理主義)라, 이런 말씀이 있지 않습니까. 우리는 진리에 있어서 근본주의나 원리주의 이런 편협한 경색주의를 떠나야 합니다. 꼭 자기 것만이 옳다 하는 이런 것을 떠나지 못하면 국제화 시대에 있어서 어떤 면으로나 우리가 바로 설 수가 없습니다.

자기 마음도 더욱 더 부담스럽고 남한테 화해도 못하고 국제간도 마찬가지입니다.

따라서 우리는 이러한 우리 지표, 우리 등불이 바로 성자의 가르침인데, 성자들의 가르침은 출발점이나 목적지는 똑같습니다. 다만 어떻게 우리가 목적지에 도달할 것인가, 그런 방법적인 문제만 차이가 있습니다.

오늘은 특히 그런 방법론적인 문제에 관해서 제가 말씀을 주로 드리겠습니다. 여태까지는 그냥 윤곽만 말씀을 드렸지만 우리한테 가장 소중한 것은 내가 어떻게 공부를 할 것인가, 어떻게 공부를 해서 목적지에 이를 것인가, 어떤 방법이 지름길인가, 이런 것에 역점을 두고서 말씀을 하겠습니다.

생사대사(生死大事)

생사대사(生死大事)라.

이것저것 인간세상에 중요한 일이 많이 있으나 역시 죽고 살고 하는 그 문제가 제일 크지 않습니까.

어떠한 물질적인 풍요라든가 고귀한 지위라든가 우정이나 애정이나 그런 건 모두가 다 죽음 앞에서는 무엇이 남습니까? 아무 것도 없습니다.

우리는 죽음의 문제를 소홀히 생각합니다. 위대한 분일수록 죽음의 문제를 항시 느끼고 삽니다. 사실은 우리 삶 자체가 죽음의 물결 위에 잠시간 떴다 꺼졌다 하는 물거품에 불과합니다.

죽음의 문제를 바로 본다고 생각할 때에 불교의 말씀으로 하면 이것은 염사(念死)라, 생각할 념(念), 죽을 사(死)입니다. 죽음을 생각한단 말입니다.

우리가 건강할 때는 항상 건강할 것같이 함부로 먹고 함부로 행동을 합니다만 아파보면 그때는 주의하지 않습니까.

마찬가지로 죽음을 좀 독하게 생각한다고 할 때는 우리 행동을 함부로 못합니다.

종교의 가르침이 아니더라도 나는 종단에 죽어야 할 것인데, 아직 젊은 세대는 다른 사람의 죽음도 별로 경험도 않고, 또 부모님도 살아 계시는지라 죽음에 대한 실감이 별로 안 나지만 저같이 나이가 꽤 많이 먹은 사람들은 전쟁에 나가서 죽은 사람도 많이 보고, 또 6.25 사변이라고 하는 그 무시무시한 때에 총으로도 아니고 장작개비로 사람을 때려서 죽이는 것도 무수히 보았습니다. 죽창으로 찔러 죽이는 것도 보았습니다.

변고나 기타 천재지변으로 인한 죽음이나 어떻게 죽든지 간에 어느 누구나 조만간에 빠르고 더딘 차이뿐인 것이지 다 죽고 마는 것입니다.

따라서 부처님 가르침도 '불출세 일대사 인연(佛出世 一大事 因緣)'이라.

부처님께서 출세하신 가장 큰 일이 무엇인가 하면 '생사대사(生死大事)'라. 죽음의 문제란 말입니다.

공포, 공포 하지만 죽음의 번뇌가 제일 큽니다. 따라서 부처님 가르침이나 다른 종교의 가르침이나 모두가 생사대사라 죽음의 문제를 해결하는 것입니다.

영생(永生)이라. 영생은 죽음의 반대가 아니겠습니까. 우리가 과연 영생을 할 수가 있을 것인가, 이런 것에 무진 애를 많이 씁니다.

삼천갑자 동박삭이도 그렇게 살려고 애써서 삼천갑자 동안이나 살았지만 결국은 죽음인 것이고, 진시황이 불로장수하기 위해, 늙지 않고 장수하기 위해서 가지가지 꾀를 많이 부렸지만 지금 어디 흔적이나 있습니까.

그런데 다행히도 성자의 가르침은 죽음의 문제를 완벽하게 해결해 주었습니다.

우리는 아까도 말씀드린 바와 같이 가장 큰 문제, 가장 근본적인 문제가 우리가 태어나서 어떻게 살다가 어떻게 죽을 것인가. 이런 문제를 해결하는 것이 가장 시급하고 큰일입니다.

우리가 재가불자로서 부처님 공부를 할 때나 또는 수행자가 되어서 공부할 때나 이 문제하고 맞닥뜨려서 이겨야 하는 것입니다.

그렇지 못하면 우리가 인생으로 태어난 아무런 보람이 없습니다. 왜냐하면 다른 것은 모두가 다 죽음의 무덤에 함께 다 들어가기 때문입니다.

소중한 금쪽같은 자기 몸뚱이가 죽음의 무덤에 들어가는데 자기 집이나 자기 금, 패물이나 그런 것이 죽음의 무덤에 같이 안 들어가겠습니까.

그러나 성자의 가르침에는 죽음을 이기는 참 지혜가 있습니다. 죽음을 이기기 위해서 어떻게 닦아야 할 것인가?

부처님 가르침은 공식

그런 지혜와 수행에 대해서 우리가 명확히 알아야 합니다. 부처님 가르침이나 성자의 가르침은 공식과 같습니다.

공식같이 명료한 것인데 우리 중생들이 어쭙잖게 생각을 하는 것입니다.

공식과 같은 것이므로 공식대로만 생활하면 됩니다.

여러분들 다 아시는 바와 같이 계정혜(戒定慧) 삼학도(三學道)라, 계율을 잘 지키고, 참선(參禪) 염불(念佛)해서 우리 마음을 맑게 하고, 마음을 맑게 하다 보면 본래 생명자리, 진여불성(眞如佛性) 자리가 훤히 밝아 온단 말입니다. 그렇게 되어서 참다운 해탈의 지혜가 옵니다.

그러나 우리 중생들은 생명의 실상(實相)자리, 생명의 본질을 미처 모르는 것이므로 우선은 부처님이나 또는 정통 조사(祖師)나 과거 선지식들의 말씀을 우리가 들어야 하는 것입니다.

그렇기에 우선 중생들에 있어서는 믿음이 가장 소중합니다. 우리가 아직은 진리를 체험도 못하고 우리한테는 소원한 그런 진리이기 때문에 우선은 믿어야 하는 것입니다.

그런데 지금 신앙을 갖는 분들이 대체로 믿음이 부족합니다. 저도 여태까지 그때그때 법문을 했습니다만 믿음을 보다 더 역설해야 할 것인데 너무나 추상적으로만 흘러버렸구나, 이렇게 반성을 많이 합니다.

그래서 오늘은 수행론에 있어서 믿음에 대해서 역설하고자 합니다. 우리 불자님들 우리 인생 이것이 현상적인 존재입니다. 현상이라 하는 것은 실상이라는 우주의 본질로부터 인연 따라서 잠시 모양을 나툰 것입니다.

부처님 가르침에 있어서 현상(現象)과 실상(實相)을 분명히 아셔야 합니다. 우리 중생들이 보는 이것은 자기를 위시해서 삼천대천세계 모두가 다 현상입니다.

잠시 존재하는 그런 현상에 불과합니다. 영생불멸(永生不滅)한 진여실상(眞如實相)은 우리 중생은 볼 수가 없고 성자는 그 자리와 홀연히 일치가 되는 것입니다.

영생불멸한 그 자리로부터 인과의 법칙 따라서 잠시간 이렇게 저렇게 모양을 나툰 것이 현상인 것입니다.

그런데 역사 이래 우리 인류가 불행한 것은 무엇인가. 기왕 우리가 인류로 태어났으면 같이 화합하고 같이 평등하고 같이 자유스럽게 살면 좋을 것인데 그렇게 살지 못하고 분열과 반목과 싸움과 이런 것이 연속되었던 것입니다.

생각해 보십시다. 우리 한국도 단군 개조 이후에 얼마나 많이 싸웠습니까. 병자호란이다, 임진왜란이다 그 큰 것은 그만 두고라도 우리 민족이 외침을 당한 것이 900번 이상이라 합니다.

그래도 정신을 못 차리고서 이조 말엽에 당쟁을 하다 나라를 말아먹고 말았던 것입니다.

지금도 마찬가지입니다. 정당끼리 싸우는 것을 보십시오. 물론 정당한 싸움도 있겠지만 대체로 보면 자기 당적인 이익, 이른바 집단적인 이익 때문에 싸운단 말입니다.

그런 것이 모두가 다 우리가 인생과 우주의 참뜻을 잘못 보는 데서 옵니다. 참다운 지혜에 입각하지 못했던 것입니다.

그러나 지금과 같이 위급하고 급박한 위기상황에 놓여 있는 현대사회는 과거와 같은 시행착오를 지금 할 수가 없습니다. 그럴 겨를이 없습니다.

왜냐하면 그 무서운 핵무기 때문에 한 번 시행착오를 한다고 생각할 때는 내 민족이나 또는 그대 민족이나 단 한번에 망해 버리는 것이기 때문입니다.

그런 무서운 때가 아닙니까. 지금 세계적으로 보유하고 있는 핵 자체가 우리 지구 덩어리 몇 개를 완전히 파괴할 수 있는 그런 위력을 낸다고 합니다.

영생불멸한 성자의 지혜

그렇기 때문에 과거 칼이나 또는 소총이나 활이나 이러한 것들로 싸울 때는 좀 싸우게 된다 하더라도 죽을 사람 죽고, 산 사람 살겠지만 지금 역사적인 이 위기상황 핵 시대에 있어서는 그럴 수가 없습니다.

한 번 시행착오를 범하면 전 인류가 파멸되고 맙니다.

따라서 지금만큼은 꼭 우리가 영생불멸한 성자의 지혜를 따라야 됩니다. 안 따르면 파멸뿐입니다.

우리는 부처님께서 말씀하시고 각 성자가 말씀하신 그 지혜를 남의 일로 생각을 마십시오. 지혜에 따라서 살지 못하면 우리에게 행복은 없습니다.

우리가 구하는 것이 행복 아닙니까. 금생에 기왕이면 편히 살고 행복하게 살아야겠다는 것은 누구나 다 추구하는 바이지만 행복하지 못하단 말입니다.

행복하게 살지 못하는 것은 과거 전생에 우리가 잘 못 지어서 그랬을 것이고, 또 금생에도 태어나서 유치원 때부터 대학까지 배운다는 것이 참 한심스러운 것뿐이기 때문입니다.

왜 한심스러운 일인가.

우선 결론적으로 말씀드리면 지금 혼란스러운 우리 대학가를 보십시오. 그 원인이 어디에 있는가 하면 바른 지혜를 배우지 않고서 눈에 보이는 것, 아까 제가 말씀드린 허망 무상한 것에 불과한 그런 현상이 사실로 존재한다, 이렇게 배웠단 말입니다.

꿈이 사실로 존재하겠습니까? 그림자가 사실이겠습니까? 사실 우리 인간의 때문은 범부 중생의 눈으로 보는 것은 모두가 꿈이요 허깨비요 그림자뿐입니다.

아무리 눈을 씻고 보아도 범부의 때묻은 눈으로 본다고 생각할 때는 모두가 다 착각뿐입니다. 전도몽상, 이것을 참말로 있다고 생각을 합니다.

없는 것을 있다고 생각하기 때문에 사실이 아닌 것을 사실이라고 보기 때문에 그 결과는 뻔한 것입니다. 인생고가 바로 따라오는 것입니다. 부처님 말씀은 앞서 말씀드린 바와 같이 공식입니다.

혹업고(惑業苦)라. 번뇌가 있으면, 그 번뇌에 따라서 입과 몸과 뜻으로 죄를 범하고, 신구의(身口意) 삼업을 범하면 그때는 틀림없이 인생고(人生苦)가 있습니다.

공식입니다. 따라서 인생고를 떠나고자 하면 그 역으로 무명심(無明心), 무지, 무명 때문에 고(苦)가 있는지라 우선 무지, 무명을 떠나야 하는 것입니다.

무지, 무명을 떠나는 지혜(智慧)가 바로 부처님 지혜고, 예수의 지혜고, 공자의 지혜입니다.

대부분의 사람들이 석가는 위대한 성자이므로 그렇다지만 나 같은 중생이 어떻게 석가같이 행동을 할 것인가?

부처님이나 예수 같은 성인들은 본래 잘나고 거룩하므로 그렇게 행동을 할 수 있었겠지만 우리 같은 중생은 그렇게 안 해도 되지 않는가.

많은 사람들이 다 그렁저렁 살지 않는가. 이제까지는 대부분의 사람들이 이렇게 생각을 해왔습니다.

과거에는 그렇게 살았어도 그렁저렁 살 수가 있었습니다. 그러나 현대는 그렇게 살 수가 없습니다. 우리는 현대라 하는 그 무서운 시대를 잘 관찰해야 합니다.

가령 하나의 음악을 두고 본다 하더라도 음악도 역시 지금 꽉 막혀 있습니다. 왜 막혀 있는가 하면 요즘 재즈 음악이나 락 음악 같은 것을 보십시오.

반은 미쳐서 이른바 광란 가운데서도 그런 광란이 없습니다.

그런 것을 우리 젊은 세대들이 좋다고 날뛰고, 또 젊은 소년, 소녀들은 그것에 미쳐가지고 이따금 아프기도 하고 말입니다. 우리는 정말로 지금 광란 시대에 살고 있습니다.

우리가 정말로 이 시대를 바르게 못 살면 자기도 망치고 나라도 망치고 다 망칩니다. 그렇게 방정맞고 자극적인 음악을 좋다고 생각하는 우리 현대 젊은이들 마음은 거칠고 혼란스러워집니다.

물론 다는 아닙니다만 미술도, 저는 미술이나 음악을 잘 모릅니다. 이른바 추상적인 미술 형태, 선만 몇 개 찍찍 그어 놓고서 이걸 작품이라고 합니다.

물론 그런 것이 우리 같은 문외한들이 다 이해를 못하겠지요. 그런 대로 또 우수한 점이 있을 것입니다만 그런 것은 모두가 다 우리 마음들이 불안한 데서 그런 작품들을 냈다고 생각을 합니다.

정말로 그 마음이 예수 같고 석가 같고 공자 같다고 생각할 때는 그런 예술은 생기지 않았을 것입니다.

어떻든 예술도 바른 영생해탈의 그런 차원에서 본다고 생각할 때는 지금 꽉 막혀 있습니다.

과학도 지금 얼마만큼은 물질의 한계 정도는 알고 있습니다. 그러나 물질을 떠나서 물질의 저 근본인 피안(彼岸)은 무엇인가, 본바탕은 무엇인가?

이것은 지금 과학도 모릅니다. 과학은 내내야 시간성, 공간성에 가려 있는 그 범부 내에서만 아는 것이지 시간, 공간을 떠나버리는 것은 모른단 말입니다.

생명 자체의 영생

정말로, 정말로 다 빈 것입니다. 오직 하나의 생명 자체만 영생합니다. 우리 마음이 물질입니까? 우리 마음이 시간이 있습니까, 공간이 있습니까.

우리 마음은 시간성도 공간성도 없는 순수한 생명 자체입니다. 따라서 제아무리 정밀한 전자 현미경을 놓고 본다 하더라도 우리 마음이 보입니까?

그러나 좋다, 궂다, 행복하다 이렇게 느끼는 것은 우리 마음이 아닙니까. 아무리 몸뚱이를 아껴도 마음이 주인공(主人公)인 것이지 몸뚱이가 주인공은 아니지 않습니까.

따라서 방금 말씀드린 바와 같이 우리가 지금 당면해 있는 모든 문제는 너무나 각박합니다. 미술이나 음악이나 문학도 말입니다.

부처님 가르침은 제가 너무 잘 말씀을 안 드린다 하더라도 현상적인 문제라 하는 것, 이것은 모두가 다 몽환포영(夢幻泡影)입니다. 여러분들 다 아시지 않습니까.

반야심경이나 금강경이나 이 몽환포영의 말씀은 그런 경을 보신 분들은 모르신 분들이 없습니다. 그러나 보통은 다 실감이 미처 나지 않습니다.

가령 자기가 그런 설법을 하고서도 내려서면 그냥 눈에 보이는 것에 젖어버리는 것입니다. 그것은 모두가 다 제법이 비었다는 것에 대해서 참말로 체험적으로 실감이 나지 않아서 그렇습니다. 정말로, 정말로 다 빈 것입니다.

여러분들이 공부를 좀 해 보십시오. 해 보셔서 우리가 기도를 모시나 참선을 하나 무아무중(無我無重)이라. 적어도 공부를 하셔서 무아무중이라는 경계를 좀 맛을 봐야 하지 않겠습니까.

무아무중에 딱 들어가면 그때는 자기 몸뚱이가 아무 무리가 없단 말입니다. 꼬집어 뜯어도 아프지도 않은 것입니다.

삼매(三昧)까지는 미처 못 들어가도 기압을 하는 분들이 기압을 지르면서 칼로 자기 배를 찔러도 피가 안 나는 것이고, 칼을 빼면 다 오므라져 버리는 것입니다.

그런 것들이 특별한 것이 아니라 본래로 그런 것인데 우리 중생이 번뇌 때문에 몸에다 칼로 찌르면 피가 나고 아프고 하는 것입니다.

그러나 정작 삼매에 들 때는 그런 것을 다 초월하는 것입니다. 그래서 앞서도 말씀드린 바와 같이 우리가 있다고 생각한 것이 우리 중생 차원에서 있다고 보는 것이지 성자의 차원에서 본다고 생각할 때는 당체(當體)가 즉공(卽空)이라, 분석을 한 뒤에 공이 아니라 이 몸이대로, 이 책상 그대로 공이란 말입니다.

당체가 즉공이라는 그런 부처님 법문을 깊이깊이 음미하십시오.

색즉공(色卽空)이라, 색은 물질 아닙니까. 색즉공도 그와 똑같이 물질을 분석한 뒤에 깨고 부수고 해서 공이 아니라 물질 그대로 공이란 말입니다.

성자들은 그렇게 강도가 높은 금도 역시 금 그대로 공이라, 다이아몬드도 그대로 공이란 말입니다. 우리 중생이 번뇌에 가려져 그 자리를 미처 못 보는 것입니다.

왜 공(空)인가. 이것은 일체존재가 물질이 아닌 영생불멸(永生不滅)한 진여불성(眞如佛性)으로부터 인연(因緣)을 따라서 잠시 상(相)을 내고 있는 것입니다. 잠시 상을 냈습니다.

상, 이것은 본래(本來)로 있는 것이 아닙니다. 우리가 알고 모르고 상관이 없이 영생불멸한 그 자리, 그 자리가 바로 부처님자리요, 불성(佛性)이고 법성(法性)이고 합니다.

거기서부터 잠시 모양을 낸 것입니다. 잠시 모양을 내서 그것이 그대로 가만히 있는 것이 아니라 순간 찰나도 머물고 있지를 않습니다.

찰나(刹那)라 하는 것은 일초의 75분지 1이라고 합니다. 그보다도 훨씬 짧은 동안도 고유하게 머물러 있지 않습니다. 어느 순간도 머물지가 않는데 똑같은 것이 어디 있다고 생각을 할 수가 있습니까.

내 몸은 오늘도 같고 내일도 같다, 그런 것이 아닙니다. 내가 차고 있는 금시계는 오늘도 같고 내일도 같다. 우리 중생이 보아서 같은 것이지 순간순간 마멸되고 맙니다. 같은 것은 어디에도 없습니다.

일체만유가 모두 인연생

그런 것을 우리 중생들이 세밀한 것을 잘 못 보니까 어제나 오늘이나 같다고 생각합니다. 인연 따라서 이루어진 것은 인연생(因緣生)이라, 일체만유(一切萬有)가 인연생 아닙니까.

인연생의 원인이 무엇인가, 원인이 부처님입니다. 원인이 불성, 법성입니다.

우리 중생은 인연법이라 하면 그 연(緣)만 보는 것이지, 연도 중생은 확실히 못 봅니다. 근본 원인을 못 봅니다. 근본 원인을 보는 것이 성자입니다.

'견성오도(見性悟道)'라. 뭘 깨닫는 것인가. 근본 성품(性品)을 깨닫는 것입니다.

따라서 근본 성품자리는 다 여러분들이 대체로 아시는 바와 같이 낳지 않고 죽지 않고 더하지 않고 덜하지 않고, 항상 영생 그대로 있는 상주불변(常住不變)하는 그러한 도리(道理)입니다.

상주불변하는 그런 도리를 분명히 알아야 합니다.

모두가 무상한 것이니까 다 허망하지 않은가, 이것도 저것도 공이 아닌가, 여기까지만 알 때는 이것은 허무주의(虛無主義)와 똑같습니다.

그러나 부처님 가르침은 허무주의가 아닙니다. 부처님 가르침은 우리 중생이 보는 것이 허망한 것이지 본래로 영생불멸한 진여불성이 언제 어느 때나 우주에 충만해 있는 것입니다. 이렇게 분명히 느끼셔야 합니다.

그와 동시에 그러한 불타관(佛陀觀), 부처님이 무엇인가 하는 불타관을 우리가 분명히 알아야 합니다. 그래야 부처님을 믿는 참다운 믿음입니다.

다시 되풀이해서 말씀을 드리면 우리가 보는 것은 다 허망 무상한 것이고 본래로 없는 것이고 참말로 있는 것은 영생불멸한 진여불성, 부처님입니다.

진여불성은 생명의 본체입니다. 생명의 본체이니까 이것은 하나의 인격(人格)입니다. 제한된 인격이 아니라 무한한 인격입니다. 이 자리를 우리가 확실히 믿어야 되는 것입니다.

참선(參禪)을 조금 하면 그냥 깨달아버린다, 화두(話頭)를 참구하면 단박에 되어버린다, 이런 식으로 공부가 되는 것이 아닙니다.

우리 지금 현재라 하는 것은 금생에도, 아까도 말씀드린 바와 같이 잘 못 듣고, 잘 못 배우고, 잘 못 생각하고, 이런 번뇌가 우리 잠재의식(潛在意識)에 습기(習氣)로 꽉 차 있습니다.

과거 무수 생 동안에 더러는 지옥(地獄) 중생으로, 더러는 인간(人間)으로, 더러는 축생(畜生)으로 이렇게 흘러내려올 때 그때그때 생마다 지었던 업장(業障)이 지금 우리 의식에 또 꽉 차 있습니다.

따라서 그런 의식이 염불(念佛) 좀 하고 화두(話頭)좀 하고, 이런 걸로 해서 단박에 떨어지는 것이 아니란 말입니다.

물론 과거 전생에 많이 닦아서 선량하고 선근이 깊은 사람들은 그렇게 될 수도 있겠으나 그것은 특수한 사람뿐인 것입니다.

우리 인류사회가 혼란스러운 것을 보십시오. 기독교 인구가 세계 18억이고, 불교 인구가 세계에서 10억이라. 이슬람도 10억은 넘는다고 합니다.

세계 인총의 반 이상이 넘으면서도 지금 혼란스럽고 죄악은 차근차근 더 짙어 가는 것을 보십시오, 그것은 무엇인가 하면 제법 그럴 듯하게 입으로만 한단 말입니다.

입은 알지만 몸으로는 못 느끼고 못 행하는 것입니다.

우리는 지금 기로에 서 있습니다. 참말로 우리가 진정한 행복을 구할 것인가, 그렇지 않으면 삿된 견해에 따라서 세속적인 관념에 따라서 그렁저렁 살다 고생고생 하다 반목, 분열, 투쟁만 하다가 죽을 것인가.

선택은 우리가 해야 합니다. 지금 여러분들은 선택을 잘 하셔서 불자가 되었는데 그렇더라도 그 선택한 진리(眞理) 밑에서 진실하게 따라야 하는 것입니다.

우리 생명의 고향

우리가 추구하는 우리 생명의 고향은 바로 부처님입니다. 부처님은 바싹 마른 어떤 도리나 이치가 아니라 하나의 생명(生命)입니다.

생명이기 때문에 그 생명을 생명으로 구하는 것이 우리 중생이 구하는 참다운 신앙심(信仰心)입니다. 우러러서 우리가 구한단 말입니다.

그냥 저기에 무엇이 좀 있으니 내가 구한다, 수학 문제를 풀고 무슨 학문적인 문제를 푸는 그런 식의 종교는 아닙니다. 우리 생명 자체를 온전히 우리가 바치는 것입니다. 부처님은 바로 우리 생명의 본체인 것입니다.

모든 생명, 모든 만물의 생명의 고향이기 때문에 그 자리는 바로 생명이기 때문에 생명을 생명으로 구하는 것이 부처님인 것입니다.

단순히 '부처'라고 하지 않고 '부처님'이라, 정말로 임 가운데 임인 것이고, 우리 마음의 고향인 것입니다. 따라서 그런 마음의 고향자리를 우리 생명의 근본자리를 어떻게 빨리 구할 것인가?

우리는 그러한 부처님을 흠모하고 연모해서 구하는 것이 굉장히 중요합니다.

부처님은 우주의 이치이므로 이치로 구하는 것도 구하는 방법의 하나이겠지만 부처님은 바로 생명이므로 앞서 말씀드린 바와 같이 우러러서 신앙적으로 구한단 말입니다.

기독교 신앙은 단순 소박합니다. 그래도 지금 18억이나 되는 인구가 믿는 것은 '오, 주여!' 하는 그 마음, 덮어놓고서 이치는 모른다 하더라도 하나님을 따르는 그 마음, 그 마음으로 해서 그래도 이만큼 이 과학문명 시대에도 18억이라는 인구가 믿고 있습니다.

그런데 우리 불교인들은 부처님을 간절히 구하는 연모하고 사모하고 그리워하는 그런 마음이 너무나 부족한 것 같습니다.

저도 그때그때 부처님 이치에 맞는 법문만 많이 하는 것이지 정말로 생명으로 구하는 그런 쪽에다 역점은 별로 못 두어서 오늘만큼은 그런 쪽에다 보다 더 관심을 두고 말씀을 드리는 것입니다.

정말로 우리가 고향을 떠나면 고향에 대한 향수(鄕愁)가 얼마나 그립습니까? 부모님 슬하를 떠나면 부모님이 얼마나 그립고 간절히 갈망(渴望)을 합니까?

그와 똑같이 생명의 고향인 부처님에 대해서 정말로 갈앙심(渴仰心)이라, 목마를 갈(渴), 우러를 앙(仰), 병든 사람이 약을 구하듯이 어린애가 자기 어머니를 찾듯이 부처님을 그렇게 찾으라는 것입니다.

그렇게 우리가 못 찾고서 그냥 그렁저렁 이기심으로 구하니까, 공부가 잘 안 되는 것입니다.

우리가 하나의 예술 작품을 감상할 때도 감성으로 간절히 구하는 그 마음으로 감상하면 굉장히 마음이 정화가 됩니다. 훌륭한 음악이라든가 또는 훌륭한 미술이라든가 작품을 대할 때에 우리 마음 감성이 순화가 되는 것입니다. 그러므로 해서 우리 마음이 정화가 되는 것입니다.

따라서 종교도 역시 우리 마음이 여러 가지 번뇌(煩惱)에 따라서 물질의 노예가 되어 있는 거친 마음을 정화시키려면 생명의 고향에 대한 간절한 갈앙심이 앞서야 하는 것입니다.

그러기에 갈앙심에 대해서 깊이 생각을 하십시오. 부처님이 그렁저렁한 존재는 아니지 않습니까. 부처님이라 하는 것은 일체공덕을 원만히 갖추고 있습니다.

내가 구하는 것이 거기에 다 들어 있습니다. 자비를 구하고 지혜를 구하고 행복을 구하고 능력을 구하고 그런 것이 부처님한테는 다 들어 있습니다.

따라서 앞서 말씀드린 바와 같이 그 부처님을 위해서 우리 하찮은, 현상적으로 나투는 이 몸뚱이 100개를 바친다 하더라도 조금도 한이 없습니다.

그 자리를 구하기 위해서 석가모니 부처님께서는 과거 전생에 얼마나 많은 희생을 했습니까? 과거 전생에 부처님이 살타왕자로 태어났을 때는 굶주린 범의 새끼를 구하기 위해서 몽땅 자기 몸을 바쳤던 것입니다.

또는 나찰한테 부처님의 소중한 법문을 듣기 위해서 해탈의 법문을 듣기 위해서 조금도 주저 없이 후회도 없이 자기 목을 순식간에 다 바쳤습니다. 그걸로 해서 몇 생을 넘어서 성불을 했습니다.

부처님에 대한 간절한 그리움

불자님들 깊이 생각을 하십시오. 그렁저렁 공부를 해서는 이 공부는 더딘 것입니다.

자기 교만심을 그대로 두고서 부처를 구한다, 억지로 앉아서 화두를 한다, 이렇게 해서는 공부가 순탄하게 나아가지를 않는 것입니다.

우리 마음을 다 바쳐서 말입니다.

우리 마음의 본마음이 부처 아닙니까. 중생심(衆生心)을 몽땅 부정해 가지고서 참다운 불심(佛心)에 마음을 두고서 구해야만 공부가 속 빠른 것입니다. 그것이 앞서 말씀드린 바와 같이 생명의 고향에 대한 하나의 갈앙심입니다.

정토경(淨土經)을 보면 이런 대목이 있습니다. '십념왕생(十念往生)'이라. 나무아미타불(南無阿彌陀佛)을 열 번만 부르면 그걸로 해서 극락세계에 태어나는 것입니다.

갈앙심이나 그리워하는 마음을 잘 모르는 사람들은 거짓말로 생각할 것입니다.

부처님께서 거짓말을 하시겠습니까. 지금 현재 내 마음, 이 마음 떠나서 부처는 없습니다. 이 마음이나 부처 마음이 같은 마음입니다. 다만 우리가 이 마음을 '나다' 하고 스스로 업장(業障)을 지어서 이 마음을 구속하고 있는 것이지 이 마음이 바로 부처의 마음입니다.

따라서 이 마음이 바로 부처이고 이 마음 가운데는 조금도 번뇌나 그런 찌꺼기가 없다, 그래서 100% 부처님 마음같이 확실히 믿는다고 생각을 할 때는 이 마음 그대로 바로 극락세계를 이루는 것이고, 극락세계의 공덕을 우리가 수용하는 것입니다.

'일언지하(一言之下)에 확철대오(廓徹大悟)'라. 한 마디에 깨달아 버린다. 그것도 역시 전생에 업장이 가벼워서 부처님 말씀을 조금도 의심 없이 받아들인다는 것입니다.

보통 성자나 선지식의 말씀을 듣는다 하더라도 보통은 다 그럴 것인가? 이렇게 의심을 깔고 듣습니다. 겉으로는 의심하지 않는다 하더라도 우리 잠재의식에서는 그대로 받아들이지를 못합니다.

그러나 100% 수용할 때는 정말로 딱 믿어버리면 그 자리에서 깨달아 버리는 것입니다. 이렇게 우리 믿는 마음이 중요합니다.

믿음이 최상의 방편

사람도 사람과 사람끼리 믿어보십시오. 그렇게 마음도 평화스럽고 그리고 믿음 그것이 이심전심(以心傳心)으로 다 상통이 됩니다. 남을 미워하고 의심쩍어 해 놓으면 그때는 그냥 그 마음이 건너가서 나를 안 믿는단 말입니다.

특히 현대 사회는 불신의 시대라, 서로 믿지를 않는 것이 병입니다. 서로 믿지 않는 것은 자기 마음의 본성도 모르고 남의 마음의 본성도 몰라서 그러는 것입니다. 내 마음의 본성도 부처고 저 사람 마음의 본성도 부처다, 이렇게 안다면 우리가 안 믿을 수가 있습니까?

내가 너무 믿다가 저 사람이 나를 속이면 손해가 아닌가? 더러는 시행착오로 손해를 볼 수가 있겠지요. 그러나 영원적인 차원, 해탈적인 차원에서 볼 때는 설사 몇 번 속임을 당한다 하더라도 절대로 손해가 안 되는 것입니다.

사람을 사귈 때 가장 좋은 방편이 무엇인가? 그것은 저 사람을 믿는 것입니다. 저 사람도 나와 똑같이 부처님이다, 이렇게 믿고서 우리가 최선을 다 한단 말입니다.

이렇게 하는 것이 사람 사람끼리 사귀는 데 있어서 가장 우수한 방법입니다. 이것이 예수가 하신 방편이고 석가모니가 하신 방편입니다.

불경(佛經)에서 보면 이런 말씀이 있습니다.

'부처님은 무량수불(無量壽佛) 무량광불(無量光佛)이다. 목숨이 영생불멸한 생명이고, 또는 부처님 지혜가 우주에 충만해서 모든 것을 다 알고 할 수 있는 지혜다. 부처님은 생명의 본질인 동시에 우주만유의 본질이고 그 가운데는 만공덕이 다 들어 있다.'

우리가 이렇게 듣고서 한 생각 그렇게 믿는다고 생각하면 80만억 나유타겁(那由他劫)이란 오랜 무수한 세월 동안 계행을 지키고 법문도 하고 보시도 하는 바라밀 공덕과 비교할 때 믿는 그 마음이 비교할 수 없을 정도로 무량무변합니다.

내 생명이나 일체 부처님의 생명이 영생불멸하고 만공덕을 갖추고 있다, 이렇게 한번 딱 믿는 그것이 무량 세월 동안에 계행을 지키고 보시하고 참선하고 염불하고 이런 공덕에 비해서 다시 비교할 수 없는 한도 끝도 없이 더 공덕이 많다는 것입니다. 이것이 「법화경(法華經)」 공덕품(功德品)에 있는 법문입니다.

「법화경」은 「대승경(大乘經)」 아닙니까.

법화경 공덕품에서는 방금 제가 말씀드린 바와 같이 부처님이라 하는 것은 내 생명의 본질인 동시에 우주의 본체인데 그 가운데는 무량의 공덕이 다 들어있다고 했습니다.

이런 말씀을 듣고서 그 자리를 딱 믿으면 한 번 믿는 그 마음이 몇 천 년 몇 만 년 동안에 보시하고 계행을 지키고 참선하고 이런 공덕보다도 훨씬 더 수승하다는 그런 법문이 있습니다.

다른 공부하는 법을 무시하는 그런 법문이 아닙니다. 다만 앞서 말씀과 같이 부처님의 무량지혜(無量智慧), 무량공덕(無量功德)을 믿는 그것이 참다운 신앙(信仰)입니다.

그 자리를 믿고 염불도 하고 주문도 외고 참선도 하고 그렇게 해야 공부가 속 빠른 것입니다.

내 마음의 본성이 그와 같이 일체 만공덕을 다 갖추고 있다. 지혜도 자비도 행복도 다 갖추고 있다. 이렇게 분명히 딱 믿고서 그 자리를 간절히 그리워하는 갈앙심으로 해야 공부가 속 빠른 것이고 또 피로하지도 않고 병도 생기지가 않습니다.

우리가 공부하는 데 있어서 여러 가지 그런 경계가 굉장히 많지 않습니까. 더러는 부처님 같은 모양으로 나오고 또는 신장이 나오고 말입니다.

별스러운 경계가 다 있으나 부처님이라 하는 것은 내가 가고자 하는 근본 목적이 부처님하고 다른 것이 아니라 방금 말씀드린 바와 같이 내 생명의 근본인 동시에 우주에 가득 차 있는 모든 존재의 근본 생명이고 그 자리는 만공덕을 다 갖추고 있는 그 자리다, 하나의 생명의 실상이다, 이렇게 분명히 믿어버리면 다른 나쁜 경계가 공부할 때에 엿보지를 못합니다.

　우리 마음이 시원찮고 그래저래 묽으니까 경계가 이것저것 나오는 것이지 우리 마음이 100% 가고자 하는 근본 도리, 진여불성 도리에 마음을 딱 못 박고서 그 자리를 굳건히 믿는다고 생각할 때는 공부가 굉장히 속빠른 것입니다.

　공부를 꼭 그렇게 하시기 바랍니다. 우리가 가고자 하는 마음의 고향 자리, 어차피 그 자리에 가야 합니다. 떠나온 것도 역시 그 자리에서 떠나왔습니다.

　진여불성에서 우리가 떠나온 것이고 그러다가 몇 만 생을 지옥으로, 아귀로 우리가 헤맸습니다. 그러다가 우리가 돌아가는 것도 역시 근본자리인 진여불성자리입니다.

　삼계유여객사(三界唯如客舍)라. 지옥이나 아귀나 축생이나 또는 욕계나 색계나 무색계나 모두가 다 오랜 '나그네 길' 입니다. 욕계에서 우리가 얼마나 많이 헤매어 왔는가. 여기 계시는 분들도 과거에는 천상에도 계셨고 그랬으리라 믿습니다만 그렇더라도 역시 지옥, 아귀, 축생을 다 거쳤습니다.

　거쳐 왔으므로 기분이 사나웠을 때 남을 미워하는 것을 보십시오. 금방 그 사람을 때려죽이고 싶지요. 그것은 바로 지옥 같은 마음입니다.

우리한테는 지금 아귀 같은 욕심(慾心), 아수라 같은 진심(嗔心)이 다 들어 있는 것입니다. 그런 발동을 다 막아야 합니다.

진심이 사무치면 자기 부모도 죽이는 것입니다. 욕심을 내면 그 욕심 때문에 보십시오. 가정불화, 단체불화의 원인이 어디에 있는가 말입니다.

그 하찮은 물질 욕심 때문에 말입니다. 물질은 본래로 없습니다. 우리가 금생에 살기 위해서 몸을 타고 나왔으므로 최소한으로 먹고 최소한으로 살면 되는 것입니다.

앞서 언급한 바와 같이 지금은 위험한 시대입니다. 국제화 시대이기 때문에 다른 민족과도 치열한 경쟁을 하고 있습니다. 경제 경쟁 또는 지식 경쟁 또는 기술 경쟁, 각기 민족끼리 경쟁을 하고 있습니다.

우리가 단시일 내에 일본을 능가할 수가 있습니까? 눈에 보이는 물질로 해서는 지금 다른 선진국을 이길 수가 없습니다. 다만 우리 정다운 믿음, 정다운 가치관 이것은 우리 마음먹기에 따라서 그냥 당장에 이길 수가 있는 것입니다.

미국이나 일본이나 어떤 나라나 자기들이 애쓰고 물질을 많이 생산하고 풍요를 자랑하고 있다 하더라도 그네들도 종단에는 부처님 가르침 같은 우주의 도리를 따라야 합니다.

부처님 가르침은 우주의 도리입니다. 우주가 부처님의 가르침인 진리의 궤도에 따라야 파멸하지 않습니다.

따라서 그네들도 역시 몇 번 시행착오를 경험하다가 종당에는 다 부처님 가르침을 따라야 합니다.

우리가 자기 번뇌를 이기는 것도 또는 국내 사회에서 자기가 이기는 것도 또는 국제간에 이기는 것도 모두가 다 방금 말씀드린 바와 같이 다른 것으로 해서는 이길 길이 없습니다. 다른 것은 이겼다 하더라도 별것도 아닙니다.

물질을 남보다 더 많이 가지면 그때는 가난한 사람들이 시기를 하겠지요. 감투나 물질을 많이 가져 보아도 이것은 사실은 불화의 씨앗밖에는 안 됩니다.

그러기에 자본주의 사회를 보십시오. 빈익빈 부익부라. 부자는 더욱 더 부자가 되고 가난한 사람은 더욱 가난합니다. 이렇게 되면 그 계급의 고랑을 메울 수가 없습니다. 그러면 결국은 혁명이 일어나는 것입니다.

참다운 자유, 참다운 행복, 참다운 평화

부처님 말씀에 이런 말씀이 있습니다. '능념불무량력공덕(能念佛無量力功德)'이라.

앞의 법문이나 거의 같습니다만 우리가 능히 부처님의 무량의 힘을 생각할 때는 즉시 '입필정(入必定)'이라, 곧바로 참다운 삼매(三昧)에 든다는 말입니다.

문자는 외울 필요가 없다 하더라도 뜻은 잘 기억하십시오.

우리가 부처님의 공덕을 능히 생각할 때는 즉시 반드시 삼매에 든다는 것입니다. 즉 말하자면 우리 마음이 안정이 되고 통일이 되어 간다는 뜻입니다.

우리 마음은 지금 산란하지 않습니까. 우리 마음이 오로지 부처님을 지향해서 가야 할 것인데 그렇지 않고 산란합니다. 부처님 공덕이 무량공덕이다, 이렇게 믿는다고 생각할 때는 우리가 틀림없이 바로 삼매에 든다는 것입니다.

자기 마음을 절대로 비하(卑下)를 마십시오. 자기의 위치가 어느 위치에 있든지 비하할 필요가 아무것도 없습니다. 우리 마음으로는 바로 석가모니 마음과 똑같습니다.

따라서 그 마음의 무량한 공덕을 그때그때 여러분들이 깊이깊이 생각을 하셔야 합니다.

무량의 공덕을 처음에는 잘 모릅니다. 허나 기도를 잘 모시고 참선을 많이 해 놓으면 그 때는 자기도 모르는 가운데 무량의 힘이 많이는 못 솟아 올라와도 어느 정도는 자기 공부하는 정도에 따라서 무량의 힘이 나오는 것입니다.

자기한테 물질적으로 돈이 없다고 슬퍼 마십시오, 내가 내 목숨 다 바쳐서 만중생(萬衆生)을 제도해야 되겠다. 이렇게 100% 믿는다고 생각할 때는 틀림없이 물질도 옵니다.

물질 그것도 역시 진여불성이 물질이 되었습니다. 물질이 본래 있는 것이 아니란 말입니다.

불자님들, 물질이라 하는 것도 역시 현상이니까 이것도 진여불성으로부터 잠시 허깨비같이 상을 낸 것에 불과합니다.

일체존재 만유는 모두가 한결같이 공(空)이요, 무상(無常)이요, 하는 것입니다. 공이고 무상이기 때문에 나라고 할 것이 없습니다. 어느 것도 내 소유는 없습니다.

방금 말씀드린 바와 같이 물질이 없다고 한탄을 마십시오. 금생에 태어나서 한사코 부처님 법을 깨닫고 만중생을 위해서 이 몸뚱이 피한 방울까지 다 바치겠다, 이렇게 마음먹는다고 생각할 때는 꼭 거기에 필요한 것은 따라오는 것입니다.

자기 몸뚱이만 생각하므로 자기 생각이 안 따라오는 것이지 정말로 우주가 바로 하나의 생명이기 때문에 그 자리에 우리 마음을 딱 붙여 두고서 우리 행동 말 하나 모두가 다 중생의 복리를 위해서 하고, 남한테 베푸는 마음으로 한다고 생각할 때는 꼭 거기에 필요한 물질도 오는 것입니다. 물질이 감정이나 정신이 없는 것이 아닙니다. 티끌 하나 전자(電子) 하나 모두 다 부처님의 생명입니다.

그렇기 때문에 진정 우리가 참답게 부처님 법대로 따른다고 생각할 때는 꼭 틀림없이 건강도 올 수가 있는 것이고 물질도 올 수가 있는 것입니다.

우리 머리카락부터 발끝까지 모두가 다 진여불성으로 되어 있습니다.

진여불성은 만유의 생명입니다. 자기를 절대로 과소평가를 마시고 자기 비하를 마십시오. 부처님을 100% 믿으시는 것이 최상의 행복한 길입니다. 따라서 그렇게 공부하는 것이 바른 견해입니다. 바른 지혜입니다.

반야(般若)의 지혜(智慧)라는 것은 다른 것이 아니라, 분명히 외우시기 바랍니다. 우리가 보는 것은 모두가 다 허망합니다. 허망하지 않다고 생각이 되시겠지요.

깊이 생각해 보십시오. 깊이 생각할수록 지나간, 가사 지금 나이가 50 같으면 49년 생활이 무엇입니까? 우리가 죽을 때에 자기 한평생을 헤아려 회고해 본다고 생각할 때에 여태까지 산 것이 무엇입니까. 한바탕 꿈이란 말입니다.

인연 따라서 이루어진 이것은 무상(無常)이고 공(空)이고 무아(無

我)입니다. 이것은 공식이고 현대 물리학의 공리입니다. 인연을 따라서 잠시간 나온 이것은 바로 시간적으로 무상이고 공간적으로 공입니다.

현대물리학도 다 증명을 한 것입니다. 이것은 어길 수가 없는 것입니다.

다만 우리 중생이 상식적으로 보니까 내가 있고, 네가 있고 물질이 있고 무엇이 있다고 보는 것이지 정말로 부처님 지혜로 보고 물리학적으로 본다고 생각할 때는 그때는 모두가 다 물질이나 내 몸뚱이나 다 있는 것은 허망 무상한 것입니다.

무상하고 또는 공이고, 무상하고 공이기 때문에 내 것이라고 할 것이 없습니다. 내 몸뚱이도 내 것이라고 할 것이 없습니다. 인생고(人生苦)는 거기서 옵니다. 무상하고 무아인 내 몸뚱이가 나다, 하는 데서 옵니다.

내 몸뚱이 이것이 나다. 중생들 입장에서 이것은 거짓말이 될 수가 없지요. 그러나 과거 전생에 이 몸뚱이는 없었단 말입니다. 또는 죽은 뒤에 이 몸이 있을 것도 아닌 것이고, 금생에도 순간 찰나도 이 몸뚱이 같지 않단 말입니다.

따라서 이것이 내 것이라고 할 수가 있겠습니까. 내 것도 네 것도 아닙니다.

내 몸뚱이는 내 것도 네 것도 아닌 것입니다. 인연을 따라서 잠시 상(相)을 내서 상이 지금 변화해 가는 과정(過程)에 불과한 것이지 고유한 내 몸뚱이는 있지 않은 것입니다.

그러나 부처님 자리, 진여불성 자리는 영생불멸해서 그때는 조금도 변치 않는 것입니다. 앞서 말씀과 같이 낳지 않고, 죽지 않고, 더하지도 않고, 덜하지도 않고, 일체 행복이나 자비나 지혜나 다 갖추고 있어서 원만한 자리, 그 자리가 바로 부처님자리입니다. 우주에는 부처님만 꽉 차 있습니다.

인생 최상의 가치

그 자리를 우리 중생은 보지 못하지만 성자는 그 자리하고 항시 하나가 되는 것입니다. 우리 인간의 행복은 우리 인생의 최상의 가치는 무엇인가. 그 자리를 느끼고 그 자리와 하나가 되는 것입니다. 다른 선택은 없습니다.

핵전쟁의 위험으로부터 인류가 피할 수 있는 길은 무엇인가. '나와 남이 본래 둘이 아니고 천지우주가 오직 하나의 생명체이다' 라고 하는 부처님 지혜로 가야만 핵의 위험에서 벗어날 수가 있는 것이고, 이 무서운 환경의 파괴도 이길 수가 있는 것이고, 동시에 인간끼리

단체끼리 화합도 이루어집니다. 부처님 지혜로 해야만 비로소 이루어집니다.

나와 남을 둘로 보는 서구적인 사상, 서구식의 분열로 보는, 이것저것을 둘로 보고 셋으로 보는 그런 사고방식으로 해서는 절대로 참다운 자유, 참다운 평등이 없습니다.

본래 나와 남이 둘이 아니다, 이렇게 분명히 느낀다고 생각할 때는 경제적 평등, 정치적 자유 이런 것이 절로 안 올 수가 없단 말입니다.

부처님한테 가는 길은 반야바라밀을 등불로 삼아야 합니다.

우리 나그네 길이 팍팍한 길입니다. 인생이 참 팍팍한 길 아닙니까. 갈등하고 질투하고 헤어지고 생이별, 사이별 이러한 길인데, 이런 길에서 그래도 좀 편하게 살아야 할 것인데, 편하게 살려면 바른 지혜의 등불, 앞서 말씀한 반야바라밀(般若波羅蜜)을 등불로 해야, 그래야 마음이 편합니다.

자기 몸뚱이가 내 것이라고 아무리 지고 가도 변하고 맙니다. 죽을 때 우리가 운다고 안 죽습니까.

우리는 보다 똑바로 봐야 합니다. 반야바라밀로 본다고 생각할 때는 모두가 다 허망 무상한 것입니다. 허망 무상하다고 확실히 느끼면 그 무겁던 몸이 가벼운 것입니다.

인생은 가뿐하게 살아야 합니다.

우리 마음이 주인공이기 때문에 내 몸뚱이 이것이 언제 가도 무방하다. 이렇게 생각하고서 모두는 다 이것은 허망하다, 원래 공이다, 이렇게 확실히 생각할 때는 그렇게 귀찮은 몸, 이 귀한 몸이 그때는 아무런 무게가 없는 것입니다.

범 새끼한테 이 몸뚱이를 주나 개한테 주나 그때는 아무런 상관이 없단 말입니다. 그렇게 하는 것이 몸도 제일 편하고 마음도 제일 편합니다. 부처님 법은 몸도 마음도 제일 편하게 하는 최상의 길입니다.

이렇게 해서 여러분들이 지금 공부하시는 방법, 화두(話頭)면 화두, 염불(念佛)이면 염불, 주문(呪文)이면 주문 모두가 그 자리를 의미합니다.

차별도 없고 일미평등(一味平等)한 진여불성자리, 우리 본래면목자리, 어떤 수행법이나 본래 그 자리를 의미합니다.

그 자리를 의미하는데 우리가 당장에 그 자리를 가지고 깨달으면 좋은데 업장 때문에, 습기 때문에 바로 안 되는 것입니다. 나쁜 습관성 때문에 옳다고 이치에 맞게 믿고 생각하지만 그렇게 행동은 안 된단 말입니다.

그러기에 생각 생각에 그 부처님 생각, 화두하는 사람들은 화두, 염불하는 사람들은 염불로 해서 실상자리를 놓치지 않고 습을 녹여야 합니다.

내가 생각할 때는 그럽니다. 부처님이 생명인지라 생명으로 구하면 좋을 것인데 바싹 마르게 화석화시켜서 구한단 말입니다. 내 생명이고 만중생의 생이 바로 이것이 바로 부처님이기 때문에 생명을 생명으로 구하는 것이 염불입니다.

잘 모르는 사람들은 공부를 많이 했다는 분도 화두를 하는 것은 보다 고도의 참선인 것이고, 염불은 그냥 근기가 낮은 사람들이 하는 것이다, 그럽니다. 그러나 부처님 말씀에 그런 말씀이 없습니다.

적어도 달마스님부터 6조 혜능스님까지는 그런 말씀이 없습니다.

다만 부처님이 우리 몸 밖의 어디에 존재한다. 우리가 염불할 때에 부처님이 우리 몸 밖의 어디에 계시다가 우리가 부처님을 간절히 흠모 추구하고 염불을 하면 나한테 와서 나를 도와준다, 이렇게 생각하는 염불은 참다운 염불이 아닙니다. 그것은 소박한 방편으로서의 염불입니다.

그러나 참다운 염불은 무엇이냐 하면 부처 자체가 바로 내 생명의 근본자리이고 근본성품이고, 우주의 근본성품이기 때문에 참다운 염불은 바로 우주의 근본성품을 생각하는 것이다. 다시 말씀드리면 자기 본래면목을 생각하는 것입니다. 그것이 염불입니다. 그런데도 그것이 방편이 되겠습니까.

따라서 참선과 참선공부가 아닌 것과 차별은 무엇인가? 이 구분도 분명히 하시기 바랍니다. 구분을 하셔야지 그렇지 못하면 공연히 부처님 법을 비방을 합니다.

참선은 이름이나 상에 걸리지 않고, 명상에 걸리지 않고서 본성품 자리 본체를 구하는 것입니다. 헛된 가상(假相)이나 가명(假名)이나 그런 것에 걸리지 않고서 근본성품을 여의지 않는 공부는 다 참선입니다.

'이 뭣꼬'를 하나 '무(無)' 화두를 하나 또는 '염불'을 하나 '주문'을 하나 다 참선입니다.

그렇게 되어야 하겠지요. 부처님 가르침은 '대도무문(大道無門)'이라 원래 문이 없이 천지우주가 다 부처님인데 부처님 법 가운데서도 꼭 자기들 하는 식이 옳다고 합니다. 그 외에는 옳지 않다고 그럽니다.

어떻게 그럴 수가 있습니까? 그것은 아집(我執), 법집(法執)입니다. 그 아만심(我慢心), 법성(法性)을 미처 못 보아 놓으면 법집을 합니다. 그러나 법성을 본 사람은 법집을 하려고 해도 못하는 것입니다.

어떻게 천지우주가 하나의 법이거늘 부처님 법 가운데서 어느 것만 옳고 어느 것을 그르다고 하겠습니까?

따라서 참선이라고 하는 것은 설사 하나님을 외운다 하더라도 오직 하나님 그것이 우리 부처님같이 천지우주의 근본 성품을 의미하면 됩니다.

의미가 문제인 것이지 그냥 형식상 가상가명(假相假名) 그런 것은 문제가 안 되는 것입니다.

'아버지'라고 부르나 또는 '똥 마른 막대기'라 부르나 다 상관이 없습니다. 오직 문제는 우리 마음이 진여불성자리를 여의지 않으면 된단 말입니다. 부처님 법문은 모두가 다 그 자리를 의미합니다.

다만 중생들이 잘 모르니까 극락세계도 저 서쪽에 있다고 한 것이지 서쪽이나 동쪽이나 아래나 위나 천지우주가 바로 극락세계인데 우리 중생이 번뇌에 어두워서 스스로 지옥을 만들고 스스로 극락을 만듭니다.

참다운 행복

따라서 바른 지혜의 등불, 반야바라밀의 등불이 있어야 불교입니다. 덮어놓고 믿는 것은 불교가 아닙니다. 부처님께서 나오셔서 증명하시고 무수한 성자가 증명하신 가르침, 무수한 성인들이 자기 몸뚱이를 바쳐서 증명했던 것입니다.

이 태안사(泰安寺)도 과거의 위대한 스님네가 그 험준한 밀림을 헤치고 절을 창건했지 않습니까.

우리는 우리 생명을, 우리 생명의 가르침인 부처님 법을 위해서 지금 무엇을 했는가 말입니다. 과거의 스님네들은 자기 몸뚱이를 바쳐 부처님 법을 지키고 믿고 했을 것인데 과연 우리는 지금 무엇을 하고 있는 것인가.

우리 행복과 부처님 법이 따로 있습니까? 부처님 법 떠나서 참다운 행복은 어디에도 없습니다. 성자의 길에만 참다운 행복이 있습니다. 건강도 명예도 어느 무엇도 거기에 있습니다.

자기 자성을 위하는 것도 모두가 다 부처님 법 우주의 도리 거기에 있습니다.

부처님 법을 떠나서는 참다운 자성을 위하는 것도 아닌 것이고 누구를 위하는 것도 아닌 것입니다.

그렇게 반야의 도리, 인간의 번뇌로 보는 것은 모두가 다 허망무상하다. 허망무상해서 이것은 공이고 무아인 것이다, 고(苦), 공(空), 무상(無常), 무아(無我), 이것은 불교의 공식입니다.

부처님 공식을 잘 외워 두십시오. 모든 현상계라 하는 것은 우리 중생이 잘 못 보아서 우리가 보는 대로 있다고 하는 것이지 본질로 본다고 생각할 때는 이것은 고(苦)이고 공(空)이고 무상(無常)이고 무아(無我)란 말입니다.

이런 것을 우리가 잘 못 보기 때문에 우리가 잘 못 구하기 때문에 인생고가 있습니다.

고·공·무상·무아라, 인생은 고요, 무상이고, 공이고, 무아라. 이것이 공식입니다. 인연을 따라서 생겨난 법은 모두가 다 이것은 무상이고 공이고 무아입니다.

그런 것을 우리가 잘 못 구하기 때문에 인생고가 있습니다. 이 공식은 꼭 외워두시기 바랍니다.

무상이고 공이고 무아고 고란 말입니다. 그래서 인생고를 떠나려고 생각할 때는 잘 못 보아서 인생고가 있기 때문에 바로 보아야 하겠지요. 바로 보는 것이 반야바라밀, 반야의 지혜인 것입니다. 반야의 지혜, 이것이 앞서 말씀드린 바와 같이 실제 있는 것이 아니란 말입니다.

제법이 공이라. 다른 사람이 나한테 좋게 하는 것이나, 내가 손해를 보는 것이나, 내가 배신당하는 것이나 모두가 다 허망한 것입니다.

그런 것은 별것이 아닙니다. 그러기에 출가한 우리 비구, 비구니는 걸사다, 거러지란 말입니다.

석가모니 부처님께서도 평생 동안 자기 소유란 승복 한 벌과 바리때 하나란 말입니다. 우리 부처님께서는 물론이고 영생을 구하는 부처님 제자들은 그와 같이 검소한 생활을 해 왔습니다. 따라서 우리 출가승들은 보다 더 자기 마음을 다잡아서 항상 부처님 법에 따라야 합니다.

적게 먹는다고 해서 꼭 몸에 나쁜 것도 아닌 것이고 열량을 채우지 않는다고 해서 몸이 건강하지 아니한 것도 아닌 것입니다. 우리 생명 자체, 우리 마음 자체가 우리 몸을 기르는 것입니다. 우리 몸뚱이 세포가 우리 몸을 기르는 것이 아니란 말입니다.

그런 것은 보조에 불과합니다. 부처님 법은 바로 부처님 말씀대로 믿어야지 우리가 가감해서 자기가 편리한 것은 그대로 취하고 편리하지 아니한 것은 안 믿고 그래서는 안 되는 것입니다.

자기한테 도움도 안 되는 것입니다.

이렇게 반야바라밀의 등불, 반야바라밀의 광명, 이 광명을 딱 믿고서 그 다음에는 그 광명이 행여나 옆으로 샐까봐 그 광명을 앞서 간단 말입니다.

밥을 먹으나 길을 가나 행주좌와(行住坐臥), 앉으나 서나 누우나 또는 우리가 잠을 깨나 언제나 그때그때 부처님자리, '나나, 너나, 모두가 다 하나의 청정무비한 진여불성이구나', 이렇게 생각하기 위해서 화두가 있고 염불이 있습니다.

'나한테 한 물건이 있으되, 검기는 칠보다 검고 밝기는 해와 달보다 더 밝고 하늘을 받치고 땅을 괴고 이것이 나와 더불어 있지만 미처 알지 못하는 그것이 무엇인가?'

혹은

'우주에 가득차고 영원히 빛나는 그 자리, 생명의 본체이고 영원히 변치 않는 그 자리가 무엇인가?'

이런 것입니다. 이 자리를 떠나지 않고서 공부하기 위해서 염불이 있습니다.

영원히 살아 있는 생명체

부처님 이름은 모두가 명호부사의(名號不思議)라, 무량생명을 이름 자체에 리듬 자체에 다 포함시키고 있습니다.

나무아미타불(南無阿彌陀佛)은 그냥 아무렇게나 지은 부처님 이름이 아닙니다. 부처님 이름 자체에 무한의 공덕이 거기에 묻어 있는 것입니다.

우주는 범부 중생이 볼 수 없는 수승한 하나의 리듬, 하나의 음률(音律)입니다. 영생의 음악입니다.

따라서 영생의 음률로 이루어진 것이 부처님 이름입니다. 그러기 때문에 부처님 명호를 한 번 외면 왠만큼 우리 몸도 마음도 정화가 됩니다.

 우리 몸과 마음이 정화가 될 뿐만 아니라 우리 주변에 있는 신장이나 귀신도 정화를 받는 것입니다.

 반야바라밀의 지혜를 견지하시고 동시에 그 지혜를 순간도 놓치지 말고, 사업에 실패하고 며칠 동안의 굶주림도 다 허망한 것입니다. 그런 것은 우리 생명의 손해가 아닙니다. 어느 순간도 조금도 차이가 없이 버스를 타나 밥을 먹으나 어디서나 간에 영생불멸한 그 자리를 놓치면 그때는 손해입니다.

 그 자리에 가까이 가면 갈수록 몸도 마음도 가볍습니다. 분명히 그러는 것입니다. 저 같은 사람도 어릴 때는 굉장히 몸이 약했습니다. 그러나 중이 된 뒤 지금까지 한 번도 아파보지 못했습니다. 그건 뭐 잘나서도 아닌 것이고 본래 건강해서 그런 것도 아닌 것입니다. 그래도 바보같이 부처님을 믿어왔단 말입니다.

 우리 불자님들은 절대로 부처님 법을 떠나서 다른 생각을 마십시오. 이 시대만큼은 꼭 부처님 법을 따라야만 우리 민족도 삽니다. 세계 경쟁력도 부처님 법 따라야만 우리가 이깁니다.

 참다운 기술도 말입니다. 영생해탈의 그 자리에 마음을 두고서 연구한다고 생각할 때는 굉장히 무시무시한 발명을 다 할 수가 있는 것입니다.

그렇게 해서 소중한 우리 인연, 우리 불자님들 꼭 금생에, 우리는 달리 갈 수 없습니다.

그러기에 백천만겁난조우(百千萬劫難遭遇) 아니겠습니까. 어쩌다가 우리가 정말로 모처럼 천재일우(千載一遇)의 호기(好機)를 만난 것입니다.

이 귀중한 기회, 이것을 놓치지 마시고 꼭 정말로 손해 없도록 그렇게 하는 것이 어떤 면으로나 좋습니다.

장사를 할 때도 역시 다른 고객들을 다 부처님같이 생각해보십시오. 그 자비스러운 말로 우리가 말을 한다고 생각할 때는 그냥 두 번 오고 세 번 오고 또 온단 말입니다. 어떤 분야나 마찬가지입니다. 이렇게 하셔서 꼭 금생에 위없는 행복을 누리시기를 간절히 빌어 마지 않습니다.

나무석가모니불(南無釋迦牟尼佛)! 나무마하반야바라밀(南無摩訶般若波羅蜜)!

六. 감로왕여래(甘露王如來)

> 부처님 가르침, 성자의 가르침은 바로 감로수같이 가장 맛있는 것입니다. 우리 생명을 영생불멸로 이끄는 최상의 맛입니다.

감로의 맛

우리 중생들의 맛 가운데 가장 기묘한 맛이 바로 감로의 맛입니다. 그러나 욕계 중생들의 그렁저렁 한 삶으로는 감로 맛을 맛보지 못하고 평생을 허무하게 보내버립니다.

그런 감로 맛의 근원은 어디에 있는가? 감로 맛의 근원은 감로왕여래라. 바로 부처님한테 감로 맛의 근원이 있습니다.

우리가 부처님 법을 믿을 때 잘 모르는 사람들은 부처님 법은 굉장히 딱딱하고 어려운 것이다, 그렇게 생각하기가 쉽습니다만 사실은 그렇지 않습니다.

부처님 법은 방금 말씀드린 바와 같이 우리 중생이 맛볼 수 있는 맛 가운데 가장 고상하고, 가장 마음이 서늘하고, 또 더 나아가서는 늙지도 않고, 아프지도 않고, 죽지도 않는 그런 맛이 바로 감로 맛입니다.

그렇기 때문에 부처님 법을 믿을 때는 감로 맛까지 가야 부처님 법을 제대로 공부했다고 할 수 있습니다.

보통 상식으로 생각할 때는 우리 인간이 무던히 좋은 것이라고 생각을 합니다만 우리가 영원의 차원에서, 인생과 우주의 본질적인 차원에서 보면 우리 인간이 그렇게 완벽하게 좋은 것만은 아닙니다.

이른바 존재론적으로 인간 존재는 대체로 무엇인가. 자기 존재를 명확하게 파악하지 못하면 인생을 가치 있게 살수가 없습니다.

따라서 우선 실존적으로 '인간 존재는 대체로 어떠한 것인가' 이러한 것을 알고 살아야 할 것인데 보통은 그렇지 못하고 남들 따라서 습관적으로 살아가고 있습니다.

이러한 문제를 가장 극명하게 가장 궁극적으로 밝힌 가르침이 바로 부처님의 가르침입니다.

우리가 제아무리 발버둥치고 바르게, 행복하게 살고자 해도 인간 존재인 나라는 존재가 지금 어떠한 상황인가. 우주의 진리 가운데서

인간은 어떠한 위상에 있는가.

이런 것을 알지 못할 때는 가치 있는 방향으로 우리 삶을 이끌어 갈 수가 없는 것입니다.

지혜와 더불어 하는 공부

지금 불교를 믿고 있는 분들 가운데서 믿기는 믿는데 별로 얻음이 없다고 하시는 분이 많이 있습니다. 저번에 어느 보살님 한 분이 산에 가서 백일기도를 모시고 왔다는데 아무런 얻음이 없었다고 호소하는 것을 보았습니다.

그래서 '공부를 어떻게 하셨습니까?' 하고 물어 보니까 그냥 덮어 놓고 염불만 하고 절만 많이 했다고 합니다.

그렇게 하는 것도 공부가 되지 않는 것은 아닙니다. 자기도 모르는 가운데 자기 몸과 마음에 공부가 다 스며들어서 그것도 훌륭한 공덕이 됩니다.

그러나 그런 식으로는 방편을 떠난 참다운 공부라고 할 수가 없습니다. 왜냐하면 부처님공부는 꼭 밝은 지혜(智慧)와 아울러 나아가야 참다운 불법(佛法)의 공부가 되는 것이기 때문입니다.

지금 불자님들은 각기 인연(因緣)에 따라서 가지가지 공부하는 방법을 쓰고 계시겠지요. 그 자체만 해도 귀한 공부입니다.

그러나 앞서 말씀드린 바와 같이 기본적으로 우리 인간은 어떠한 존재인가, 철학적으로 존재론적으로 자기 존재를 파악하고서 공부를 해야 합니다.

그렇지 못하면 과거 전생(前生)에 지어 내려온 번뇌(煩惱), 금생에 태어나서 지은 번뇌, 그런 번뇌에 가려져 공부가 잘 나아가지 않습니다.

과거에 조사(祖師) 스님들 말씀에도 '부달성공(不達性空)하면 좌선무익(坐禪無益)'이라.

이것은 우리 마음, 즉 일체성품, 일체존재, 일체현상이 다 비었다는 공의 도리를 모르면 참선(參禪)을 해도 별로 크게 얻음이 없다는 말입니다.

불자님들, 꼭 이런 말씀을 기억해두시기 바랍니다.

인간 존재나 일체 두두물물의 존재를 상식적으로 본다고 생각할 때는 우리 인간이 보는 대로 자타 시비(是非)가 있고, 선악 구분이 다 있습니다.

그러나 상식적인 차원을 넘어서 과학적으로 볼 때는, 과학도 전근대적으로 볼 때는 분명히 상식적인 범주를 못 넘어서 나도 있고, 너도 있고, 이 몸뚱이도 내가 생각한 대로 있고, 모든 존재가 있다고 보는 것입니다.

그러나 이른바 미시적인 우리 인간의 육안으로 볼 수 없는 세계를 취급하는 현대 물리학적인 차원에서 볼 때는 우리 중생이 보는 이대로 있지 않은 것입니다.

따라서 적어도 현대 과학적으로 볼 때는 '나'라는 주관도 또 그것에 대립되는 객관도 우리가 상식으로 생각하는 대로 있지 않은 것입니다.

더구나 부처님 가르침에서 볼 때는 여러분들이 다 아시는 바와 같이 제법(諸法)이 공(空)입니다. 이 간단한 진리 가운데에는 현대 과학도 미치지 못하고, 서구 철학이나, 어떤 가르침도 미치지 못하는 심심미묘한 가르침이 있습니다.

'제법(諸法)이 공(空)'이라. 제법(諸法)은 모든 만법(萬法)을 말합니다. 제아무리 공부를 많이 했다 하더라도 '제법이 공'이라는 소식을 모르면 불법을 모르는 것입니다.

또 현대 과학인 이른바 상대성 원리에서 오는 참다운 과학도 모르는 것입니다.

현상적인 일체존재는 상대적으로 잠시 모양을 나툰 것이지 실존적 실상으로 있는 것이 아닙니다.

우리는 부처님 가르침을 지금까지 상식적으로 믿어 왔기 때문에 별로 얻음이 없었습니다.

앞서 언급한 바와 같이 백일 동안 공부를 했다 하더라도 별로 얻음이 없다는 것은 부처님 가르침을 보다 기본적, 본질적으로 공부하신 것이 아니라 상식적으로 공부를 했다는 말이 됩니다.

상식만으로 볼 때는 틀림없이 자기 몸뚱이가 있고, 또 다른 사람 몸뚱이도 있고, 그리고 눈에 보이는 것은 물질세계뿐인 것입니다. 시간, 공간 그러한 범위 내에 들어 있는 그런 데서 한 발도 벗어나지 못하는 것이 상식적인 우리 중생들의 견해인 것입니다.

따라서 우리는 그렇게밖에 살지 못하는 한에는 항상 상대 유한적인 세계에서 내가 있고, 네가 있고, 나한테 좋게 하면 좋은 것이고, 내 단체나 내 종단에 좋게 하면 반가워서 좋고, 자기한테나 자기 소속 단체한테 누가 조금 언짢게 하면 원수같이 미워하게 됩니다. 이런 상식적인 범주 내에서는 우리 인간의 번뇌(煩惱)를 영원히 떨쳐 버릴 수가 없습니다.

과거 소크라테스나 플라톤도 우리 중생들이 보고 있는 모든 현상이라 하는 것은 허망한 그림자 같다고 말했습니다. 어떠한 위대한 철인치고 그렇게 말하지 않은 분이 없습니다.

그렇게 무수한 동서 철인들이 이구동성(異口同聲)으로 증명한 것을 지금 우리는 진리의 핵심인 부처님 법문 속에 들어와서도 오히려 상식을 못 떠나고 불교를 믿고 있다고들 합니다.

인도의 성웅 '간디' 같은 분도 '나는 그리스도를 좋아한다. 그러나 나는 크리스찬은 싫어한다'고 했습니다. 간디의 말은 우리가 지금 되새겨서 다시 말할 수 있습니다.

지금 우리나라의 불교의 상황을 볼 때에 많은 지성인들이 '나는 부처님을 좋아한다. 그러나 나는 불교인은 싫어한다', 이렇게 말할 수밖에 없는 것도 우리가 뼈아프게 반성하지 아니할 수가 없습니다.

과연 우리 불교인들이 상(相)을 떠나서 생각하고 행동하는 것일까. 상을 떠나서 행동과 말을 하지 않으면 자기한테나 자기 단체에 대해서나 무슨 이익이 될 것인가. 우리는 지금 다시없이 바쁘고 무서운 시대에 살고 있습니다.

서울서 여기 태안사(泰安寺)까지 오실 때 교통이 막혀 14시간 걸려서 오셨다는 분도 있습니다. 그렇다고 생각할 때에 한편 감사하고 한편 송구스럽기 짝이 없었습니다.

과연 그렇게 오셔가지고 무엇을 얼마나 얻어가지고 가실 것인가, 이렇게 생각하면 저 같은 사람은 자신이 없습니다. 무엇을 드려야 할지 자신이 없습니다.

도덕이 바로 서는 길

불자님들은 물론 어느 누구나 우리 사회의 도덕의 타락과 윤리의 퇴폐에 관해서 한탄하지 않는 분은 아니 계실 것입니다. 한 나라가 건전하게 되기 위해서는 꼭 윤리 도덕이 굳건히 확립이 되어야 하겠지요. 그러나 윤리 도덕은 그냥 상식적인 그런 범위에서는 바로 설 수가 없습니다.

부모한테 효도하기를 누가 싫어합니까? 남한테 베풀면 좋다는 것을 누가 모를 것입니까. 자기 단체만 생각하는 집단이기에 나쁘다는 것을 누가 모를 것입니까. 그러나 사회는 어제나 오늘이나 이 모양입니다.

공자가 태어난 춘추전국시대나 오늘날이나 별로 다를 것이 없습니다.

다만 우리 몸뚱이를 좀 더 편리하게 생활하게 되었다는 것밖에는 우리 도덕관념은 별로 발전됨이 없이 도리어 퇴폐가 되었습니다. 이렇게 하고도 우리 사회가 살아남을 것인가. 이렇게 하고도 우리 인간이 전쟁 없이 평화롭게 살 것인가.

참다운 도덕이 서기 위해서는 먼저 확실한 인생과 우주의 본질을 꿰뚫어 볼 수 있는 훌륭한 철학이나 종교가 있어야 하는 것입니다. 궁극적인 철학이나 종교가 서면 그때 도덕은 저절로 이루어지고 마는 것입니다.

우리가 혼탁한 탁수를 맑게 하기 위해서는 먼저 상류를 다스려야 하지 그냥 하류에서 물이 내려오면 맑게 할 수가 없습니다. 그러기에 중국 황하도 '백년하청(百年河淸)' 이라 하는 것입니다.

저 산서성, 그런 지방의 황토층에서 흘러내려온 흐린 물 때문에 황하를 제아무리 하류에서 맑게 해 보아도 맑게 할 수가 없단 말입니다. 그러기에 백년하청이라. 항상 물은 탁하단 말입니다.

그와 같이 우리 중생도 본질적으로 바른 가치관(價値觀)을 확립해야지, 그렇지 않고서 무엇, 무엇 하여라, 삼강오륜이 좋다, 제아무리 복지국가를 부르짖는다 하더라도 인간 자체가 본질적으로 달라져서 철학관이, 가치관이 바로 선 후에야 비로소 도덕적으로 바로 설 수가 있습니다.

이렇게 말씀을 드리면 부처님 가르침이 닦기 쉽다고 해 놓고서 철학을 꼬집어 내고 그러니까 굉장히 어렵게 생각이 되실는지 모르겠습니다만 사실은 어려운 것이 아닙니다.

철학이 별 것입니까? 석가모니도 예수도 공자도 어떠한 성인도 모두가 우주의 진리라는 근본철학에 입각해 있습니다.

지금 우리가 살고 있는 것도 역시 우주의 진리에 바탕을 두고 살고 있습니다. 따라서 한 마음 돌이켜서 성자의 말에 바로 겸허하니 귀만 기울이면 사실 철학은 굉장히 쉬운 것입니다.

인연법은 우주의 도리

'나'라는 존재가 금생에 부모님 연(緣) 따라서 태어난 것도, 그래서 몇 십 년 동안 사는 것도, 살다가 죽어서 가는 것도, 모두가 다 우주의 도리에 따라서 왔다 갔다 하는 것입니다. 철학, 그러면 어렵지만 인연법(因緣法)이라 그러면 쉽지 않습니까? 가장 고도한, 가장 확실한 철학이 인연법입니다.

따라서 불자님들은 앞서 말씀드린 바와 같이 지금 상식적으로 불교를 믿다가는 불교의 어려운 말로 자구불료(自求不了)라, 자기도 제대로 구제를 못한단 말입니다.

스스로 자(自), 구할 구(求), 아니 불(不), 마칠 료(了), 자기 하나도 구제를 못하는 것입니다.

자기도 구제하지 못한 사람이 소리 소리를 질러 봐도 남을 구제 못시키지 않습니까. 자기 스스로가 번뇌에 칭칭 구속되어 있는데 어떻게 남을 제도할 수가 있습니까?

그런데 앞서 말씀드린 대로 불교를 철학적으로 해석하지 않고서는, 바꿔서 말씀드리면 인연법으로 연기법으로 부처님 법을 해석하지 않고서는 자기도 구제를 못합니다.

아울러 자기 집안의 아들이나 딸이나 자기 남편이나 자기 아내한테도 영향을 못 줍니다.

인연법은 대체 어떠한 것인데 그와 같이 자기도 구제하고 남도 구제한다는 말인가.

인연법으로 본다고 생각할 때는 모든 존재가 서로 연관되어 있습니다. 눈에 안 보이는 원자 하나도 모두가 연관되어 있습니다. 저 영국에 있는 눈에 안 보이는 원자나 또는 한국에 있는 분자 하나 모두가 다 같이 연관되어 있습니다.

따라서 우주(宇宙)는 서로 연관되어 있는 하나의 유기체(有機體)입니다. 어느 것도 단독으로 존재하는 것은 없다. 이것이 인연법의 도리입니다.

어째서 우주의 만법이 서로 연관되어 있는가 하면 본래로 하나인 자리에서 인연 따라서 잠시 모든 존재의 모양이 나왔기 때문에 그러는 것입니다.

나라는 존재나, 너라는 존재나, 어떠한 미세한 존재나, 우주에 있는 두두물물이 본래는 하나의 자리에서 인연 따라서 잠시간 모양을 내고 있는 것이니까, 하나의 자리에서 본다고 생각하면 모두가 다 본래 하나의 생명입니다.

천지여아동근(天地與我同根)이오. 천지가 나와 더불어서 같은 뿌리요, 만물여아동체(萬物與我同體)라.

만물이 모두가 나와 더불어서 같은 몸입니다. 이것이 연기법으로 보는 가치관입니다.

 불자님들, 지금은 꼭 부처님 가르침을 본질적으로 믿으셔야 자기 구제(救濟)가 되고 자기 복리(福利)가 됩니다. 그렇지 못하면 이 세계의 탁류에 휩싸여 얽히고설킨 그런 상식(常識), 상식이라 하는 것은 비록 공통되는 점도 있다 하더라도 이 사람 의견 다르고 저 사람 의견 다르고 하지 않습니까.

 상대적인 범위에서 불교를 믿는다고 생각할 때는 이렇게 얽히고설킨, 이른바 많은 사람들이 나름대로 자기의 주장을 내세워서 이렇게 혼란 무궤도한 사회에 있어서는 힘을 못 냅니다. 지금은 저 사람의 주의나 나의 주의나 민주주의나 사회주의나 모든 것을 다 알고서 포섭할 수 있는 철학적인 지혜가 필요합니다.

 부처님 당시에도 이른바 96종 외도(外道)라, 아흔여섯 가지의 외도가 있었습니다. 부처님은 그런 가지가지의 외도를 다 포섭했습니다. 지금같이 공산주의 비슷한 것도 있었고 사회주의도 있었던 것입니다.

 따라서 지금같이 복잡다단한 현대를 바로 살기 위해서는, 현대를 바로 산다는 거창한 이야기를 않더라도 한 집안의 가장이 된다, 한 집안의 현모양처가 된다, 이런 차원에서만 본다 하더라도 지금 바른 철학이 없이는 살지 못합니다.

 앞서 말씀드린 바와 같이 우리 인간 이것이 만능의 존재가 아닙니다.

사람이라 하는 것은 전생에 선도 행하고 악도 행하고 그런 과보로 해서 잠시 지금 같은 몸을 받아 있습니다. 그렇기 때문에 인간이 아는 것도 역시 시간과 공간에 항시 제약이 따릅니다.

이 무제한적인 것을 우리 중생은 모르는 것입니다. 천상도 분명히 존재하고 지옥도 분명히 존재하건만 중생은 어두워서 탐진치(貪瞋癡; 탐내어 그칠 줄 모르는 욕심과 노여움과 어리석음) 삼독심(三毒心)에 가려져 못 봅니다.

우리가 못 본다 하더라도 분명히 존재합니다. 원자가 우리 눈에는 안 보이지 않습니까. 바람이 안 보이지 않습니까.

그와 똑같이 인간 존재라 하는 것은 지금 인본주의자(人本主義者)가 내세울 정도로 그와 같이 우리 인간이 만물의 영장이 아닙니다.

과거 전생에 지은 업장을 따라서 잠시 사람 모양을 하고 있는 것이 지금 인간 존재입니다. 여러분들이 반야심경을 해서 다 아시지 않습니까. 내 몸뚱이도 지수화풍(地水火風) 사대(四大)가 잠시 합해 있는 것입니다.

자기 몸의 모든 허물

모든 허물이 자기 몸에서부터 나옵니다. 자기 몸뚱이만 소중하고,

그 다음은 자기가 좋아하는 사람의 몸이 소중하고, 여기서부터 인간의 죄악이 싹터 나옵니다.

자기 몸뚱이를 초월하는 그런 지혜가 있을 때는 인간의 고뇌는 발생할 수도 없습니다. 따라서 우선 모든 죄악의 원인이 되어 있는, 모든 죄악의 근본이 되어 있는 자기 몸뚱이가 무엇인가.

이 몸뚱이를 인연법으로 볼 때는 산소, 수소, 탄소, 질소 그런 원소들이 인연을 따라서 잠시 결합되어서 이와 같은 현상을 냈단 말입니다. 이 현상을 보고 내 것이다, 이렇게 말하는 것이 우리 중생입니다.

앞서 어렵게 말씀을 드렸습니다만 존재론적으로 말씀을 드린다면 우리 몸이 그와 같이 허망무상한 것입니다. 인연을 따라서 잠시 모양을 나투어 있는 것입니다.

이렇게 말씀을 드려도 역시 자기 몸이 소중한 분은 어쩔 수가 없습니다.

우리 범부는 모양만 보이는 것이지 모양의 본질인 저쪽 세계, 참다운 실상(實相) 세계는 보지 못하는 것입니다.

실상 세계를 경험하는 것을 견성(見性)이라 합니다. 볼 견(見), 성품 성(性), 인생과 우주만유의 본성인 불성(佛性)을 체험하는 것을 가리켜서 견성이라고 합니다.

견성이 되어야 몸뚱이가 소중하다는 생각을 떨쳐버릴 수가 있는 것입니다.

견성을 미처 하지 못한 사람은 말은 그럴 듯하지만 돌아서면 내나야 자기 몸이 더 소중합니다. 자기 아들 몸이 더 소중합니다.

그런 차원에서는 아직 속물입니다. 속물근성을 미처 못 떠나서 사회운동을 한다, 무엇을 한다, 물론 해야 되겠지만 그런 운동이 온전히 될 수가 없습니다.

그렇기 때문에 우리는 무슨 운동을 하든지 간에 선행적으로 해결해야 할 문제는 자기 스스로가 먼저 속물을 떠나야 되는 것입니다. 떠나려고 애써야 되는 것입니다.

떠나려고 몸부림치고, 남을 비판하는 그런 안목으로 우선 자기를 비판해서 속물을 떠나야 합니다.

부처님 가르침은 앞서도 말씀드린 바와 같이 감로수(甘露水) 같습니다.

감로수같이 정말로 진진하고 불멸의 행복(幸福)과 자비(慈悲)와 지혜(智慧)와 모든 것을 다 포함한 그런 맛입니다. 그런 맛에 정말로 우리가 가까워지면 그때는 몸도 마음도 가뿐하니 행복에 충만하게 됩니다.

우리 몸도 마음도 행복에 충만한 그 자리가 그렇게 어려운 자리는 절대로 아닙니다.

우주의 주인공

이 자리에 와서 계실지 모릅니다만 며칠 전에 양 여사가 찾아와서 만났습니다. 그는 30년 동안 물만 먹고 지냈다고 합니다. 우리 상식적으로 생각할 때는 그것이 도저히 믿기지 않는 말씀이 되겠지요. 그러나 저는 확실히 믿습니다.

사람이 어떻게 30년 동안 물만 먹고 살 것인가. 우리 몸을 지탱하기 위해서는 몇 칼로리의 단백질을 먹어야 하고, 무슨 무슨 영양을 갖추어서 먹어야 할 것인데 어떻게 그렇게 살 수 있을 것인가.

우리는 지금 인간의 본성인 우리 마음을 믿는 정도가 너무나 얄팍합니다.

우리 마음이 지금 눈에 안 보인다고 그래서 우리 몸과 더불어서 소멸되어버리는 그러한 존재는 아니지 않습니까. 마음은 바로 우리 주인공(主人公)인 것입니다. 우리 마음은 바로 우주의 실상(實相)입니다.

내 마음이나, 그대 마음이나, 또는 다른 동물의 마음이나, 식물 마음이나, 공기 마음이나, 흙 마음이나, 모두가 다 그 본질은 똑같은 진여불성(眞如佛性)입니다.

진여불성은 만유를 생성, 섭리하는 힘이 있는 것입니다. 조그마한 겨자 씨, 가벼워서 몇 그램도 못 되는 겨자 씨 하나가 낙락장송의 잣나무가 되는 것을 보십시오.

잣나무 씨를 제아무리 우리가 분석을 해서 보아도 그 겨자 씨 가운데는 유전 정보는 들어 있어도 낙락장송 그 자체는 들어 있지 않습니다. 그게 들어 있지 않지만 그와 같은 여건이 성숙하면 낙락장송이 된단 말입니다.

우리 인간 존재도 부모님에 의지해서 나올 때는 그때는 일점혈육입니다. 눈에 보이지도 않는 식(識), 업식(業識)인데 그것이 여건이 닿아서 차근차근 영양을 섭취하면 이렇게 50kg, 40kg의 몸이 되지 않습니까.

시초에는 다 마음뿐입니다. 지금 하늘에 있는 금성, 토성, 목성 하지만 이런 것도 역시 현대 물리학도 증명을 합니다만 과거에는 텅텅 비었던 것인데, 태양계가 이루어지고 지구도 이루어지고, 텅텅 빈자리에서 이른바 무(無)의 자리에서, 공(空)자리에서 만유(萬有)의 유(有)가 나왔단 말입니다.

이와 같이 무라는 것은 다만 무가 아니라 신비 부사의(不思議)한 만유를 갖춘 무입니다.

그렇기 때문에 연기법으로 인연만 닿으면 그때는 사람이고 하늘에 있는 달이고 별이고 다 나오는 것입니다.

따라서 우리 몸은 꼭 영양을 얼마만큼 먹고, 단백질을 얼마만큼 섭취하고, 야채를 얼마만큼 먹고, 그렇게 해서만 사는 것은 절대로 아닙니다.

저는 그런 생리학이나 의학에 어두워서 그쪽 소식을 잘 모릅니다. 그렇기 때문에 저는 단언할 수 있는 그런 자격은 없습니다만 아무튼 저는 부처님 법을 믿기 때문에 음식이라 하는 것은 적게 먹을수록 우리 몸에 좋다고 생각합니다.

우리 중생이 생사 윤회(輪廻)하는 세계가 여러분들도 아시는 바와 같이 욕계(欲界), 색계(色界), 무색계(無色界) 아닙니까. 욕계, 색계, 무색계 가운데서 욕계에 한해서만 음식을 먹고 살아갑니다.

색계와 무색계에서는 음식을 먹지 않습니다. 먹지 않고서 그냥 마음 그대로 영생(永生)하는 것입니다. 같은 욕계 내에서도 사대왕천(四大王天)이나 도리천(忉利天) 같은 천상은 냄새만 맡는 것이지 이것저것 물질을 먹고 살지 않는 것입니다.

30년 동안 물만 먹고 살았다는 그 분을 만나 보니까 그야말로 수정같이 맑았습니다. 판단하는 것도 그렇게 맑은 판단을 했습니다.

왜냐하면 자기 몸뚱이에 대해서 아무런 관념이 없단 말입니다. 이른바 그렇게 맑은 사람들은 음식욕, 이성욕, 잠욕, 그런 것은 사실 없는 것입니다.

그분만 할 수 있는 것이 아니라 누구나 다 마음만 먹으면 할 수가 있습니다.

신앙은 매서운 결단입니다. 부처님 말씀을 100% 믿고 매서운 결단을 내려야 하는 것입니다. 그래야 자기 이상의, 자기 몸뚱이에 국한되어 있는 이상의 힘을 내는 것입니다.

그렇지 않고 내 몸은 지금 몇 kg이고, 나는 지금 힘을 내면 완력은 얼마나 강하고, 내가 지금 몇 kg을 들고, 이런 정도로 우리 능력이 국한되어 있는 것은 아닙니다.

평소에는 별로 힘이 없는 사람도 하찮은 기압 기술로 해서 초인적인 힘을 내는 것을 보십시오. 그것만 본다 하더라도 본래 우리에게 잠재해 있는 힘은 무시무시한 힘입니다.

나아가서는 무한의 힘입니다.

무한의 진여불성

무한의 힘, 무한의 자비, 무한의 지혜, 바로 그 자리가 진여불성자리입니다. 만유의 근본 성품자리가 바로 진여불성자리입니다. 그렇기 때문에 부처님 공부는 모두가 우리 중생이 진여불성을 투철히 인식하고, 그 다음에는 진여불성과 하나가 되기 위해서 공부하는 것이 우리 불자입니다.

그러나 과거 전생에도 업장(業障)을 많이 짓고, 금생에도 업장을 많이 지어 놓아서 단박에 본래 생명자리인 진여불성과 하나가 되기는 어렵습니다.

그렇지만 이론적으로 우리가 먼저 인식해야 합니다. 바른 가치관을 먼저 확립시키십시오. 나와 남이 더불어서 절대로 둘이 아니고, 천지가 하나의 생명자리입니다. 하나의 생명자리에서 연기 인연법으로 잠시 만유가 형성이 되었습니다. 그렇기 때문에 우리가 갈 곳은 우리 본래 생명자리로 돌아가는 것입니다. 이 자리에 모든 가치가 다 수렴됩니다.

불교 운동도 어떤 명목을 가지고 하든 '나, 너나, 모두가 다 구분이 없이 진여불성 자리로 다 더불어 돌아가야 한다', 이렇게 대전제를 세우고 불교운동도 해야 하는 것입니다.

우리 불자님들 자기 아들과도 둘이 아닌데 자기 아들을 자기 소유같이 함부로 할 수가 있습니까? 또 부모와 내가 둘이 아닌데 부모를 함부로 할 수가 있습니까.

자기 아내와 남편도 본래로 둘이 아닙니다. 따라서 자기 아내나 남편한테도 존중하게 대해야 합니다.

어느 분들은 남자가 되어 놓으면 자기 아내한테는 '~해라' 하고 당당하게 말하는 분도 있습니다.

자기 아내는 남편에게 공대해서 '하시오' 하는데도 남편은 아내한

테 반말을 한단 말입니다. 그럴만한 권리가 아무것도 없습니다.

본래 하나의 부처인데 누구한테나, 자기 아내한테나 남편한테나 또는 거지한테나 누구나 다 부처님같이 대해야 그래야 불자입니다.

부처님께서 보시고 성자가 보신다고 생각할 때는 다 부처 아님이 없는 것인데, 똑같은 진여불성에서 왔기 때문에 현상적인 것도 이 허망한 모양을 떠나서 다 똑같은 부처님입니다. 그렇기 때문에 누구를 대하든 우리 재산을 빼앗은 그 사람에 대해서나 또는 금생에 인연이 잘못 닿아서 우리 어버이를 죽인 그 사람한테나 똑같이 부처님같이 대해야 합니다.

비판할 때는 비판을 한다 하더라도 우리 근본 마음은 그래야 화해가 되고 해빙이 됩니다.

그렇지 못하고서 현상적으로 나한테 좋게 대하고 내 단체한테 좋게 대하면 좋아하고, 나한테나 내 단체한테 해롭게 대하면 싫어한단 말입니다.

그것은 세속적인 사람들이 하는 것입니다. 부처님 가르침을 여러분께서는 가볍게 생각하지 마십시오.

부처님 법을 절대로 가볍게 생각을 마십시오. 제가 승려이니까 이런 말씀을 드리는 것은 아닙니다.

현대의 어떠한 문제든 교육, 정치, 경제, 어떠한 분야에 있어서나 부처님의 가르침이 아니고서는 해결을 못합니다. 한계에 이르러 있는 기독교나 또는 이슬람교나 그런 것도 역시 부처님의 가르침이 아니면 해결을 못합니다.

그러기에 몇 백 파가 되어가지고 싸우고 있지 않습니까.

무슨 주의, 무슨 사상도 역시 부처님의 가르침이 아니고서는 하나도 용해를 시키지 못합니다. 왜냐하면 부처님의 가르침이 돼야 모두가 다 하나의 자리를 알 수 있기 때문입니다.

앞서도 누누이 말씀드렸습니다만 다른 가르침은 천 갈래, 만 갈래 다 갈림길이 생기는 것이지만 부처님의 가르침은 갈림길이 없이 모두가 다 하나로 합해진단 말입니다. 본래도 하나인데 우리 중생이 잘못 보아서 갈라서 본 것입니다.

여러분들께서 본래 하나인 도리가 확실히 감이 잡히지 않는다 하더라도 부처님을 믿는다고 생각할 때는 거짓말하지 않고, 중생을 속이지 않고, 바른대로 여실히 말하시는 부처님 말씀을 믿어야 하는 것입니다. 이것이 신앙입니다.

모든 중생을 부처님같이

나나 너나 모든 존재가 본래 둘이 아니다. 이렇게 믿고 모든 중생

을 부처님같이 대해야만 불교의 믿음입니다. 그래야 부처님의 제자가 됩니다.

그렇지 않으면 부처님의 도리, 앞서 말씀드린 바와 같이 연기의 도리에 어긋나는 것입니다. 분명히 하나의 도리에서 왔기 때문에 -본래는 하나라 하더라도 사람이 되고 다른 짐승이 되고 했으면 그때는 구분이 있지 않겠는가- 구분이 있게 보는 것은 우리 중생이 구분이 있게 보는 것이지 성자는 하나의 생명체, 부처님으로 보는 것입니다.

왜냐하면 부처님 도리 연기법으로 고찰한다면 본래 물질이 없는 것이기 때문입니다. 본래 공한 자리에서 잠시 그림자 같은 상을 낸 것이 내 몸이고, 네 몸이고, 달 또는 해라고 하는 것이지 본래 고유한 모양이 없습니다.

모양이 없기 때문에, 본래 모습 그대로 부처한테서 왔기 때문에 사람이 되고 개가 되고 새가 되고 소가 되고 했다 하더라도 바로 그대로 부처님입니다.

산도 부처고 물도 부처고 다 부처입니다. 산은 산이요, 물은 물이다 하면 산은 그대로 산이요, 물은 물이라고 생각할는지 모르겠지만 바른 견해인 연기법으로 고찰할 때는 산도 부처님이고 물도 부처님입니다.

그러기에 소동파 같은 분도 산은 바로 부처님의 청정법신의 몸이요, 또 물의 흘러가는 소리는 바로 부처님의 그런 광대무변한 법문이요, 이렇게 말했던 것입니다.

부처님한테 가는 길은 바로 행복한 길입니다. 한 걸음 가면 한 걸음 간 만큼 우리 업장이 녹아지고 동시에 우리 마음도 감로수 같은 그런 맛이 차근차근 우리한테 다가오는 것입니다.

그렇게 하기 위해서는 바로 믿으셔야 합니다. 본래가 우리 눈으로 보는 물건은 제아무리 좋다 하더라도 그것은 중생 차원에서 있다고 보고, 보석으로 보이는 것이지, 본래의 차원, 연기법의 그런 우주의 도리에서 본다면 다 텅텅 비어 있습니다.

그렇게 보시고서 그런 자리를 놓치지 않기 위해서 화두(話頭)가 있고, 염불(念佛)이 있고, 주문(呪文)이 있습니다. 어느 화두나 염불이나 주문이나, 부처님 팔만사천법문 모두가 본래로 하나의 자리를 놓치지 않기 위해서 있습니다.

무아, 무소유

하나의 자리이기 때문에 본래로 나와 남이 둘이 아니고, 그렇기 때문에 무아(無我)입니다.

본래 내가 아니거든 내 소유가 어디에 있는가. 내 공장도, 내 집도 모두가 이것은 다만 잠시 관리하는 것이지 본래 내 것이 아니란 말입니다. 그렇기에 남을 착취하는 그런 사회는 우리가 구성할 수가 없습니다.

연기법으로 보나 어느 면으로 보나 본래 내가 아니거든 내 소유가 있을 수가 없는 것입니다. 무아(無我), 무소유(無所有), 이 명제만 해결된다면 다른 것은 다시 말할 것도 없이 다 해결이 됩니다.

그렇기에 부처님 법문을 바른 가치관과 철학으로 믿는다고 생각할 때는 홍로일점설(紅爐一點雪)이라.

뜨거운 화로에 한 줌의 눈을 넣으면 금세 녹아버리듯이 미워하는 사람도 단체도 없는 것입니다. 모든 갈등이 부처님의 연기법으로 보면 눈 녹듯이 다 녹아버리는 것입니다. 해결하기 참 쉬운 것입니다. 어려운 것이 없습니다.

자기를 내세우고 자기 단체를 내세우고 자기 소유를 내세우고, 이렇게 하면 항시 서로 다투고 싸우고 갈등하고 반목하고 그렇게 됩니다.

우리는 현실적으로 살아갈 때는 현실에 적응해서 여러 가지로 판단도 필요하겠습니다만 가장 기본적인 판단의 기준은 우주만유가 본래로 하나의 생명체라는 곳에 두어야 합니다.

본래 하나인 그 자리는 물질이 아닌 진여불성, 영생불멸한 생명자리입니다. 그 자리에서 달이 되고 해가 되고 사람이 되었다 하더라도 본체는 조금도 변질이 없이 모두가 다 진여불성입니다.

기독교의 본질도 다 똑같은 것입니다. 우주는 하나님뿐인 것입니다. 우주는 부처님뿐인 것입니다. 다만 이름만 다를 뿐인데 우리 중생이 다르다고 잘못 보는 것입니다.

우리 중생은 상대 유한적인 그런 속물로 보기 때문에 바로 볼 수가 없는 것입니다. 따라서 겉으로는 현상적인 상대적인 세계에서는 나요, 남이요 또는 좋다, 궂다, 밉다, 사랑한다, 하지만 진실로 우리 마음을 열어서 본질로 보면 모두가 다 하나의 몸, 하나의 마음이다, 이렇게 생각하고 수행을 하여야 합니다.

성자의 생활은 언제나 한마음으로 생활하는 것입니다. 어느 성자가 자기 몸은 아끼고 남을 함부로 하는 성자가 있었습니까.

서두에서 말씀드린 바와 같이 부처님 가르침, 성자의 가르침은 바로 감로수같이 가장 맛있는 것입니다. 우리 생명을 영생불멸로 이끄는 최상의 맛입니다.

영생불멸한 생명자리인 진여불성과 하나가 된다고 생각할 때는 환희광불(歡喜光佛)이라. 언제나 우리 몸도 마음도 환희에 넘쳐서 몸에 거북한 것도 그냥 다 풀리고 마는 것입니다.

사실은 우리 몸이라 하는 것은 마음의 핵(核) 위에 이루어진 하나의 거죽에 불과해 놓아서 우리 마음으로 성자의 길을 온전히 따르면 신비로운 힘으로 해서 우리 몸에 웬만큼 거북한 것은 다 풀리는 것입니다.

여러분들이 호흡법을 공부하든 또는 다른 공부를 하든, 최근 유행하는 기공을 공부하든 다 바른 가치관으로 하여야 공부가 빨리 됩니다. 어떤 공부나 다 그렇습니다.

정치를 하거나 사회운동을 하거나 꼭 제가 말씀드린 가치관, 석가모니가 말한 것이고, 예수가 말한 것이고, 공자가 말한 것입니다. 천지우주는 모두 다 하나의 몸, 하나의 마음입니다.

그 자리에서 그 철학으로 모든 것을 연역해서 생각하셔서 꼭 금생에 본래 태어난 그 자리, 내 생명의 본래자리를 가까이 하다가 종당에는 하나가 되어버리는, 이것이 우리 생명 가치의 가장 소중한 목적입니다.

이렇게 감로왕여래(甘露王如來)! 환희광불(歡喜光佛)!

부처님의 염원은 다 행복으로 모든 지혜로 또는 능력으로 충만해 있습니다. 자비도 충만하고 행복도 충만하고 지혜도 충만한 자리입니다. 우리 생명의 본바탕이고 우리 생명의 본질이 바로 그 자리입니다.

그 자리를 놓치지 않고 여러분들이 하시는 공부, 화두나 염불이나 주문으로 정진을 하셔서 꼭 금생에 본래 면목을 성취하셔서 위없는 행복을 누리시기를 간절히 바라면서 오늘 말씀을 마칩니다.

七. 일체유심조(一切唯心造)

> 모두가 다 부처 아님이 없고 모두가 다 하나님 아님이 없다. 이렇게 생각하십시오. 그때는 기독교나 불교나 이슬람교나 모두가 똑같은 진리 하나의, 그야말로 참 아름다운 진리의 전당이 안 될 수가 없습니다.

부처님 말씀은 금구직설(金口直說)입니다. 금구직설이란 다시 변동할 수 없는 결정적인 말씀이란 그런 뜻입니다.

세속적인 논리 전개라든가 이론 같은 것은 그때그때 변할 수도 있지만 부처님 말씀 또는 성자님 말씀은 변동이 없습니다. 왜냐하면 성자는 항상 사실을 사실대로 말씀하시기 때문입니다.

가령 무아(無我)라, 무아는 여러분들 잘 아시는 없을 무(無), 나 아(我), 무아(無我) 아니겠습니까. 불자님들이 그때그때 무아를 극복 못

하면 참다운 불자가 될 수가 없습니다.

사실은 무아가 되어야 불법(佛法)인 것이고 무아가 못 되면 불법이 못됩니다.

내 존재란 것이 지금 내 몸뚱이 이대로 존재하고 내 생각은 나대로 생각이 있고, 이렇게 분명히 있는데 왜 이것이 무아가 될 것인가, 이렇게 의단을 품습니다. 그러나 우리가 지금 나라고 하는 것은 이것은 잘못 보고서 착각하고서 '나'라고 하는 것입니다. 사실을 사실대로 보지 못합니다.

모든 인연(因緣)이 화합되어서 잠시 나라는 것이 있는 것같이 보이는 것이지 실존적으로 어제나 또는 오늘이나 내일이나 변함없이 존재하는 나는 없습니다.

그래서 아까 말씀드린 바와 같이 '나'라고 하는 아(我)에 집착하면 그때는 아집(我執), 그래서 우리 범부(凡夫)가 부처님 법을 그릇되게 해석하는 망집(妄執)이 됩니다. 망상(妄想)이 됩니다.

부처님 법은 아집이라 하는, 나라 하는 주관적인 집착과 또는 대상적인, 우리 눈앞에 전개되는 모든 것은 실제로 존재한다, 이런 대상적인 존재에 집착하면 법집(法執)이라고 합니다.

그래서 주관적인 집착인 아집과 객관적인 집착인 법집을 떠나야 그래야 불법이 되는 것입니다.

부처님께서 대승경전을 설하실 때는 천고자연명(天鼓自然鳴)이요, 천우만다화(天雨曼陀華)라, 이런 말씀이 있습니다. 법화경에도 있고 다른 대승경전을 설할 때도 그런 말씀이 나옵니다.

천고자연명(天鼓自然鳴)이라, 하늘 천(天), 북 고(鼓), 하늘의 북이 자연명(自然鳴)이라, 하늘의 북이 저절로 울린단 말입니다.

우리 인간은 우리 인간의 인식되는 범위만이 다고 다른 것은 존재하지 않는다, 이런 단순하고 소박한 생각을 한단 말입니다.

그러나 그렇지가 않습니다. 인간의 눈에는 안 보인다 하더라도 형이상학적(形而上學的)인 세계가 한도 끝도 없이 많습니다.

가령 천상도, 현실적인 것만 집착하는 사람들은 천상도 긍정하지 않을 수 있지요.

그러나 욕계(欲界)천상만 해도 욕계 6천이라, 색계(色界)천상 18천이라, 무색계(無色界)천상 4천이라, 욕계ㆍ색계ㆍ무색계 해서 28천의 하늘이 있단 말입니다.

우리 인간이 인간 정도의 업장(業障)을 지어서 인간으로 태어난 것이지 인간이 최상의 그러한 복지(福祉)는 절대로 아닙니다.

그래서 우리가 조금만 우리 공부가 되어서 익어진다거나 또는 대승경전에 대해 신비로운 황홀경에 젖으면 그냥 아까 말씀드린 바와 같이 천고자연명이라, 하늘의 북소리가 어디서 난데도 없이 항상 우리한테 울려온단 말입니다.

천우만다화!

하늘 천(天), 비 우(雨), 또 하늘에서는 만다라화(曼茶羅華) 마하만다라화(摩訶曼茶羅華)!

만주사화(曼珠沙華) 마하만주사화(摩訶曼珠沙華)!

하늘의 꽃이 그때그때 항시 비가 내리듯 대승경전을 축복하고 우리 중생의 마음이 그만치 맑아지면 우리 업장이 녹아진다면 자기도 모르는 가운데 그런 만다라화 마하만다라화! 만주사화 마하만주사화! 이런 꽃비가 우리를 감싸는 것입니다.

법화경에도 법화경을 설할 때는, 대승무량경(大乘無量經)을 설하십니다. 대승무량경을 설하실 때 부처님께서 상서로운 모습을 우리한테 보여주셨습니다.

그래서 우리 마음이 맑아지고 우리 공부가 익어지면, 우리가 공부할 때 어느 때는 싫증도 나고 그럴 수가 있지 않겠습니까.

난데없이 청정미묘한 북소리가 울려오고 또는 찬란한 꽃비가 내리는 것을 우리가 스스로 봤을 때는 그때는 우리 피로라든가 싫증이 난데없이 몽땅 다 가신다는 것입니다.

우리 불자님들 잘 아시지 않습니까. 극락(極樂)이라, 극락 그러면 부처님께서 우리한테 방편으로 인생고(人生苦)가 하도 많으니까 마음을 편하게 가지라고 해서 사무칠 극(極), 즐거울 락(樂), 아주 행복한 극락세계가 있다, 이와 같이 우리한테 이상(理想)을 제시하는 것이지 실제로 극락은 있는 것이 아니다, 이렇게 보통은 생각합니다.

그렇게 되면 극락세계를 말씀한 대무량수경(大無量壽經)이나 아미타경(阿彌陀經)이나 관무량수경(觀無量壽經)이 거짓말이 되겠지요.

우리는 항시 우리 중생의 지금 알고 있는 인식범위(認識範圍)가 얼마나 좁은 것인가, 이것을 느껴야 한단 말입니다.

철학의 아버지라 하는 소크라테스는 여러분께서 잘 아시지 않습니까.

소크라테스는 아테네의 레스폰 신전의 주랑에 보니 '먼저 그대 스스로를 알라'라는 말이 기둥에 새겨져 있단 말입니다.

단순히 자기반성을 하고 함부로 경망한 짓을 하지 말라는 그런 경고적인 표현이 되겠습니다만, 소크라테스 같은 진지한 분, 정말로 내 스스로가 무엇인가, 내 자아(自我)가 무엇인가, 이렇게 자기를 천착(穿鑿)하고 파고들어가는 그런 철학적인 인간으로 해서는 보통 말이 아니란 말입니다.

정말로 진정으로 나라는 것이 무엇이란 말인가. 소크라테스는 그걸 파고들어가고 또 더욱더 깊이 천착하고, 그래서 드디어는 엑스터시(Ecstasy), 이른바 망아(忘我) 아닙니까. 자기도 모르는 가운데 자기 한계를 넘어서는 깊은 이른바 삼매(三昧)에 들었단 말입니다.

삼매란 것은 우리 마음을 하나로 집중해서 다른 산란한 마음이 나지 않는 것이 이른바 삼매에 대한 소박한 풀이가 아닙니까.

그런데 소크라테스는 정말로 자기탐구를 하던 끝에, 그때 기록을 좀 보면 소크라테스가 어느 날에는 길을 가다가 갑자기 멈춰서가지고 종일 한 발짝도 옮기지 않고서 그 자리에서 명상에 잠겼다고 그래요. 사람들이 구경 와서, 더러는 하도 자리를 안 떠나니까 이불을 가지고와서 이불을 깔고서 거기서 자면서 소크라테스가 어느 때나 떠나는가 보려고 했다고 그래요.

그럴 정도로 지독한 집념이 강한 그런 것으로 해서 이른바 망아라, 황홀한 자기 존재의 실상을 깨닫는 엑스터시의 그런 경지에 몰입했습니다. 그래서 참다운 자기를 깨달았단 말입니다.

그러기에 나중에는 자신을 가지고 아테네의 이 거리, 저 거리를 다니면서 청년들을 지도하고, 또 나중에는 청년들을 타락시킨다는 고발을 당해서 옥중에 갇혀서도 아무런 두려움 없이 독배(毒盃)를 마시면서 그야말로 태연자약(泰然自若)하게 자기 생을 마친 분이 이른바 철학의 아버지라는 소크라테스 아닙니까.

우리는 종교철학에 있어서 아주 깊이 기억해 둘 위대한 철학자가 또 한 사람 있습니다.

서기 3세기 전에 등장한 '플로티노스'는 이집트 태생인데 로마에 나와서 많은 사람을 지도한 분입니다.

플로티노스는 우리 종교철학을 하는 사람들이 꼭 두고두고 기억하면서 귀감을 삼을 만한 위대한 분입니다.

우리 불교인이야 부처님 가르침을 다 포함하고도 남지만 제가 말씀드리는 것은 일반적인 말씀을 드리는 것입니다.

플로티노스 철학은 여러 가지로 우리가 참으로 주목할 만한 그런 것이 되기 때문에 제가 말씀을 드리는데, 그 일자(一者 ; nous ; the one)라, 한 일(一), 놈 자(者), 일자의 철학이란 말입니다. 모든 것이 하나에서 나와서 다시 하나로 돌아간단 말입니다.

어떠한 것도 하나에서 나오지 않은 것이 없고 어떠한 것도 하나에서 나와서 다시 하나로 본래 돌아가지 않는 것이 없습니다. 이런 도리야 우리 불교에서는 너무나 잘 알고 있는 도리 아니겠습니까.

플로티노스가 한 말 가운데서 중요한 말씀이 많이 있습니다.

그 가운데서도 우리 영식(靈識)이 우리 마음이 맑아지면 차근차근 자기도 모르는 가운데 그 일자라는 본래 근본자리로 가까워진다는 말입니다. 그래서 맑고 맑아지면 드디어는 그때는 하나로 딱 일치가 돼버린다는 말입니다.

이른바 하나라는 근원적인 도리와 신비적합일(神秘的合一)이라, 그것을 보고 신비적합일이라 그래요. 직관적(直觀的)으로 하나가 된다는 그런 뜻이겠지요.

그리고 플로티노스를 중요하게 생각하는 것은 무엇 때문인가 하면, 사실은 플로티노스가 이른바 자기 스스로 모두 다 독창적으로 얘기한 것은 아닙니다. 플라톤주의에 근원을 두고 있단 말입니다.

그래서 플로티노스 학파를 가리켜서 신플라톤주의 그래요. 신플라톤주의라.

그런데 사실은 서구 서양철학을, 저는 불교인이라 아직도 제가 철학서를 깊이 연구한 것도 아닙니다. 다만 상식적으로 어디 가서 말하려고 하니까 그때그때 봐야겠지요. 그런 정도에 지나지 않습니다.

서양의 위대한 철학자는 대체로 신플라톤주의를 표방했어요. 가령 기독교인(基督敎人) 중에서도 위대한 신학자(神學者)가 많이 있습니다.

맨 처음 초기에 4세기경에 아우구스티누스도 위대한 교구(敎區)철학의 완성자인데 그분도 위대한 분인데 그분 철학에도 플라톤주의가 있습니다.

그분 철학에도 이른바 플로티노스의 철학이 거기에 상당한 분야를 차지한단 말입니다.

아우구스티누스가 말교로부터 기독교로 온전히 개종할 때는 신플라톤주의의 영향을 대단히 많이 받았다고 되어 있습니다.

그리고 9세기에 에유기나, 이분도 위대한 신학자입니다. 에유기나도 역시 신플라톤주의의 영향을 받았습니다.

또 그 뒤에 13세기에 토마스 아퀴나스, 이분은 신플라톤주의를 비판하면서도 역시 신플라톤주의 영향을 받았습니다.

15세기에 유명한 신비철학자인 에크하르트, 또는 15세기에 니콜라스 쿠다니스, 이분은 추기경입니다.

니콜라스 쿠다니스도 굉장히 위대한 추기경입니다. 이분도 역시 신플라톤주의 영향을 받았습니다.

신플라톤주의를 한마디로 하면 어떠한 것인가. 제가 주로 말씀하고자 하는 것은 신플라톤주의가 의지하는 사상적 핵심을 말씀드리고자 하는 것입니다. 그것은 이른바 범신론(汎神論)입니다. 범신론이라.

우리가 현대를 철학의 빈곤 철학의 부재(不在)라, 이런 말씀을 하지 않습니까. 알기는 많이 아는데 그 본질적인 문제는 사람들이 잘 모른단 말입니다.

본질적인 문제를 잘 모르는 그것이 이른바 철학의 빈곤, 철학의 부재라고 하는 것입니다.

본질적인 문제를 알아야 참다운 세계관, 인생관이 되어서 자기도 바르게 지도하고, 또는 가족문제라든가 모든 인간의 갈등문제를 풀 수 있을 것인데, 그 본질적인 문제를 모르면 그때는 역시 똑같이 혼란한 가운데 혼란한 지식정보 가운데 우리가 파묻히고 맙니다.

  범신론(汎神論)은 천지우주, 자연계가 바로 신이 아님이 없다, 이런 사상이란 말입니다.
  범신론을 우리 불자님들은 잘 모르는 분들은 잘 외워두십시오. 사상적으로 굉장히 중요한 그러한 하나의 주장이고 진리의 중요한 지침이 되는 것입니다.
  천지우주가 바로 신이 아님이 없고, 천지우주가 바로 신이 아님이 없다는 것은 천지우주가 하나님이 아님이 없고, 또는 천지우주가 우리 불교식으로 말하자면 부처님이 아님이 없다는 뜻입니다.
  불교에서는 모두가 다 부처님이 아님이 없다는 뜻 아닙니까. 따라서 넓을 범(汎), 귀신 신(神), 범신론입니다.
  따라서 범신론을 가지면 기독교나 불교나 이슬람교나 모두가 하나가 되는 것입니다. 자연계 모두가 다 신이 아님이 없으니까 말입니다. 얼마나 편리한 사상입니까.
  그래서 자고로 위대한 분들은 대체로 적고 많고의 차이는 있다 하더라도 범신론적 요소를 다 갖추고 있습니다.

우리 불교인이야 모두가 다 부처인지라 새삼스럽게 범신론을 들먹일 필요는 없겠지요.

그러나 기독교인이나, 또는 이슬람인이나, 그런 분들은 그 중세기에서는 범신론을 제일 두려워했습니다. 왜냐하면 범신론을 긍정한다고 생각하면, ―하나님이 우주를 창조하고 자연을 창조하고, 자연을 창조했으면 종말이 있는 것이 당연하기 때문이지요. 종말에는 이른바 최후의 심판도 있어야 되고 누가 구제를 해야겠지요― 모두가 다 똑같이 신이 아님이 없다, 그래버리면 하나님이 천지를 창조할 아무런 이유도 없고 종말도 없단 말입니다.

중세기 기독교 철학이 스콜라 철학 아닙니까. 중세 스콜라 철학이라든가 기독교 제도권의 기독교에서는 범신론을 제일 두려워했습니다.

여러분께서 위대한 분을 기억하시라고 제가 말씀드립니다만 17세기 부르노란 분은 이태리분인데 그 분은 도미니크라는 기독교 수도단체의 수도인이었습니다.

당시 기독교 수도단체는 크게 두 군데가 있어요. 하나는 도미니크 회가 있고 하나는 프란치스코 회가 있습니다.

그런데 아주 진지한 수행단체입니다. 될수록 어디에 구속받지 않고 제도권의 기독교에서도 될수록 간섭받지 않고 아주 순수하게 검소하게 그야말로 청빈하게 수도만 주로 하는 기독교의 자유스러운 단체입니다.

그런데 부르노란 분은 도미니크회의 수사란 말입니다. 수도인입니다. 수도인인데 아까 제가 말씀드린 바와 같이 15세기에 나온 니콜라스 쿠다니스, 이 분이 굉장히 위대한 분입니다.

이 분이 이른바 범신론적 사상을 가지고서 자기가 기독교 추기경인데도 조금도 치우침이 없이 진리를 제약 없이 그만치 아주 자기 소신대로 밝히신 분입니다.

그런데 브루노는 그러한 니콜라스 쿠다니스의 직접 제자는 아니지만 영향을 많이 받았단 말입니다.

그래서 범신론을 신봉하니까 제도권 기독교인으로서 범신론을 신봉하니까 그때는 그야말로 하나님의 창조를 믿을 수도 없는 것이고 말입니다.

또는 지동설, 천동설 그래서 기독교사회에서는 천동설이라, 지구가 우주의 중심이고 태양은 지구의 주변을 돈다는 그런 것이 이른바 제도권 기독교의 하나의 신조란 말입니다.

그렇기 때문에 만약 지금 현대같이 지구가 우주의 중심이 아니라 태양이 중심이라는 태양중심설을 누가 밝힌다고 생각할 때는, 이른바 지동설이라, 그때는 대단히 기독교를 반역하는 사람으로 해서 무거운 이단으로 몰아붙인단 말입니다.

부르노는 그와 같이 이른바 아까 말씀드린 바와 같이 기독교에서 그야말로 대단히 원수같이 그렇게 생각하는 범신론을 숭앙했단 말입니다.

니콜라스 쿠다니스의 가르침을 따라서, 그래가지고 이른바 그 당시로 말하면 코페르니쿠스의 천동설, 천동설에 대해서 반기를 들고 했기 때문에 그런 것, 저런 것으로 해서 그분이 로마 교황청에서 반역죄로 해서 체포를 당했어요.

그래가지고 자기 학설을 폐지하라고 교황청으로부터 여러 차례 권유가 있었으나 끝끝내 자기주장을 버리지 않았습니다. 7년 간이나 옥중에서 살다가 1600년 2월인가, 로마의 화형장에서 불에 태워져서 화형을 당했어요. 그런 분입니다.

그런 분이 이른바 부르노인데, 그런 소신에 가득 찬 분이 있을 정도로 이른바 범신론이라 하는 것은 기독교인에 대해서도 참말로 하느님을 옳게 믿는 사람들은 범신론을 신봉하고 참으로 옳게 믿지 않고 그냥 제도권의 권위에 따라서 믿는 사람들은 이른바 범신론을 따르지 않고 그랬단 말입니다.

그래서 중세 스콜라 철학에 있어서는 기독교사회에서 범신론을 제일 두려워했다고 합니다.

아무튼 우리 불교에서는 아까 제가 말씀드린 바와 같이 아(我)가 있으면 '나' 라는 아집(我執)이 있으면 이것은 불교가 아니고, 아집이 없어야 비로소 불교란 말입니다.

이렇게 되면 우리 인간이 생각할 때는 굉장히 허망하단 말입니다. 현재 자기 지위(地位)라든가 자기 명망(名望)이라든가 자기 재산(財産)이라든가 이른바 자아(自我)가 있다고 생각할 때는 분명히 자기 소유가 있어야 되고 거기에 따른 모든 것에 자기 권한이 있어야 되고 하지 않습니까.

그런데 그런 것이 없는 것이다, 그렇게 되면 그것이 어떻게 되겠습니까. 허망함을 느낀단 말입니다.

그러나 사실 아(我)라는 것은 없습니다. 아라는 것은 없습니다. 그러면 불교에서 우리가 느끼는 물질은 있다고 보는 것인가. 부처님 사상에는 물질도 있을 수가 없습니다.

부처님 가르침은 대체로 다 아시는 바와 같이 일체(一切)가 유심조(唯心造) 아닙니까. 모두가 다 마음뿐이란 말입니다.

유물론자(唯物論者)는 모두가 다 기본적인 것은 물질뿐이다, 그런 데서 이루어진 체제가 유물론 아닙니까.

막스의 막스주의라든가, 또는 레닌주의라든가 말입니다. 또는 사회주의 사회에서 기본적인 철학도 내내야 이른바 유물주의란 말입니다.

따라서 물질이 없다고 그러면 사실은 막스주의라든가 또는 레닌주의라든가 그런 사회주의적인 원칙이 설려야 설 수가 없습니다.

우리 불자님들, 이런 문제는 굉장히 중요한 문제입니다. 중요한 문제입니다. 우리가 지금 현재 역시 중공사회도 있지 않습니까. 또는 소비에트가 붕괴가 되었다 하더라도 지금도 역시 사회주의 사회인 것은 마찬가지입니다.

사회주의 사회가 서려고 하면 아까도 말씀드린 것처럼 물질이란 것이 실존적으로 우리가 지각(知覺)하듯이 우리 감각을 통해서 있는 대상이 확실히 존재한다, 이렇게 돼야 물질이 서지 않겠습니까.

그러나 우리 불교에서는 물질을 부정해 버립니다. 일체유심조(一切唯心造)라. 물질이란 것은 본래 없는 것입니다.

우리 불자님들도 좀 서운하게 생각되시지요. 금쪽같이 아끼는 자기 몸뚱이, 요새 사람들은 유난히도 몸뚱이를 아끼지 않습니까.

손도 그냥 반들반들하고 포동포동하게 잘 가꾸려 하고 손이 시립지도 않는데 장갑도 끼고 여러 가지로 하여튼 자기 몸뚱이는 금쪽같이 아낍니다.

그런 분들한테 당신 몸이 헛것이다, 허망한 것이고 아무것도 아니고 그야말로 본래 없는 것이다, 이래 놓으면 굉장히 섭섭할 것입니다.

그러나 섭섭하다는 것은 아까 제가 말씀드린 바와 같이 더 높은 행복이나 더 높은 기쁨을 몰라서 그럽니다.

우리 중생들이 마음이 정화가 되어서 우리가 보다 높은 고차원의 세계로 올라갈수록 우리 행복감은, 우리 환희심(歡喜心)은 더 깊어지는 것입니다.

그러다가 나중에 아주 극도의 최상의 행복이 이른바 극락(極樂) 아닙니까. 극락세계라 하는 것은 이루 말할 수 없는 행복이니까 극락이라고 그래요.

내가 없다는 것에 대해서 그 아무리 말씀을 해도 납득이 가지 않는 것 같이 보이니까 제가 다시 또 말씀을 드립니다.

나라는 것은 있으려야 있을 수가 없습니다. 나라는 것은, 본래 이것은 다 빈 것입니다. 우리 중생이 잘 못 봐서, 투철하게 보지 못해서 그러는 것입니다.

부처님 말씀은 결정설(決定說)입니다. 부처님 말씀은 변동할 수 없이 사실을 사실대로 말씀하신 것입니다.

어째서 내가 없는 것인가 하면 이 '나' 라는 것은 이것은 우리가 우선 분석적으로 봅시다.

지금 원소, 지수화풍(地水火風) 현대말로 산소, 수소, 탄소, 질소 그런 원소가 그때그때 우리 업장 따라서 잠시간 이 모양같이 보이지 않습니까. 잠시 모양같이 보이면서 순간순간 찰나찰나 변화해서 마지않습니다.

이른바 사대오온(四大五蘊)이 가화합이라. 지수화풍 사대와 거기에 우리 업장이 달라붙어서 이것이 내 것이다. 이렇게 집착하는 그것이, 즉 말하자면 나라는 실체란 말입니다.

아무리 아껴봐도, 아무리 아껴봐도 나라는 것은 결국은 갈 때는 소식도 없이 자기 멋대로 가버립니다.

어느 순간도 그때그때 변화무상한 '나' 라는 집합체는 그대로 가만히 있지 않습니다.

찰나, 순간순간 변화무상하니까 순간순간 변화무상한 것은 변화해 마지않는단 말입니다.

따라서 앞서 내 몸을 구성한 세포 덩어리나, 또 뒤에 다시 신진대사해서 구성된 세포 덩어리나, 똑같지가 않단 말입니다.

어느 때나 언제나 우리 잘 때나 어느 때나 그 신진대사는 멈추지 않습니다. 멈추면 그때는 금생의 목숨은 그만 아닙니까.

이렇게 변화해 마지않는 것을 우리 중생들은 지속적으로 하나라고 생각한단 말입니다.

변화해 마지않는 것은 사실은 없는 것이나 마찬가지입니다.

그러면 참말로 있는 것이 무엇인가. 그렇게 허망하다고 생각할 때는 인생을 살 필요가 없지 않은가, 그리고 참말로 있는 것은 없는가. 하지만 참말로 있는 것이 있습니다.

참말로 있는 것이 바로 진여불성(眞如佛性)이라, 부처 불(佛), 성품 성(性), 진여불성은 과거나 현재나 미래나 영원히 존재한단 말입니다.

우리 마음을 파고들어가서, 우리 마음의 심리(心裏)를 파고들어가서 찾아보면 우리 마음보다 더 잠재적인 깊은 마음을 '아뢰아식'이라고 그래요.

아뢰아식이라. 또 아뢰아식은 그러면 근본이 무엇인가 그렇게 들어가서 보면 그때는 여래장(如來藏)이라. 여래장은 부처님이란 뜻 아닙니까.

우리 마음을 파고들어가서 보면 지금 현재에서 이 제한된 마음이 전부가 아니라 종당에는 부처님이 거기에 꽉 들어차 있는 거기에 도달하고 만단 말입니다.

여래장은 바로 법신(法身)이라 말하기도 하고 또는 진여(眞如)라 하여 참 진(眞), 같을 여(如), 진여라고 말도 하고 또는 법계(法界)라고 말하기도 하고 또는 원성실성(圓成實性)이라는 말도 하고 또는 실제(實際)라고 말하기도 하고 그럽니다. 잘 기억해 두십시오.

방금 제가 말씀드린 바와 같이 우리 마음을 파고들어가서 파고 들어가면 종당에는 아무것도 없어지는 허무가 나오는 것이 아니라 진여불성이 나온단 말입니다. 진여불성이……

진여불성, 이것은 우주의 참생명입니다. 우주의 참생명이 진여불성입니다.

다른 것은 모두가 다 그때그때 변화무상한 것이지만 진여불성은 바로 여래(如來), 부처 또는 법성(法性), 법계(法界), 다 같은 뜻입니다.

그래서 이 진여불성은 그때는 불생불멸(不生不滅)하고 나지 않고 죽지 않고 더하지 않고 덜하지 않고 영원히 존재하는 우리 생명의 본바탕이란 말입니다.

따라서 우주란 것은 진여불성이 근본입니다.

우리가 가령 참선(參禪)을 한다 하더라도 그냥 이것이 무엇인가 저것이 무엇인가 덮어놓고 의심한다고 참선이 되겠습니까.

우리가 염불(念佛)을 한다 하더라도 부처님은 우리가 애쓰고 부처님을 외면 우리한테 가피(加被)를 주시겠지, 이러면 참다운 염불이 되시겠습니까.

우주의 실체가 우주의 실상이 바로 진여불성인지라. 우리가 염불을 외든 화두공안을 참구하든 또는 잠자코 명상을 하든, 우리 마음자리가 항시 진여불성이라는 본래의 자리를 떠나지 않아야 됩니다.

본래면목(本來面目)자리가 진여불성인데, 진여불성을 떠나서 아주 의심한다고 그래서 참선이 되겠어요.

참선이란 것은 우리 본래면목을 찾는 것인데 말입니다.

염불도 마찬가지입니다. 부처란 것은 무엇인가. 부처란 말이나 본

래면목이란 말이나 똑같은 뜻입니다.

따라서 우리가 본래면목을 안 떠나야 그래야 참다운 참선이 되고 참다운 염불이 됩니다.

가령 나무아미타불(南無阿彌陀佛)을 우리가 한다 하더라도 아미타불을 열심히 부르면 아미타불의 가피가 나한테 와서 나한테 무량복덕(無量福德)을 주겠지, 이것은 방편염불에 지나지 않습니다.

참다운 염불은 '아미타불이 바로 내 본래면목이고, 우주가 아미타불 아닌 것은 하나도 없이 모두가 다 부처님뿐이다', 이렇게 생각하면서 아미타불을 외면 자성미타(自性彌陀) 유심정토(唯心淨土)라!

그렇게 되면 바로 참다운 염불인 동시에 염불참선(念佛參禪)이란 말입니다.

불자님들은 기왕이면 단순한 염불뿐만 아니라 염불참선을 하시고 싶겠지요. 염불참선은 그렇게 하는 것입니다.

우리 본래면목자리, 우리 생명의 당체, 생명의 본질자리인 진여불성자리, 불성자리를 놓치지 않고 하면 그것이 바로 참다운 염불인 동시에 염불참선이 됩니다.

우리가 화두공안(話頭公案)을 의심한다 하더라도 덮어놓고 무슨 문제를 의심만 죽자고 한다고 해서 참선이 되는 것이 아닙니다.

본래면목자리, 본래 진여불성자리.

일체존재의 근본자리를 놓치지 않고서 그 자리에 항시 마음을 두고 우리가 화두를 의심하고 그래야 이제 참다운 참선이 됩니다.

묵조선(黙照禪)에서 명상할 때도 마찬가지입니다. 무슨 공부나 다 그렇습니다.

우리가 경을 욀 때도 마찬가지입니다.

먼저 우리 마음을 생명의 실상인 그 자리에 우리 마음을 두고서 공부한다고 생각할 때는 참다운 간경(看經)인 동시에 참선이고 모두가 그 가운데 다 포섭이 됩니다.

이렇게 하셔서 아까 제가 말씀드린 바와 같이 우선은 우리가 철학적으로 범신론, 범신론 사상으로 우리가 투철하게, 이른바 우리 사색을 그쪽으로 다 포괄시켜야 됩니다.

모두가 다 부처 아님이 없고 모두가 다 하나님 아님이 없다, 이렇게 되면 그때는 기독교나 불교나 이슬람교나 사실은 원래 진리가 둘이 아니고 셋이 아닌지라, 모두가 똑같은 진리 하나의, 그야말로 참 아름다운 진리의 전당이 안 될 수가 없습니다.

이럴 때 지금 제일 두려운 것이 아까 제가 말씀드린 바와 같이 이

념적인 대립입니다. 이념적인 대립이 제일 무서운 것인데, 사실은 대립할 건더기가 없단 말입니다.

우리 중생이 잘못 봐서, 우리 중생의 분별시비로 해서 이렇게 저렇게 억지로 대립을 하는 것이지 본래 진리의 자리는 대립이 없습니다. 본래가 다 하나고 또 위대한 선각자들은 다 그런 도리를 말씀을 했습니다.

그래서 아까 제가 말씀드린 바와 같이 3세기 때 나온 이집트 태생의 로마의 철학자 플로티노스, 그는 아주 모범적인 분입니다. 서양철학의 어떠한 위대한 신학자들도 대체로 플로티노스의 사상을 섭렵하고 연구하지 않은 분이 없습니다.

우리 불자들, 우리 불교 가운데는 그런 저런 모든 교설이 다 들어 있고, 그보다도 플로티노스가 말한 일자(一者)보다도 훨씬 더 근원적인, 즉 말하자면 본래 불성자리, 이것은 꼭 불교만의 불성이 아니라, 불교에서 보면 불성(佛性)이고 기독교에서 보면 그때는 신성(神聖)이고 말입니다. 이슬람교에서 보면 그때는 알라의 그런 하나의 근원적인 생명체가 되겠지요.

이렇게 하셔서 우리가 사상적으로 조금도 마음에 갈등이 없이 부처님의 결정설을 공부하셔서 우리 마음이 항시 안심입명(安心立命)과 평화스러운 기분으로 행복하게 공부하도록 하십시다.

깨달음과 닦음

淸華 큰스님과 미주현대불교 편집인 김형근 씨와의
특별대담 내용을 담았습니다.

부사의 해탈법문(不思議解脫法門)

1995년 성륜사에서 있었던 淸華 큰스님과 전남 광주 지역의
교수 불자들과의 대담 내용을 담았습니다.

깨달음과 닦음

🌀 불교란 무엇이며 불교의 목적은 무엇이라고 말할 수 있겠습니까?

🎐 인생에 있어서 고(苦)를 떠난다는 것은 다만 불교뿐만 아니라 어떤 종교나 철학이나 마찬가지가 되겠습니다. 일반적으로 정신문화나 물질문명 모두가 다 인생고를 떠나서 안락한 행복을 추구하는 데 목적이 있습니다.

그러나 안락한 참다운 행복을 찾는 것은 쉬운 일이 아닙니다. 정말로 완벽한 행복을 느낄 수 있을 것인가.

인류는 그간 역사를 통하여 시행착오를 겪으면서 많은 경험을 했습니다. 자본주의도, 공산주의도 경험했습니다. 이러한 것은 결국 우리에게 유익한 것도 있었지만 오류도 많았습니다. 세계에는 불교인을 포함하여 기독교인, 이슬람교도 등 종교를 가진 사람이 수십억이 있지만 그럼에도 불구하고 정말 행복을 느끼는 사람은 과연 얼마나 되겠습니까?

현대과학문명이라는 것은 인간생활을 위하여 물질문명의 풍요를 가져왔지만 또한 인간성의 상실을 초래했습니다. 인생고를 떠나는 데 있어서 불교가 가장 합리적이고 보편적이며 궁극적인 가르침이라 단정할 수 있습니다.

인생고라는 것은 사제법문에도 있는 바와 같이 무지, 무명 때문에 근원이 되었습니다. 무지, 무명 때문에 우주의 진리를 바로 못보고 가상만 보고 느낍니다. 우리가 무명심, 즉 근본무명이 있다고 생각할 때는 필연적으로 업이 거기에 따르는 것이고, 업이 있다고 생각할 때는 필연적으로 고가 거기에 따르는 것입니다.

흑업고라! 번뇌가 있고 번뇌에 따라 업이 있고 업에 따라서 과보가 있고 이것은 불교의 공식이라 할 수 있습니다. 12연기법에도 있는 바와 같이 무명이 있기 때문에 무명을 떠나기 위해 바른 지혜가 필요하겠지요.

그러기에 4제 8정도의 처음이 정견이라! 무명의 반대가 정견 아닙니까. 바른 인생관, 바른 가치관, 바른 철학 다 같은 뜻입니다. 무명으로 인한 진리에 맞지 않는 업으로 우리가 고를 받았으니까 행복을 위해서는 바른 가치관을 확립한다고 생각할 때 행동도 거기에 따르겠지요.

따라서 바른 가치관, 바른 인생관으로 말미암아 바른 행동을 하는 것이 8정도에 다 들어 있습니다. 바른 생각, 바른 말, 바른 생활, 바른 정진 이렇게 해서 일념으로, 일념으로 바르게 정진하면 바른 삼매에 들 수 있습니다.

바른 삼매에 들면 나쁜 습기를 닦아서 없애고 그렇게 되면 참다운 우리 성품을 증득할 수 있겠습니다. 여기에서 중요한 것이 바른 정견입니다.

그러면 바른 정견이란 무엇인가. 바른 정견을 세울 때 우리 불교인들이 거기에서 많은 혼돈을 느낍니다. 왜냐하면 불교교리가 매우 다양하기 때문입니다. 소승, 대승, 현고, 밀교, 유교(有敎), 공교(空敎), 그렇기 때문에 길을 잃어버리기 쉽습니다.

그래서 우리가 교학적으로도 공부를 해야 합니다. 부처님께서 말씀하신 것 모두가 깨달음에서 온 것이고 깨닫기 위해서 온 것이기 때문에 무시할 수 없습니다.

참선만 주장하는 사람들은 무시하기 쉽지만 우리가 교학을 알고서 바로 확립한 뒤에는 모르겠지만 미처 교학체계도 없고, 부처님의 가르침의 한계도 모르는 상태에서 그것을 무시해서는 안 됩니다. 따라서 부처님의 일대시교의 갈래를 알아야 합니다.

부처님께서는 일반대중한테는 어려운 법문을 할 수 없었습니다.

초기에는 결국 우리 중생에 맞추어서 나도 있고, 너도 있고, 선·악도 있다고 상대유한적인 입장에서 이른바 유교(有敎)의 가르침을 주었습니다. 그러나 부처님의 청정한 반야 지혜로 볼 때는 우리 중생의 있다는 것이 사실로는 있지 않습니다.

고통이라는 것도 중생차원에서 고통인 것이지 부처가 볼 때는 고통이 없습니다. 밉다, 사랑한다, 하는 것도 우리 중생차원에서 그런 것입니다. 선악도, 시비도, 자타도 없는 이유는 우주가 연기법으로 구성되어 있기 때문입니다.

우주가 연기법으로 구성되어 있기 때문에 내 몸이나 두두물물(頭頭物物) 모두가 인연법으로 구성되지 않은 것이 없습니다. 인연을 따라 잠시 된 것이기 때문에 고유한 무엇이 없습니다. 인연법으로 보면 잠시 상(相)을 낸 것도 그 상이 그대로 있는 것이 아니라 순간도 찰나도 머물지 않습니다.

이른바 헤라클레토스가 말한 '만물은 유전한다'나 그리스의 철인들 주장도 다 부처님 말씀과 같습니다. 또 플라톤 현상론이나 소크라테스 주장이나 모두가 다 부처님 말씀과 비슷비슷합니다. 물론 깊이가 불교보다는 못하지만 말입니다.

연기법이란 부처님이 깨달은 법인데 이 연기법으로 볼 것 같으면 제법(諸法)이 공(空)입니다. 일체만법이 실제로 있지 않습니다. 제법 가운데는 나도 들어 있는데 사실은 나도 없습니다.

내가 분명히 존재하는데 왜 내가 없을 것인가. 우리가 보통 속인 차원에서는 모두가 그렇게 생각합니다. 소중한 내가 없으면 살맛도 없는 것이고, 세상에 좋다, 싫다 차별이 있으니까 좋으면 취하고 싫으면 버리는 것인데 그것이 없으면 무슨 살맛이 있겠는가! 이렇게 생각하기 쉽습니다.

그러나 엄격히 연기법으로 보면 모두 다 인연을 따라 잠시 상만 보인 것이지 실제 고정된 것이 없습니다. 따라서 어떠한 존재나 어느 시간, 공간에 같은 것이 없습니다.

그러면 아무것도 없는 것인가. 아무것도 없으면 불교가 허무주의에 빠지게 됩니다. 그러기 때문에 공집(空執)에 빠져도 안 됩니다. 공집은 부처님 법을 굉장히 허물어뜨리는 것입니다. 그러니까 아상은 수미산같이 산더미처럼 낸다 하더라도 공집을 내지 말라고 일렀습니다.

공에 착하면 부처님 말씀도 아무런 필요가 없습니다. 불교에서 공이라는 것은 아무것도 없다는 것이 아닙니다. 가상은 있으나 고정된 형태로 있지 않습니다. 따라서 공교(空敎)라고 합니다.

마지막으로 부처님께서 우리 중생들한테 바른 정견으로 가르친 것이 중도입니다. 시공의 제한도 받지 않고 참말로 있는 것이 부처님입니다. 불성이라고도 하며 중도라고도 합니다. 그러므로 유교(有敎)나 제법(諸法)이 공(空)이라는 공교(空敎)가 아니라 실상은 중도(中道)입니다. 따라서 팔정도 가운데서 정견이라 하면 바로 이 중도를 말하는 것입니다.

이렇게 생각할 때 있다, 없다, 상대유한적인 차원에서는 내가 있고 내 것이 있습니다. 또한 물질이 있고 상대적인 대상이 있습니다. 그렇게 되면 나를 위해서 상대방이 희생이 되도 무방하다고 생각할 수도 있습니다. 있다고 생각할 때는 잘 입고, 잘 먹고, 잘 사는 것이 주가 될 수 있습니다. 그렇다고 보면 다른 나와 충돌이 안 될 수가 없습

니다.

자연문제도 인간이 여기 있고 자연은 저기에 상대적으로 있다고 볼 때는 만물의 영장인 인간이 자연을 아무렇게나 정복해도 무방하겠지요.

따라서 유교(有敎)의 차원에서 모든 문제를 볼 것 같으면 과학도 유교, 예수의 근본 뜻은 그것이 아니라고 생각이 되지만 현행의 기독교도 유교입니다. 공자의 유교(儒敎)도 마찬가지입니다. 그러나 성자들의 근본 가르침은 중도실상에서 본 것이라고 해야 하겠지요.

중도실상의 안목을 가지고 바른 생활을 해야만 바른 깨달음이 생기는 것입니다. 이런 견해를 옳다고 믿어도 일반 사람들은 습기 때문에 잘 되지 않습니다. 그렇기 때문에 수행, 닦음이 필요합니다. 정진을 하고 선정에 들어가 습기를 잘 녹여야 견성불성이 되는 것입니다.

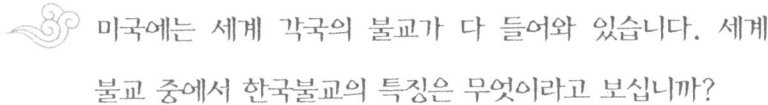
미국에는 세계 각국의 불교가 다 들어와 있습니다. 세계 불교 중에서 한국불교의 특징은 무엇이라고 보십니까?

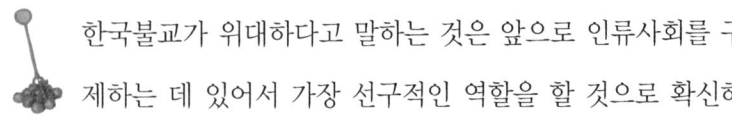
한국불교가 위대하다고 말하는 것은 앞으로 인류사회를 구제하는 데 있어서 가장 선구적인 역할을 할 것으로 확신하

기 때문입니다. 중국의 경우 불교, 유교의 선달국인데 공산정권 때문에 제대로 계승되지 못하고 중단되었습니다.

또 중국민족도 과장이 많은 사람들인데 무슨 종파가 생겨나면 그것만 옳다고 합니다. 선·교종도 원래 둘이 아닌 것인데 선·교로 나뉘어져 서로 피차간 비방하고 헐뜯고 했습니다. 그런 가운데서 불법이 바로 서지 못했습니다.

일본의 경우에는 확실히 알 수 없지만 80% 정도가 불교인이고 불교가 거의 생활화되었다고 볼 수 있겠지요. 일본 문화가 지금 부흥한 것은 부처님 가르침이 그들의 의식에 잠재해 있기 때문이라고 봅니다. 일본인 자체가 마음을 활짝 열지는 못했지만 말입니다.

일본의 종파불교는 한국불교는 비교도 안 될 정도로 아주 심각합니다. 일본 선방을 예로 들어도 임제종, 조동종, 황벽종 등이 있어 참선이 여러 갈래이고 자기들 방식이 아니면 성불을 못한다고 주장합니다. 지금 일본 국력과 문화를 배경으로 하여 미국에서 많은 세력을 확보했을 것입니다. 절도 크고 내용도 충실해 보이고 신도도 많겠지요.

티베트는 달라이라마 이런 분들이 미국에서 환영을 받고 세력을 편 것은 이유가 있습니다. 티베트 민족 전체가 오로지 불법에 귀의하기 때문에 그네들의 부처님에 대한 청결하고 순수한 마음, 검소한 생

활은 우리가 못 따라 갑니다. 이런 면에서 볼 때 태도 면에서 한국 스님들보다 숭앙이 가기도 하겠지요.

그리고 달라이라마 같은 분은 어려서부터 이른바 '린 폰체' 아닙니까. 어려서부터 엄선한 가운데서 선근이 깊고 과거 도인의 후손들을 골라서 '승왕'으로 교육을 시킵니다. 순수하고 선근이 좋은 사람들은 철저하게 교육을 시키니 그 정도 되면 사람이 순수하기가 이를 데 없겠지요.

정치적인 관점에서 보면 공산주의 세계에서 압박을 받고 거기에서 망명을 했다고 생각할 때 마땅히 자유세계 모두가 공명과 동정을 하겠지요. 또 그네들의 경건한 모습, 순수한 모습을 보고 숭앙할 것이고 동시에 세계적인 분위기가 망명객인 '승왕'이라는 위상 때문에 응당 깊은 동정과 관심이 갈 것입니다.

그러나 그네들이 갖고 있는 법은 무엇인가? 대승권이기는 하나 그 수행 면에서는 한국과 같이 철두철미하게 회통적으로 닦고 있지는 않습니다. 그네들의 성불하는 법은 '옴마니반메훔' 일색입니다. 다분히 밀교적인 분위기가 풍깁니다.

그러나 아까 내가 말씀드린 바와 같이 유교(有敎), 공교(空敎) 중도교(中道敎) 같은 정밀한 체계가 있어야 이 첨단과학 세계를 지도할 수 있지 신비적인 밀교 가지고는 제대로 안 됩니다.

순수한 것은 따라야 하겠지만 밀교적인 분위기 가지고는 고도로 다원화된 세계를 지도할 수 없습니다. 다원적이고 복잡한 세계에서는 유교, 공교, 중도교 이 세 차원을 다 포용해서 그때그때 중도교적인 관점에서 알맞게 적용해야 합니다.

동남아불교, 버마, 라오스, 태국, 스리랑카 등의 불교는 승려 행으로서는 철저합니다. 그러나 계행에 있어 육식을 함부로 하는 것은 우리가 본받을 것이 아닙니다. 수행방법에 있어서 그들은 점차 올라가는 이른바 점수행법만 취합니다.

바꾸어 말하면 돈오(頓悟)적인 행법을 취하지 않습니다. 우리가 아직 도인이 안 되었다고 하더라도 우리가 문득 깨달아 '본래 부처다', 이렇게 믿어야 하는데, 그네들이 그것을 안 믿는 것은 아니겠지만 현행의 행법을 보면 돈오적인 행법은 취하지 않고 점수에 관한 것만 취합니다.

비파사나만 보더라도 굉장히 번쇄합니다. 그렇기 때문에 세계적인 추세를 감안하면 그러한 방법으로는 불교 자체의 통일도 이룰 수 없을 뿐 아니라 과학과 다른 종교를 설득시킬 수가 없습니다. 더구나 미국 사회는 과학문명이 극도로 발달된 사회 아닙니까. 적어도 에너지의 실상을 말할 수 있는 그런 가르침이 되어야 합니다. 그렇지 않고서는 미국 사람을 우리가 제대로 제도할 수 없습니다.

따라서 절대로 합리적인 과학주의가 되어야 합니다. 그와 같은 차원에서 볼 때 한국불교는 지금 현재의 여러모로 복잡하지만 원효, 의상, 대각, 보조, 의천, 태고, 나옹, 기화, 서산, 초의선사 등을 거치면서 흐름이 회통적입니다.

중도실상에 입각하여야 회통이 됩니다. 한국불교도 이 전통적인 회통불교를 부르짖지 않고서는 발전할 수가 없습니다. 마땅히 한국불교 스스로가 다시 본연의 정통의 자세를 찾아야 합니다. 불법 스스로가 회통이고 원통이기 때문입니다. 진리라는 것이 회통이 되지 않으면 진리가 될 수 없겠지요.

그런 원리와 전통이 스님도 말씀하신 대로 분명히 있습니다. 그러나 서양은 그렇다 치더라도 훌륭한 불교사상의 전통이 있는 우리나라를 포함해서 불교권 국가에서도 이혼문제, 환경문제, 전쟁문제 등이 심각한 상태입니다. 이러한 것은 어떻게 해석해야 하겠습니까?

환경문제도 물질문명의 소산이라고 볼 수 있겠지요. 우리나라에서도 이런 문제는 심각한 문제로 떠오릅니다. 부처님 가르침을 제대로 계승하였는데 이같이 못살고 분열이 있는 것은 어찌 된 것이냐고 물으면 그 답은 명백합니다.

우리 불교인들이 불법을 온전히 지키지 못해서 그렇다고 봐야 합니다. 바른 정견이 있다고 할 때는 그렇게 될 수가 없습니다. 바른 정견이 설사 있다 하더라도 나쁜 습관 때문에 거기에 딱 구속되어 버리거나 또는 경계에 부딪히면 나쁜 일도 하고 분열도 됩니다.

불교를 믿는다고 해도 유교(有敎)나 공교(空敎) 차원에서 믿었겠지요. 말 한 마디라도 정당하게 중도차원에서 해야 합니다.

삼강오륜도 나올 때는 참다운 진리에서 나왔겠지요. 무슨 사상이든지 굳어버리면 사회의 질곡이 되지 않겠습니까?

마찬가지로 불교도 굳어버리면 질곡이 되어 발전이 못되기 때문에 마땅히 무엇이든 찰나, 찰나 중도의 사상에서 봐야 합니다.

「신문경로」가 출판된 이후 '깨달음과 닦음'에 관한 문제가 한국불교의 중심문제의 하나로 부각되었습니다.

여기에 관한 책도 몇 권 나왔고 불교계 차원에서 볼 때 대규모 학술토론회도 몇 번 있었습니다. 얼마 전에는 샌프란시스코에서 미국 종교학회 연례 세미나의 한국분과에서 '돈오돈수(頓悟頓修) 돈오점수(頓悟漸修)'가 주제로 채택되어 대토론이 있었습니다.

여기에 관해서 스님께서도 관심이 많은 것으로 알고 있는데 성철스님이 보조스님의 돈오점수에 대한 비판을 어떻게 생각하시는지, 그리고 돈오점수(頓悟漸修) 돈오돈수(頓悟頓修)에 대한 스님의 견해를 들려주십시오.

돈오돈수와 돈오점수에 관한 논쟁은 선(禪)과 교(敎)의 논쟁과도 관계가 있는 그 뿌리가 매우 깊습니다. 일찍이 중국의 마하연나스님과 인도의 카마라실라스님이 티베트의 랏사에서 이 문제를 가지고 격렬한 논쟁을 벌였는데 끝내 양편이 자기편이 이겼다고 주장을 했다고 합니다.

보조스님이 떠난 지 거의 800년이 지났는데 그 동안 선과 교를 일치한 회통불교의 분위기였기 때문인지는 몰라도 아직 돈오점수에 대해서 이의를 제기한 분은 없었다고 생각합니다.

그런데 현재 조계종에서 오랫동안 종정을 지내시고 선지식으로 추앙받는 성철스님이 보조스님의 돈오점수설을 그의 선문정로에서 옳지 않다고 비판을 했습니다.

저는 전문학자가 아닌 참선수자이기 때문에 교학적인 분석에는 능하지도 못할 뿐 아니라 그런 복잡하고 미묘한 논쟁에는 끼어들고 싶지도 않습니다. 그러나 먼 길에 일부러 찾아오신 성의를 무시할 수도 없기 때문에 혹 공부하시는 불자님들에게 참고라도 되실까 하여 저의 소견을 말씀드립니다.

다 잘 아시는 바와 같이 보조스님에 대해서는 비단 한국불교사상에서 뿐만 아니라 세계적인 대 선각자로서 오랫동안 추앙을 받아 왔다는 데 문제의 중요성이 있을 것입니다.

저는 성철스님에 대하여는 개인적으로 우리 종단의 종정스님으로서 후학의 입장에서 깊은 존경을 드리고 있습니다. 그래서 종단의 상징인 종정스님의 위상에 다소라도 누를 끼쳐서는 안 된다는 염려스런 마음에서 몇 마디 사견(私見)을 말씀드립니다.

문제의 초점인 성철스님이 지적한 바에 의하면 보조스님의 돈오점수설이 과연 옳지 않은 것인가. 제가 알기로는 돈오점수설은 이미 육조스님의 돈오돈수설을 수용한 불교 일반의 수증론(修證論)이라고 생각되기 때문에 그르지 않다고 생각합니다.

돈오돈수라는 개념은 성철스님이 맨 처음으로 사용한 것이 아니고 육조단경, 돈점품에 이미 나와 있습니다.

그리고 돈오점수라는 개념도 중국 당나라 때 화엄종 4대 종사인 징관스님이 비로소 사용했다고 하나 종밀스님이나 화엄경을 비롯한 대승경론의 뜻이 대체로 돈오점수의 사상으로 일관되어 있다고 생각합니다.

그러면 돈오돈수설은 어떠한가. 저는 돈오돈수도 깨달은 뒤의 닦음을 무시한 것이 아니기 때문에 옳다고 생각합니다. 따라서 육조스님의 돈오돈수설도 옳고 보조스님의 돈오점수설도 또한 옳다고 생각하기 때문에 위의 두 법문이 표현은 차이가 있다고 할지라도 그 근본 취지는 동일하다고 생각합니다.

그것은 단경의 돈점품에 나오는 돈오돈수설이 깨달은 뒤에 닦을 필요가 없다는 돈수가 아니라 깨달아서 자타시비의 차별이나 높고 낮고 깊고 옅은 등의 분별심은 끊어졌으나 아직 번뇌의 습기(習氣)는 남아있기 때문에 이른바 시비분별에 집착하지 않는 무념수행(無念修

行) 곧 무염오수행(無染汚修行)이어야 한다는 의미에서 돈오돈수라고 표현했다고 생각합니다.

그것은 단경을 정독하면 그런 뜻을 충분히 이해할 수 있는데 특히 단경의 부촉품에 '그대들이 만약 일체 종지를 성취하고자 하면 모름지기 일상삼매와 일행삼매를 성취해야 하느니라' 등을 참고하든지 전등록 제5장 남악회양장에 보면 육조스님이 '남악회양스님의 깨달음을 인가할 때도 깨달은 뒤에도 닦고 증(證)함이 없지 않으나 무염오수행 곧 무념수행이어야 한다' 고 고구정녕으로 역설하였습니다.

그리고 깨달음이 해오(解悟)가 되었든 증오(證悟)가 되었든 간에 지극히 수증한 근기가 아닌 보통 근기로는 깨달음이 바로 구경각인 묘각성불의 자리에 이르지는 못하기 때문에 견도(見道) 이전의 해오(解悟)에도 사선근의 깊고 옅음이 있고, 견도 이후의 증오에도 보살 10지 등의 심천의 차이가 있기 때문에 깨달은 뒤에도 착실히 닦아야 한다는 돈오점수설이 오류일 수가 없습니다.

대소경론에서 묘각성불의 일체공덕을 간략하게 살펴봐도 삼명육통(三明六通)과 불가사의한 무량공덕을 원만히 성취한다고 하였는데 석존 이후 오랜 불교사상에 과연 얼마만의 선지식들이 이러한 원만

성불의 자리를 얻을 수가 있었을 것인가.

우리 불자들은 매양 겸허한 마음으로 선지식들의 가르침에 따르되 그때그때 인연에 따른 표현과 말에 걸리지 말고 그 깊은 의미를 배워서 일심정념으로 공부하면 되는 것입니다.

다시 바꿔 말하면 육조스님의 돈오돈수설이나 보조스님의 돈오점수설이나 또는 성철스님의 돈오돈수설이나 다 같이 중생교화의 배경과 인연이 다를 것이므로 그들의 표현 방법과 그에 따른 함축된 의미도 다소 차이가 있을 것입니다.

그러나 다 한결같이 미혹한 중생들이 미처 증득(證得)하지 못하고 증득했다고 하고 철저히 깨닫지 못하고서 깨달았다고 하는 이른바 증상만(增上慢)을 경책하며 올바르고 철저한 수행과 깨달음을 위한 노파심절한 근본정신은 충분히 존중되어야 합니다.

그래서 좋은 보약도 잘못 쓰면 병을 더하게 하는 것이니 많은 선지식들의 가르침을 귀감으로 할지언정 거기에 걸리거나 구속을 받지 말고 철저한 고증과 투철한 자기수행의 점검으로 원만 무결한 깨달음을 성취해야 할 것입니다.

🌀 그러면 의미로 볼 때 돈오돈수와 돈오점수는 같은 의미입니까?

 돈오점수나 돈오돈수나 같은 의미라고 저는 생각합니다. 보조국사와 같은 대천재적 선지식이 돈오돈수란 뜻을 모를 리가 있겠습니까? 저는 의미로 봐서는 같다고 생각이 됩니다. 다만 육조대사가 깨달음 다음에 왜 돈수라고 했을 것인가, 이것은 의심이 되겠지요.

돈오돈수의 뜻은 돈점품, 부촉품, 남악회양대사와 육조대사가 거량한 것 등을 통해서 살펴보면 한 번 돈오했다고 했을 때 돈오, 그것이 성불(成佛)을 의미하는 것은 아닙니다. 이른바 삼명육통과 일체종지를 갖춘 깨달음이 못된다는 말입니다.

우리가 단박 깨달았다고 해서 석가모니 부처님의 그것과 같겠습니까? 따라서 돈오돈수는 일체구경각, 즉 묘각이 아닙니다. 원만무결한 깨달음이 아니기 때문에 돈수라고 수(修)자를 붙인 것이지 오(悟) 다음에 닦음이 없으면 수(修)는 왜 붙입니까? 마땅히 돈수라고 할 때는 (修)수가 있으니까 수(修)를 붙였겠지요.

다만 그 수(修)는 자타시비, 고하계급을 가리는 수가 아니라 무념

수행(無念修行)입니다. 무념수행이란 자타시비, 고하계급을 가리지 않는 것입니다. 왜냐하면 본래 깨달음이란 자타시비가 있는 것이 아니기 때문에 그것이 해오가 되었든 증오가 되었든 돈오가 되어버리면 비록 구경각까지는 가지 못했다 하더라도 자타시비나 차별이 있을 수 없습니다.

따라서 그때는 점차로 올라가고 높고 낮고 하는 마음이 있으면 안됩니다.

앞에서도 말했지만 회향선사가 육조대사한테 인가 받을 때 육조대사가 "닦음과 증득이 있는 것인가?"라고 물었습니다. 이에 회양대사가 "닦음과 증득이 없지 않으나 차별과 시비를 두지 않고 상에 걸리지 않는 것"이라고 대답했습니다. 이에 육조스님께서 "염오하지 않는 수행은 모든 부처가 보호하고 생각하는 바요, 그대가 그렇고 나 또한 그렇다"고 했습니다.

이렇기 때문에 점수라 해도 하등 오류가 아닌 것인데 다만 사람들이 나와 네가 있고, 고하계급이 있다는 등의 상을 둘까봐 노파심에서 돈수라 했다고 봐야 합니다.

더구나 보조는 화엄학에 투철한 분인데 그 분이 본래시불(本來是佛)을 모르고 묘각을 모르겠습니까? 보조의 돈오점수는 깨달은 뒤에 묘각성불에 이르기까지의 습기를 착실히 닦아야 하기 때문에 점수라고 한 것입니다.

돈오돈수라는 언어도 육조가 쓴 말인데 오류가 있을 리가 없습니다. 이 말을 성철스님은 "돈오돈수는 성불이다. 성불은 수가 있을 수 없다"라고 주장했습니다. 성철스님 주장대로 성불만 옳다고 한다면 점수뿐만 아니라 돈수라는 사족을 붙일 필요도 없습니다.

스님께서도 「정통선의 향훈」을 통해 말씀하셨지만 수행이 부족한 분들의 도인 행사는 우리 불교계의 큰 문제입니다. 그런데 돈오점수가 이 거짓 도인행세를 이론적으로 뒷받침을 하는 폐단이 있다는 지적에 대해서는 어떻게 생각하십니까?

그것은 그렇지 않습니다. 왜냐하면 돈오점수 때문에 미증을 증으로 하고 미오를 오로 했다는 증상만(增上慢)의 도인이 나온다는 말은 성립하지 않습니다.
보조국사가 완전한 깨달음을 무시했다면 모르거니와 완벽한 성불을 목적으로 하고 돈오점수를 주장한 것입니다. 그래서 돈오점수를 주장했기 때문에 깨달음을 함부로 했다는 것은 성립될 수 없습니다.

도리어 성불만이 깨달음이고 다른 것은 아니다. 그렇게 되면 석가모니 부처님 다음에 성불한 사람이 몇이나 되겠습니까?

성불이라는 것도 우리가 불경을 보면 삼명육통과 일체종지와 만공덕을 갖춘 것인데 삼명육통과 만공덕을 갖춘 분은 누구누구인가 생각할 때는 의심이 갑니다.

보조국사가 성불을 무시했으면 모르거니와 그것을 전제로 해서 돈오점수를 말했기 때문에 돈오점수가 거짓도인 행세의 이론적 뒷받침이 될 수 있다는 그 지적은 정확하다고 볼 수 없고 반대로 돈오점수를 말해야 섣부른 도인이 못나옵니다.

그리고 아함경 등 경전에도 아라한들에게도 깨달음의 깊음과 옅음의 심천이 있다고 했고 그런 깨달음의 심천을 알아두어야 내 공부는 이만큼이라고 점검할 수가 있겠지요. 완전원만한 성불만이 깨달음이 아니라 깊고 옅음이 있다는 것이 전통적인 해석이고 번뇌와 습기를 소멸하는 수행의 도리가 또한 그러합니다.

깨달음은 아까 말한 바와 같이 단계가 많은 것인데 본래 부처님의 경계에서는 하나이지만 중생의 수행해 가는 데는 깊고 옅은 단계가 많습니다. 다만 그런 단계도 본래는 공(空)이기 때문에 집착을 하지 말고 걸리지 말라는 것이지 단계가 없다는 것이 아닙니다.

그렇기 때문에 보조는 돈오점수라 했고 육조스님 당시에는 사람들이 교학적으로 너무 걸려 있으니까 교학에 걸리지 말라는 뜻으로 돈오돈수라 했습니다. 도인들은 그때그때 시대에 따라 상황에 따라 말씀을 하시니까 후대에 우리가 설불리 비판하기 어렵습니다.

현대는 과학발달에 힘입어 물질문명의 풍요를 즐기고 있지만 범죄문제, 환경문제, 교통문제 등이 만연돼 있습니다. 그리고 불교는 생명의 사상인데 현재의 시류는 비생명 쪽으로 흘러가고 있습니다. 21세기를 맞고 있는 상황에서 이런 점을 어떻게 극복해야 할지 스님을 통해 듣고 싶습니다.

서구적인 사고방식은 종교나 과학이나 거의 다 이원적이고 상대적입니다. 그렇기 때문에 그런 사상으로서 자연을 상대할 때는 정복의 대상밖에는 안되겠지요. 자본주의 모순도, 이것을 해결하려는 공산주의 모순도 다 이원적이고 대립적인 그릇된 생명관에서 옵니다.

이분법은 진리의 본 궤도에서 이탈한 것입니다. 그러므로 필연적으로 역사의 심판을 받을 수밖에 없습니다. 전쟁, 환경문제 등으로 우리 인간이 받는 고난도 대체로 상대적인 서구적 가치관에서 온 것이므로 불교의 바른 정견인 생명이 동일성을 언론을 통해, 교육을 통해, 또는 선지자를 통해 가르쳐야 합니다.

이 외에 다른 대안은 절대로 없습니다. 그러므로 하나의 언론인이 되어 세간적인 문제를 다룬다고 해도 항시 정견에 따르는 자세를 견지해야 합니다. 어떠한 사회적인 문제, 죄악, 모순, 불행도 부처님의 정견 곧 반야바라밀로 통찰할 때는 풀리지 않는 문제가 없을 것입니다.

염불선 운동을 펴는 현장스님은 여기에서 염불선에 대하여 청화스님께 많은 감화를 받았다고 했습니다. 「정통선의 향훈」에서도 스님께서는 염불선을 많이 말씀하셨고, 염불과 염불선의 차이를 강조하셨습니다. 이러한 일로 해서 스님께서는 일각에서 외도라고 비방도 받은 것으로 알고 있습니다. 정통불교의 중흥을 주장하시는 스님이신데 염불선이 한국불교의 전통 속에서 강한 흐름이 있었나요.

분명히 말씀드리지만 저는 염불선을 주장하는 사람은 아닙니다. 다만 그것도 하나의 선법이라는 것이지요. 화두도 하나의 선법이고, 염불선도 하나의 선법이지 그것이 다는 아닙니다. 그렇게 봐야 옳고 회통이 되는 것입니다.

우리가 진여불성 자리에 우리의 마음을 두고 진여불성이 바로 우리 마음이라는 생각을 여의지 않고 하는 공부는 다 옳습니다. 그런데 그런 도리를 모르는 사람들은 관을 하면 관법외도, 염불하면 염불외도라 합니다.

그러나 설사 우리가 화두를 한다 할지라도 화두 자체가 원래 나올 때 불심(佛心), 본래면목(本來面目)을 문제로 해서 나왔기 때문에 화두하는 자세가 불심에 마음을 두고 불심을 참구(參究)해야 화두가 되지 그냥 '이 뭣꼬' 해서 의심만 한다고 참선이 되는 것이 아닙니다.

염불도 마찬가지로 '우리 마음이 부처고 천지우주가 본래로 부처가 아닌 것이 없다', 이러한 자세로 염불해야 염불선입니다. 또 이러한 자세로 화두하면 화두선이고 주문하면 주문선입니다. 이와 같이 진여불성을 여의지 않고 하나님을 참구하면 하나님선이 되겠지요. 근본성품을 여의지 않고 하는 공부는 다 참선이 되는 것입니다.

「정통선의 향훈」으로 말씀하면 제가 부끄럽습니다. 이 책은 제가 내려고 한 책이 아닙니다. 내지 말라고 했는데 주위 사람들이 냈습니다. 좀 더 다듬어서 나왔어야 하는데 불만스러운 점이 많습니다.

 그러세요. 그 책으로 봐서는 그렇게 느껴집니다.

 제 스스로는 염불선을 합니다. 주장이라는 것은 그것만이 옳다는 것인데 저는 그렇지는 않습니다.

우주는 하나의 생명이고 인격입니다. 부처님은 내 몸에도 가득 차 있고, 우주 공간 어디에나 충만해 있는데 부처님을 생명자체라고 인격적으로 생각하지 않고 원리로만 추구한 것과는 차이가 있습니다.

왜냐하면 부처에 대하여 마치 그리운 고향과 마음의 임을 흠모하는 것과 같은 간절한 마음과 사무치는 마음은 우리 마음을 정화시키고 비약시킵니다. 불경에 보면 그런 대목들이 많이 있습니다.

참다운 임은 바로 부처님이 아닙니까. 따라서 경전에도 염불왕생원이라는 구절이 있는데 부처님을 흠모하고 추구하면 그것만으로도 우리 마음은 맑아지고 안온한 충족감을 느끼게 되는 것입니다.

생명을 생명으로 추구한다는 의미에서 염불이 나에게는 적당한 수행법이라고 생각합니다. 다만 이름만 외고 하는 것은 방편이 되겠습니다.

이런저런 수행법이 모두 다 같은 목적이기 때문에 회통이 됩니다. 원효스님이나 보조스님이나 이런 분들은 모든 수행법에 대해서 좋고 나쁘다는 말을 하지 않았습니다.

현장스님은 원래 신학도 하신 분인데 아주 순수한 분입니다. 염불 쪽에 비중을 두니까 남이 생각할 때는 현장스님이 염불선만 주장한다고 볼 수 있습니다. 그러나 현장스님과 저는 염불선만 주장하는 것은 결코 아닙니다.

> 원효스님이 대중 속으로 들어가 '나무아미타불' 하고 염불을 하며 대중 속으로 들어가 부처님 법을 많이 폈고, 또 한국불교에 정토신앙적인 요소가 얼마나 많습니까? 보조스님 등도 염불에 대해서 언급을 많이 한 것으로 알고 있는데요. 선방에서 염불 운운하는 것에 대해 문제시하는 곳이 많다고 하더군요.

신앙을 생활과 생명으로 취급하는 것은 기본적인 자세입니다. 그래야 신앙이 힘이 생깁니다. 원효스님은 염불에 치우친 사람이 절대 아닙니다.

일반 대중에게는 염불이 하기도 쉽고 공부의 힘을 얻기도 쉬운 것입니다. 보조국사도 염불요문 등에서 참 염불은 선과 일치한다고 역설했습니다. 그런 도인들은 어느 행법에 대해 옳다, 그르다 하지 않았습니다.

스님께서는 뉴욕을 중심으로 동부를 보셨고, 나성 지역에서 안거 중입니다. 그동안 미국에 대한 느낌과 미주한국불교계에 대한 인상과 바람 등에 대해 말씀해 주십시오.

저는 우선 모두에게 감사하고 장하게 느껴집니다. 미국 사회는 활기에 넘치고 미국인들은 인상도 밝고 해서 우리보다 업장이 가볍지 않나, 하고 느낄 정도입니다.

서구적인 사고방식인 이원적인 삿된 가치관만 지양되면 우리 한국보다 더 열성적으로 불교가 퍼질 것이라 생각됩니다. 물론 퇴폐적인 면도 많겠지요. 이런 면은 불교인들이 앞장서서 앞으로 좋은 방향으로 이끌면 될 것입니다.

한국불교에 대해서는 저는 굉장히 감사하게 생각합니다. 숭산, 법안, 도안스님 등과 그 외에 많은 스님들과 박성배 교수 등 그 외에도 한국불교를 위해 멀리 미국에까지 오셔서 애쓰는 분들이 고맙게 느껴지고 원력보살들이라고 생각합니다.

그러나 중생제도는 나가서 행동으로만 하는 것은 아닙니다. 우주는 하나의 부처이기 때문에 선방에 들어앉아 참선을 하든, 자기 직장에서 일을 하든, 우리 마음이 근본성품인 진여불성(眞如佛性)을 여의지 않고 최선을 다하면 다 한결같이 중생제도가 되는 것입니다.

나무아미타불!

부사의 해탈법문(不思議解脫法門)

벽산당(碧山堂) 금타 대화상(金陀大和尚)의 제일에 큰스님께서 설법하신 불가사의 해탈법문에 대해서 유연 불자들이 신심(信心)을 북돋을 수 있도록 좀 더 이해하기 쉽게 설법하여 주시면 감사하겠습니다.

불교를 보통은 원리로만 추구하는 주지적(主知的)인 경향이 너무나 농후하기 때문에 신앙적(信仰的)인 면에서 자칫하면 소외를 받는 경향이 있습니다.

가령 진여불성(眞如佛性) 그러면 하나의 우주의 원리 정도로 참구(參究)를 합니다.

그러나 불교는 역시 그보다도 더 깊은 불가사의한 것이 있습니다. 그 형이상학적(形而上學的)인 문제는 보통 우리 인간이 체험할 수 없으므로 당연히 부사의한 경계가 되겠지요.

그래서 화엄경(華嚴經)을 부사의경(不思議經)이라고도 합니다.

화엄경에 보면 우리 상식으로 해서는 이해를 못하는 분야가 굉장히 많이 있습니다. 가령 화장세계(華藏世界)라든가, 연화장세계(蓮華藏世界), 그것은 무슨 뜻인가 하면 이 우주 바로 이대로 조금도 흠축이 없는 그야말로 청정무구(淸淨無垢)한 연화(蓮華)의 꽃 같은 세계라는 의미입니다.

그러나 이렇게 여러 가지로 험난하고 반목과 갈등이 심한 사바세계(娑婆世界)가 어떻게 연화장 세계가 될 것인가, 그런 것도 우리가 납득하기가 곤란스런 문제가 안 되겠습니까?

그리고 화엄경에 보면 삼계이십팔천(三界二十八天)이라, 그래서 인간이 사는 이 세계뿐만이 아니라 욕심(慾心)을 주로 한 욕계(欲界)에도 역시 인간 세상보다 더 수증한 천상(天上)이 더 많이 있단 말입니다.

그런가 하면 욕계천상을 초월해서 색계(色界)라는 이른바 인간적인 욕망, 즉 남녀 이성적인 음욕, 식욕, 재물욕 등 오욕(五慾 : 財, 色, 名, 食, 睡)을 다 떠나버린 그런 세계가 색계입니다. 색계도 한층만 있는 것이 아니라 색계 십팔천, 그래서 업장의 무게에 따라서 그 차이가 있습니다.

그런가 하면 무색계(無色界), 그래서 물질적인 모든 흔적을 다 가 뭇없이 없애버리는 하나의 의식(意識)만의 세계가 있습니다. 무색계도 업장(業障)에 따라서 네 가지 하늘이 있습니다. 다 합해서 3계 28천이라 말하는 것입니다.

따라서 화엄경에서 말하는 28천도 우리 눈에 보이는 세계만을 말한 것이 아니기 때문에 다 알 수가 없습니다. 우리 인간의 그런 개념적인 지식으로 해서는 알 수가 없고, 상대 유한적인 범주를 벗어난 것이기 때문에 부사의경이라 합니다.

또 유마경(維摩經)을 부사의해탈경(不思議解脫經)이라고도 합니다.
재가 불자님들은 유마경을 꼭 보셔야 한다고 보통은 그렇게 말씀이 되어 있어요.

여러분들도 대체로 아시는 바와 같이 인도에서 대표적인 거사님이 유마거사(維摩居士)고, 중국에서는 방거사(龐居士), 한국에서는 부설거사(浮雪居士) 그렇게 보통 말들을 합니다. 그런데 그분들은 집안에서 처자를 거느리는 거사이면서도 출가 수행자 못지않게 위대한 분들이었습니다.

유마거사는 부처님을 빼놓고 문수보살(文殊菩薩)이나 누구도 대적

하지 못할 정도로 법이 높으신 분 아닙니까.

유마경에는 여러 품이 있는데 그 가운데 부사의해탈품(不思議解脫品)이 있습니다. 그것은 부사의한 것을 취급한 하나의 편, 장(編, 章)이지요.

그곳에 보면 이런 대목이 있습니다. 작은 겨자씨 하나 가운데 이 광대무변(廣大無邊)한 우주가 몽땅 다 들어가도 조금도 증감(增感)이 없고, 조금도 불편을 느끼지 않고, 또 일모공중(一毛孔中)에 입사대해(入四大海)라, 조그마한 터럭 끝에 사대해(四大海), 우주에 있는 모든 바다가 다 들어가도 조금도 흠축(欠縮)이 없다는 것입니다.

우리가 상식적으로는 도저히 알 수 없는 말씀을 했습니다. 그렇기 때문에 앞서 언급한 바와 같이 주지적 또는 지성적 원리적인 그런 것만 생각한 분들은 그런 부사의한 것은 대체로 부인을 많이 합니다.

저번에 어떤 스님이 설법하신 것을 좀 보니까 불교는 신비로운 것은 조금도 없는 것인데 그와 같이 모두 신비를 덧붙이고 해서 사람들을 혼란스럽게 만든다, 그렇게 법문을 하신 분도 있어요. 그것은 부처님의 이른바 부사의한 법문에 비교해 본다고 생각할 때는 좀 맞지 않는 말씀이라고 생각이 됩니다.

유교(有敎)

보통 불교의 상식적인 분야는 전문적인 불교 술어로 있을 유(有), 유교(有敎)라고 합니다. 나도 있고, 너도 있고, 보통 이 범안(凡眼)으로 보는 세계가 이대로 전개가 되어 있다는 것을 긍정하는 그런 차원의 가르침이 유교입니다. 그래서 불교 경전으로 말하면 주로 아함경(阿含經), 아함경도 유교만 있는 것이 아니지만 하여튼 중생 차원의 근기에 맞추어서 말씀을 많이 했습니다.

좋으면 좋고, 궂으면 궂고 하는 유교가 있고, 따라서 그것은 상식적인 분야라고 생각을 할 수가 있겠지요.

공교(空敎)

그렇게 해서 중생의 근기가 좀 더 익어지면 그때는 공교(空敎)라, 제법이 공이라, 색즉공(色卽空)이라, 무색성향미촉법(無色聲香味觸法)이라, 모양, 소리, 향기, 맛, 촉감 등 일체 법이 공이라, 이른바 제법이 다 공이라. 공을 주로 해서 말씀한 법문인데 그런 말씀은 금강경(金剛經), 반야심경(般若心經)에 주로 수록되어 있습니다.

불교 경전은 무슨 경전이든지 공 말씀을 안 한 데는 별로 없습니다. 왜 그런가 하면은 우리 중생이 보는 이것은 가상(假相)이고 허망상(虛妄相)만 보기 때문에 마땅히 그것을 부정해야 참다운 진여불성의 자리가 나오기 때문에 불교는 무슨 법문이든 간에 모두가 다 공이라는 그런 말씀을 합니다.

아시는 바와 같이 반야심경은 철두철미하게 공으로만 이루어진 법문이 아니겠습니까. 심경 허두에도 조견(照見) 오온개공(五蘊皆空)이라. 오온은 정신과 물질과 우주만유 모두를 통틀어서 불교에서 오온이라 합니다.

오온이 온전히 다 비어 있음을 조견이라, 비칠 조(照), 볼 견(見), 정신과 물질과 그 우주에 있는 모든 산하대지(山河大地), 두두물물(頭頭物物) 다 비어 있음을 비추어 봄으로 해서 비로소 도일체고액(度一切苦厄)이라.

일체고난을 제도할 수 있다는 법문이기 때문에 사실 불교 인생관이 거의 압축되어 있다고 해도 과언이 아닐 정도입니다.

말하자면 우리가 제아무리 인생고를 떠나기 위해서 몸부림친다 하더라도 우선 철학적으로 모든 존재가 본래로다 비어 있다는 것을 투철하게 조견, 비추어 보는, 통찰해서 보는 그런 것이 없으면 인생고를 떠날 수 없다는 것이 반야심경의 하나의 결정적인 말씀이 되어 있습니다. 불교의 전모가 다 그렇습니다.

아시는 바와 같이 금강경에도 아상(我相), 인상(人相), 중생상(衆生相), 수자상(壽者相)을 끊으라는 법문이 있지 않습니까. 나라는 상, 너라는 상은 상대적 인간의 문제이므로 알 수가 있지만 중생상을 말할 때는 어디까지가 중생일 것인가, 이렇게 의심이 됩니다.

불교에서는 중생 그러면 사람만 가리키는 것이 아니고 다른 동물이나 나아가서는 식물이나 무생물이나 하여튼 존재하는 것은 다 중생이라고 합니다.

왜냐하면 불교 인생관과 앞서 말씀한 화엄경 도리에서 본다고 생각할 때 일체유심조(一切唯心造)라, 모두가 마음이라 하는 순수생명(純粹生命)으로부터 되어 있기 때문에 어떠한 것이나 어떤 물질이나 이 공간(空間)이나 모두가 다 하나의 존재라고 보아서 중생이라고 볼 수 있습니다. 하기 때문에 그런 나라는 상, 너라는 상도 중생이라는 상 가운데 다 포함됩니다.

그 다음이 수자상이라. 수자라는 것은 목숨 수(壽), 놈 자(者), 이제 목숨에 관한 상인데 다시 더 세밀하게 말씀드리면 시간관념(時間觀念), 수명이 짧다, 길다 하는 것이라든가, 또 확대시켜서 일체 시간(時間) 자체가 본래 없는 것이다. 우리가 상대적으로 이른바 물질이 있으면 거기에 따라서 시간도 부수적으로 생기는 문제가 아니겠습니까.

아무튼 과거, 현재, 미래 이것도 본래로 있는 것이 아닌데 인간이 물질이 변화 소모되고 진행되는 것을 대적해서 상대적으로 그렇게 공간성(空間性), 시간성(時間性)을 말하고 있습니다.

따라서 나라는 상, 너라는 상, 중생상, 수자상, 이 사상(四相)이 없으면 그때는 성자이고, 부처이고, 그러나 이 사상이 있으면 범부 중생입니다. 이렇게 판이하게 구분을 합니다.

그래서 그와 같은 공사상(空思想)을 말하는 것이 이른바 공교, 앞서 말씀한 반야경 계통이 공교에 해당합니다.

그래서 공사상에 대해서는 그야말로 부처님께서 말씀을 제일 많이 하셨습니다. 일반 사람들로 해서는 뻔히 있는 것을 없다고 하므로 사람들이 이해하기가 곤란하겠지요. 부처님께서 22년 동안 공사상을 주로 말씀을 하셨습니다.

중도교(中道敎)

그러나 공(空)에 너무나 치우쳐버리면 그때는 사람이 허무해지고 맙니다. 생의 의욕도 상실되고 그렇지 않겠습니까. 만일 우리가 생각하는 것이 다 허무한 공(空) 같으면 살맛도 없을 것입니다.

인연에 따라서 존재도 분명히 있기도 있는 것인데 이것저것 몰수

해서 다 없다 해버리면 불교 말로 무기공(無記空)이라, 허무에 빠진단 말입니다. 그래서 다만 공이 아니라 정말로 깨달아서 공에 사무친다고 생각할 때는 공(空)의 정체(正體)는 중도(中道)란 말씀입니다.

그 말은 우리 중생이 보는 이 물질계, 상대유한적인 이 세계는 공이라 하더라도 절대적인 순수세계는 이른바 진여불성, 부처님 성품이라 하는 우주의 정기(精氣)가 충만해 있는 것입니다.

그래서 진여불성세계(眞如佛性世界)는 공만도 아니고, 유만도 아니고, 유도 부정하고, 공도 부정하고, 이른바 중도실상(中道實相)이라 합니다.

그래서 그 중도사상이 되어야 이른바 부처님께서 이 사바세계에 나오셔서 중생들을 구제하는 일대사인연(一大事因緣)이라, 부처님께서 꼭 우리한테 하신 가르침은 중도인 것입니다.

그런데 우리 중생이 잘 못 알아듣기 때문에 맨 처음에는 중생 그릇에 맞추어서 있다, 없다 그런 차원으로 방편을 말씀하시고, 그 다음 있는 것은 우리 중생이 보아서 있는 것이지 혜안(慧眼)으로 본다고 생각할 때는 당체즉공(當體卽空)이라.

불교를 이해할 때 분석할 석(析), 빌 공(空), 석공(析空)이 있고, 곧 즉(卽), 빌 공(空), 즉공(卽空)이 있습니다.

석공(析空)은 현대 물리학적으로 분석해 들어가서 쪼개고 쪼개서 그야말로 아주 궁극적인데 이르러서 모두가 다 소립자(素粒子)가 되고, 그도 에너지의 파동(波動)이기 때문에 종당에는 다 비어버린다고 하는 그런 식보고 석공(析空), 그럽니다.

그러나 분명히 있는 것을 보고 바로 공이라고 하므로 즉공(卽空)은 현대인들이 잘 이해를 못합니다. 더 어려운 말로 하면 당체즉공이라. 사람을 보면 사람 그대로 공이고, 금은 금 그대로 공이고, 다이아몬드도 그대로 공이고, 모두가 하여튼 '당체가 바로 비어 있다', 이렇게 말한단 말입니다.

그래서 반야심경이나 금강경은 석공을 말한 것이 아닙니다. 아시는 바와 같이 색즉공 아니겠습니까. 왜 이렇게 바로 공일 것인가.

그것은 우리 중생들의 시각(視覺)이 짧아서 중생안목으로 본다고 생각할 때는 분명히 이대로 있단 말입니다. 좋은 것은 좋고, 또 네가 있고, 내가 있고, 즉 중생이라는 것은 결국 허망한 물질단계만 보는 것입니다.

그래서 중생 차원에서는 즉공(卽空)에 대해서 잘 이해를 못하기 때문에 여러 가지 공부 방법들이 제시되고 있습니다. 중생의 오염된 시각으로 보아서는 성형된 현상적인 물질밖에는 볼 수가 없습니다.

우리가 제아무리 정밀한 현미경을 가지고 본다 하더라도 내내야

313

물질을 보는 것이지 물질이 아닌 그 순수에너지는 볼 수 없는 문제가 되지 않겠습니까. 우리 중생이 볼 때는 물질만 보기 때문에 분석한 뒤에 공이 되는 것이지 그렇지 않고는 공이 아니라고 생각할 수가 있습니다.

그러나 성자는 사실 본질을 봅니다. 진여불성 경계를 직감적(直感的)으로 봅니다. 다 체험적으로 느낍니다.

그런데 그 진여불성 본질이라 하는 것은 물질이 아니고 시공을 초월하기 때문에 시공을 초월하고 물질이 아닌 순수생명의 진여불성 자리에 아주 혼연일치된 그런 분상의 혜안(慧眼)으로 본다고 생각할 때는 물질이 있는 그대로 바로 공(空)이란 말입니다.

우리가 제로(zero)를 몇 백번 보태고 곱해도 제로는 제로 아닙니까. 그와 똑같이 그 순수 에너지의 파동이 이렇게 저렇게 진동해 가지고서 물질의 경계인 상(相)을 보일 뿐인데 우리 중생들은 그 순수에너지, 즉 근본 본질은 보지 못하고 그 겉에 뜬 상만 보고 있다고 생각을 하는 것입니다.

우리 몸뚱이도 많은 세포(細胞)가 결합되어 시시각각으로 신진대사(新陳代謝)해서 이렇게 움직이고 변화무쌍(變化無雙)하지 않습니까. 그런데 우리 중생은 그 변화 과정은 못보고 현상적인 상만 보아서 이 몸뚱이가 이대로 있다고 집착을 합니다.

이 몸뚱이는 수많은 세포들의 결합이고 또 그 세포들 역시 수십억 원자들의 결합, 원자 그것도 결국은 소립자에 불과한 것이고, 소립자 자체는 물질이라 할 수 없는 하나의 에너지의 파동 아닙니까. 이와 같이 한 순간도 머물지 않는 에너지 진동 차원에서 본다고 생각할 때는 결국 어떠한 모양이 되었으나 순간 공(空)이란 말입니다.

그래서 도인들은 그 순수에너지 물질이 빈 것을 훤히 비추어 봅니다. 가령 다이아몬드와 같이 강도가 높은 것도 성자가 볼 때는 하나의 에너지 파동에 불과합니다.

그래서 성자가 보는 경우는 모두가 그대로 즉공(卽空)이라, 당체가 공(空)이라, 그렇게 보기 때문에 성자는 물질에 착하지 않는 것입니다.

그러나 범부들은 이렇게 성형이 되고 현상적으로 이루어진 그 허망한 모양을 실제로 있다고 보기 때문에 이치(理致)로는 비었다 해도 참말로는 비었다고 생각하지 않습니다. 때문에 내 몸뚱이에 집착하고 물질에 집착하는 것입니다.

우리가 성자가 아닌 한 누구나 다 있는 것에 집착을 합니다. 이른바 상에 집착을 합니다. 따라서 불교 초보단계에서는 즉공(卽空)도리를 이야기하기가 곤란한 것입니다.

그러나 다행히 현대는 물리학(物理學)이 증명을 하여 주므로 누구나 다 쉽게 짐작을 하실 수가 있습니다만, 옛날같이 물리학이 없는 시절에는 있는 것보고 비었다고 하니까 도저히 이해할 수가 없었단 말입니다. 그러나 그때도 역시 불교에서는 그때의 술어로 해서 분석하는 석공법(析空法)을 말씀했습니다.

사실 우리가 기도나 참선, 주문을 통해서 정진을 바르게 지속적으로 할 때는 차근차근 자기라는 관념이 희박해지는 것입니다. 그래서 드디어는 자기 몸뚱이에 대한 아무런 무게를 느끼지 않습니다. 자기 심신(心身)이 가뿐하니 한 근 무게도 없는 것같이 생각이 되고 '내 몸뚱이, 하늘로 떠버려라' 하면 금방 뜰 듯이 착각이 될 수가 있습니다.

사실 범부 분상에서는 착각이 될지 모르겠지만 성자의 견지에서는 정말로 그때 신통(神通)이 나와서 올라가기도 하는 것입니다.

본래 무게가 있는 것 같으면 그럴 수가 없지만 본래 무게가 없는 것인데 중생들이 이렇게 세포로 구성되고 결합된 이것을 보고 '무게가 있다고 생각하는 데서' 무게를, 이른바 중력을 느끼는 것입니다.

금타대화상(金陀大和尙)의 수묘게(數妙偈)에 이런 말씀이 있습니다.

'연기약존(緣起若存) 연기약망(緣起若亡)'이라, 인연이 있으면 존재하는 것 같고 인연이 멸(滅)하면 없는 것 같으나 실제로 멸하는 실멸(實滅)이 아니고 실제로 있는 실유(實有)가 아니다. 인연이 결합하면 있는 것같이 보이는 것이고, 인연이 또 사라지면 없는 것같이 보일 뿐입니다. 오직 하나의 순수생명, 진여불성만이 여여 불가사의할 뿐입니다.

사실 유교(有敎)나 공교(空敎), 모든 것이 있다는 차원의 가르침이나 모두가 비었다고 하는 차원의 가르침에는 '부사의해탈법문', 즉 불가사의한 법문이 들어갈 수가 없습니다.

불가설(不可說) 불가사의(不可思議)

그래서 앞서 말씀드린 바와 같이 진공묘유(眞空妙有) 진여불성 자리를 긍정적으로 받아들여야 이른바 불가사의 해탈법문이란 그런 의미를 이해할 수 있습니다.

그러면 그 불성 자리는 어떤 자리인가? 그 불성 자리는 불교 대승경전에서 불성공덕(佛性功德)에 대해서 여러 가지로 해설이 많이 되어 있습니다.

우선 쉽게 말하면 자비(慈悲)와 지혜(智慧)입니다. 또 물리적인 표현으로 하면 마이너스, 플러스, 음(陰)과 양(陽)이 되겠지요. 자비와 지혜인데 그러면 자비와 지혜만 있고 다른 것은 없을 것인가.

하여튼 불교에서는 그 불성공덕에 대해서 '불가설(不可說) 불가사

의(不可思議)'라. 그런 불성공덕(佛性功德)은 무수한 성자가 오랜 세월을 경과하면서 헤아려도 다 능히 헤아릴 수 없다는 것입니다. 그러기 때문에 이른바 무한의 공덕, 무한의 가능성이라 합니다.

　사실 우리가 현재 원자력의 힘만 두고 본다 하더라도 일단은 유추해 생각하여 볼 수가 있지 않겠습니까. 얼만큼 그 물리적 에너지에 큰 힘이 포함되어 있는가를, 그런데 그보다 훨씬 더 순수한 에너지인 진여불성, 우주의 이른바 정기 가운데는 정말 어떤 면으로나 완벽하게 다 포함되어 있습니다.

　따라서 그런 자리이기 때문에 우리가 힘을 좀 얻어 놓으면 그때는 부사의한 힘을 낸단 말입니다. 그것은 시간, 공간성이 없는 것이기 때문에 앞서 유마경의 부사의 해탈품에서 말씀드린 바와 같이 겨자씨 하나 가운데 삼천대천세계, 우주가 다 들어가고 또는 터럭 끄트머리에 태평양과 같은 사대해가 들어가도 조금도 부족하고 모자람이 없다는 것입니다.

　이런 것도 결국 태평양은 더 넓고 터럭 끝은 좁고 하는 상대관념(相對觀念)에서 못 들어가고 하는 것이지 본래는 터럭 끝이고 대해(大海)고 다 똑같은 물질이 아닌 하나의 순수에너지이기 때문에 그때는 들어갈 것도 없고 못 들어갈 것도 없고 그대로 다 하나란 말씀입니다.

다시 바꿔서 말씀드리면 천지우주가 진여불성이 순수생명으로 충만해 있다, 이렇게 볼 수 있겠지요. 그래서 그런 단계에서는 앞서 말씀드린 바와 같이 들어가고 안 들어가고 그런 말도 새삼스럽게 할 수가 없지요.

그러기에 그야말로 무량광불(無量光佛)이라, 무량수불(無量壽佛)이라, 청정광불(淸淨光佛)이라고 부처님의 대명사를 따르는 것입니다. 그렇기 때문에 그 부사의해탈법문은 유교(有敎), 공교(空敎)를 초월해서 중도교(中道敎)에 들어간 차원에서 말씀이 되는 것입니다.

사바세계 이대로 극락세계

그래서 소승, 대승을 구분할 때도 원칙은 공교까지는 소승으로 봅니다. 그러나 반야심경이나 금강경은 소승에서 대승으로 가는 하나의 교량입니다. 반야심경이나 금강경 도리는 색즉공(色卽空)만 말한 것이 아니라 공즉색(空卽色)도 말했기 때문에 반야사상은 대승의 입문이라고 봅니다. 그러나 역시 대승의 온전한 것은 앞서 말씀드린 바와 같이 화엄경, 법화경이고, 그 대승사상은 그야말로 천지우주가 바로 화장세계이고 사바세계 이대로 극락세계라는 것입니다.

왜 이대로 극락세계일 것인가. 우리 중생은 상만 보는 셈인데 상으로 보아서는 좋다, 궂다 모두가 오염되었다, 청정하다 그런 말들을 하겠지만 불교의 중도사상은 물론 반야사상에서만 본다고 생각할 때도 결국 다 비어 있습니다.

육조단경에서 보시는 바와 같이 본래무일물(本來無一物)하니 하처약진애(何處若塵埃)리요, 본래 한 물건도 없거니 어디에 때가 끼고 먼지가 일어나리요. 이와 마찬가지로 사실 물질이라는 것은 불교의 중도사상이나 반야에서는 전혀 없다고 봅니다.

단지 에너지의 파동적인 상에 불과한 것을 우리 중생은 그 상만 보기 때문에 있다고 생각합니다. 그래서 참선 공부할 때는 물론이고 또 도덕적인 여러 가지 관념을 역설하는 데 있어서도 이 공사상을 모르고서 그냥 상식적인 차원에서 도덕론을 말할 때는 항상 그것이 올바른 것이 못되는 것입니다.

우선 내가 가장 사랑하는 이 몸뚱이 자체가 바로 비어 있는 것이고, 또 일체물질현상은 모두가 다 본래 비어 있다는 생각을 투철히 하여야 여러 가지 그 인간의 욕심도 내려야 낼 수가 없는 것 아니겠습니까.

본래 내가 있고, 네가 있고, 물질도 있고 그런 여러 가지 폐물(幣物)도 있고 그렇게 생각을 할 때는 우리 중생들이 억지로 또는 계략(計略)으로는 도덕을 지킬는지 몰라도 자발적으로는 지킬 수가 없습니다.

그래서 역시 공사상으로 잘못 보고 있는 허상을 다 없애는 것이 선결문제가 되겠으나 철저하게 없애지 못하면 중도실상의 부사의한 경계는 나올 수가 없습니다.

그렇기 때문에 조주(趙州)스님 같은 분도 "그대들이 대도를 통한다고 생각할 때 마땅히 공리(空理), 즉 제법이 공이라는 이치 위에 앉아서 십년이고 이십년을 닦아서 안 통하면 내 목을 베어가라"고 말씀했습니다.

그래서 이 공부를 할 때는 우선 자기 몸부터, 자기 관념부터 다 비워가야지, 그렇지 않고서 덮어놓고 염불(念佛)하고, 덮어놓고 화두(話頭)를 하면 물론 공부가 안 되는 것은 아니지만 항상 빡빡합니다.

본질에서 볼 때는 본래 없는 것을 잘못 있다고 보고 공부를 할 때는 더욱 업을 짓고 있는 것입니다. 그렇기 때문에 참선 공부에서 상을 터는 것이 가장 중요한 문제입니다.

그래서 '공리에 입각해서 닦아야 비로소 대도를 통할 수 있다'는 조사스님의 말씀이 나오지 않았겠습니까.

그러면 공을 통하는 데 있어서 어떻게 통해야 할 것인가, 어떻게 공을 느껴야 할 것인가. 앞서도 말씀드린 바와 같이 우리가 지금까지 배우고 느끼고 그런 것이 모두가 다 있다는 상대적인 경계에서 배웠기 때문에 그걸 전부 다 부정한다는 것이 쉬운 문제가 아닙니다. 때문에 좀처럼은 우리가 공을 체험하지 못합니다.

그리하여 이른바 참선에서 화두를 든다든지 또 염불 화두를 든다든지 주문을 외운다든지 할 때도 오랫동안 실상을 생각하여야 하는 것입니다.

중생이 보고, 느끼고, 생각하는 것은 모두가 다 허망하고 참다운 진여불성이 실지로 존재한다는 것이 이른바 실상을 생각하는 실상관(實相觀)이 되는 셈인데, 우리가 실상을 생각하면 본래가 실상이기 때문에 자기 암시로 차근차근 실상에 접근되어 가는 것입니다.

그런데 실상을 생각하고 오랫동안 공부하면 자기도 모르는 가운데 몸도 차근차근 가벼워오고 마음도 가벼워옵니다. 그러다가 이제 무아무중(無我無衆)이라, 삼매(三昧)에 딱 들면 그때는 자기를 느끼지 못하는 것입니다.

그렇기 때문에 철저하게 공화(空華)가 되어서 공이 되면 그때는 이른바 신여의통(身如意通)이라, 자기 몸도 마음대로 공중에 날릴 수 있고, 큰 것을 작게도 할 수 있고, 그렇게 신통묘지(神通妙智)를 부린다 하지 않습니까. 따라서 우리가 스스로 마음을 다스려서 공을 체험하여야 비로소 온전히 원래는 됩니다.

그러나 그것은 저마다 할 수가 없고 삼매에 들어서, 즉 다른 망상이 없이 오로지 한 생각, 진리만 생각하는 것이 삼매인데 좀처럼 일반 사람들이 그렇게 하기는 어렵습니다.

그러나 그것이 쉽지가 않지만 그래도 평상적으로 이론적인 것만은 상식적인 분야에서 머물지 않고서 제법이 공이라는 도리를 이해하여야 할 것이고, 또 거기에도 머물지 않고서 중도라는 것을 분명히 이해해서 참말로 있는 것은 중도실상(中道實相)뿐이다, 이렇게 이해를 하시고서 그때그때 평소 지내시다가 다행히 기회가 3일이나 일주일이나 한 달이나 있어서 오로지 정진하시면 그때는 앞서 말씀드린 바와 같이 삼매에 들 수가 있을 것입니다.

그리고 참선 공부와 일반 공부는 어떤 차이가 있는 것인가.

일반 공부는 이렇게 방편으로부터 올라가는 공부가 보통입니다. 그러나 선은 바로 실상 그 자리를 잡고 나간단 말입니다.

이른바 심즉시불(心卽是佛)이라, 이 마음 오염된 이대로 바로 부처다. 오염이 되었다는 것은 내 생각인 것이지 본래 마음은 물질이 아니기 때문에 오염이 안 되는 것입니다. 그래서 마음 이대로 부처고 당체즉시라 모든 존재가 바로 부처란 말입니다.

모든 경계를 그대로 긍정하고 들어가야 이른바 참선이 됩니다. 선과 다른 공부와의 차이는 다시 바꿔서 말씀드리면 현상적인 상을 떠나서 본체를 바로 들어야 참선이 됩니다.

이른바 방편공부는 이것도 하고 저것도 해서 올라가는 공부입니다. 그래서 동남아 불교에는 선이 없습니다. 그네들은 비바사나(毘婆舍那)로 해서 이렇게 올라가는 점수법만 있습니다.

대승권인 중국, 한국, 일본에서는 선 그러면 앞서 말씀드린 바와 같이 이것저것 닦아서 올라가는 것은 배제하고 성자의 견해를 내 견해로 해서 닦는단 말입니다.

성자가 보는 것만이 비로소 바로 보는 것으로 결국 나와 남이 없고 또 잘남과 못남과 일체 차별이 없는 것입니다. 우주가 평등무차별(平等無差別)한 오직 하나의 진여불성뿐이란 말입니다.

따라서 참선 이것은 일체 고하 시비를 떠나 모두가 부처 아님이 없다, 이렇게 그 본질 본체(本體)를 순간도 여의지 않고 참구해가야 비로소 참선이라고 합니다.

 삼종사선(三種邪禪)

그런데 참선공부에도 삼종사선(三種邪禪)이라고 해서 세 가지 삿된 선이 있습니다.

첫째는 암증선(暗證禪)이라, 어두울 암(暗), 증할 증(證), 선의 방법도 모르고 한계도 몰라가지고 덮어놓고서 그냥 공부해간단 말입니다.

우리가 본래 부처고 이 마음 또한 본래 부처라고 한다 하더라도 우리는 아직 범부이기 때문에 우리가 성불까지 가려면 무수한 경계(境界)를 거쳐야 하지 않겠습니까.

때문에 그런 경계를 훤히 모르면 가사 저급한 낮은 경계에 도달하고서도 좀 기분이 좋으면 내 공부가 다 됐다, 해버립니다. 즉 말하자면 성불(成佛)의 길목을 모르고서 이른바 암중모색(暗中摸索)을 한단 말입니다. 이것을 암증선 그럽니다.

또 한 가지는 문자선(文字禪)이라, 이것은 알기는 제법 아는데 책을 보아서 순서도 아는데 실제로 닦지 않고서 문자로만 따지고 있단 말입니다.

또 한 가지는 야호선(野狐禪)이라, 들 야(野), 여우 호(狐), 여우란 놈이 꾀가 있어서 거짓을 부리고 남을 속이고 그런 짓을 하듯이 우리 공부하는 수행자도 참말로 증하지 못하고 증명했다고 하고 도인이 못돼가지고 됐다고 한단 말입니다. 이것이 이른바 세 가지 삿된 선입니다.

우리가 꼭 이것을 피해서 가야 한다는 것인데 사실은 이것을 피하기가 쉽지를 않습니다. 쉽지 않으므로 그런 오류를 범하는 경우가 다분히 있지 않습니까.

그렇기 때문에 우리가 번쇄한 것은 몰라도 어느 정도 범부가 성불되어 올라가는 간단한 체계만은 염두에 두어야 합니다. 그래서 제가 그것만 간단히 더 말씀을 드리겠습니다.

유식오위(唯識五位)

유식오위라, 오직 유(唯), 알 식(識), 유식론(唯識論)이란 책이 있지 않습니까. 지금 이것은 대승법입니다. 유식론에서 우리 범부가 성불하는 계단을 오단계로 봅니다.

다른 경에서는 여러 단계로 구분하여 너무나 복잡하므로 각자가 참고로 하시고 이 다섯 단계만은 꼭 외워 두어야 한다고 생각을 합니다. 간단하고 누구나 다 성불하기 위해서는 거쳐야 되는 것이니까.

맨 처음에는 자량위(資糧位)라, 재물 자(資), 먹이 량(糧) 자량위는 성불이라는 먼 길을 갈 때 준비를 하는 단계를 말하는 것입니다. 양식도 준비를 하고 노자도 준비하는 식으로 그런 준비 단계가 말하자면 자량위입니다.

자량위에서는 염불도 하고 주문도 하고 자기 적성 따라서 그때그때 경도 보고 자기를 상당히 훈련을 시킨단 말입니다. 내가 먼 길을 가는데 하루나 이틀이나 앉아서 공부를 할 수가 있을 것인가.

시험도 해봅니다. 또 평소에 경도 많이 읽고 염불도 많이 하다보면 자기도 모르는 가운데 잠재의식(潛在意識)에다 성근(性根)의 종자를 심게 되겠지요. 그와 같이 최선을 다해서 성불의 길로 성자의 길로 적응시킬 때까지 훈련을 시킨단 말입니다.

어느 정도 단련이 돼서 이만큼 되었으면 이제는 내 신명(身命)을 걸고 공부해도 내가 충분히 감당하겠구나, 이럴 때는 사흘이나 일주일이나 한 달이나 시간을 정해서 이른바 별시수행(別時修行)이라, 시간을 정해서 정진(精進)을 하는 것입니다.

이것을 보고 가행위(加行位)라 합니다. 더할 가(加), 행할 행(行), 불교의 다른 말로 하면 가행정진(加行精進)이라, 보통 수준이 아니라 마음먹고 자기가 힘을 내서 정진을 하는 것입니다.

그래서 가행정진할 때는 온전히 자기 직업이나 가업은 좀 쉬어야 되겠지요. 따라서 가행정진을 하는 때는 참으로 수행자(修行者)와 같은 모습이 됩니다.

자량위는 재가불자나 출가불자 누구나 다 할 수가 있지만 가행정진은 재가불자는 하시기가 곤란스럽겠지요. 그러나 여름이나 겨울 3개월 동안 선방에서 결제하는 것은 모두가 하나의 가행정진의 수행법입니다.

그래서 가행정진에서 사선근(四善根)이라, 선근이 차근차근 증장

(增長)되어간단 말입니다. 그리고 업장(業障)이 녹아져서 삼매에 딱 들면 통달위(通達位)라. 그대는 견도(見道), 도를 깨닫는 것입니다. 견성(見性)과 견도(見道)는 같은 뜻입니다.

견성(見性)은 우리 본래 성품인 진여불성(眞如佛性)을 스스로 체험할 때가 된 것이고, 견도(見道)도 내내야 도(道)라는 우주의 진리 본성, 바로 불성을 체험하는 것이므로 통달위는 견성, 견도를 하는 위(位)입니다. 그런데 통달위에서 견성을 하면 그걸로 해서 끝나 버릴 것인가. 거기에서 끝나지가 않습니다.

그러므로 지금 그것을 가지고 굉장히 논쟁이 있지 않습니까만 불교의 그런 정통적인 해석은 끝나지 않는다는 것입니다. 왜냐하면 우리가 자기 본래면목(本來面目)인 동시에 우주의 본성인 진여불성을 체험을 한다 하더라도 온전한 100%의 체험은 못된단 말입니다.

체험은 했으나 결국 이른바 습관성(習慣性)이 남아 있단 말입니다. 이른바 우리가 수많은 생 동안 지은 업의 타성이 남아 있는 것입니다.

그렇기 때문에 견도를 했다 하더라도 겨우 가까스로 자기 과거나 좀 알지 다른 신통은 못 나옵니다. 습기가 가려서 버릇 때문에 말입니다.

그래서 견도(見道)한 그 자리에서 그것을 기조로 오랫동안 삼매를 닦습니다. 그걸 가리켜서 수습위(修習位)라, 닦을 수(修), 익힐 습

(習), 이른바 불교말로 보임수행(保任修行)이라 합니다. 견도(見道)한 뒤에 그 견도에 입각해 닦아나간다는 말입니다.

 보살승십지(菩薩乘十地)

그렇게 되어야 이른바 차근차근 도가 높아지는 것입니다. 그 기준이 가장 잘 정리된 것이 화엄경에 있는 보살승십지(菩薩乘十地)입니다.

성자(聖者)의 지위가 보살 10위인데 보살 초지 환희지(歡喜地)에서 앞서 말씀드린 바와 같이 통달위(通達位)라, 견성을 하는 것입니다. 견도가 되어서 차근차근 삼매가 깊어지면 초, 2, 3지로 올라간단 말입니다. 이 수습위(修習位)는 보살 초지부터 10지까지입니다.

보살초지에서 환희지라, 불성(佛性)과 하나가 되었으면 괴로움은 조금도 없고 항시 불성광명을 띠고 있으므로 그때는 환희 충만하고 몸도 가볍고 그렇지 않겠습니까.

더욱 정진을 하면 2지에 올라가 리구지(離垢地)라. 보살 환희지까지 갔다 하더라도 정진을 덜하면 더 못 올라갑니다. 그러므로 수습위에 올라가서도 사람 기질의 차이가 있습니다.

자비심(慈悲心)이 많은 사람은 중생들이 너무 불쌍하므로 중생들

제도 때문에, 삼매에 들려면 중생들을 뿌리치고 고요히 앉아야 할 것인데, 중생들을 교화하기 위해서 자비가 많은 사람들은 초지만 증하고 더 못 올라가는 분도 있습니다.

그러나 지혜(智慧)가 수승한 사람은 본래 중생과 부처가 둘이 아닌데 중생들의 고통도 역시 중생을 성숙시키는 것이기 때문에 그것이 무슨 상관이랴. 그래서 삼매에 다시 들어가서 차츰 올라간단 말입니다.

그렇기 때문에 자비심이 많은 보살을 가리켜서 비증보살(悲增菩薩)이라 합니다. 그리고 지혜가 더한 보살을 지혜보살(智慧菩薩)이라고 하는 것인데 그런 차이가 있습니다. 이렇게 해서 그 수습위가 초지부터 10지까지 있습니다.

그 다음 구경위(究竟位)라, 이른바 성불을 구경성불을 하는 것입니다. 정각(正覺)을 통하는 것입니다.

이렇게 앞서 말씀드린 바와 같이 수행을 준비하는 자량위(資糧位), 가행정진(加行精進)을 하는 가행위(加行位), 불성을 통달 견도하는 통달위(通達位), 그리고 성불의 구경위(究竟位), 이러한 유식오위(唯識五位)정도의 수도의 위차는 외워둘 필요가 있습니다.

사실 성자는 파계의 무참한 짓을 할 수 없습니다. 헌데 근세에 그런 경향이 두드러져 있다고 생각을 합니다만 우리가 견도위가 되면 그때는 성자이기 때문에 파계를 하려야 파계를 못하는 것입니다.

나쁜 짓을 하려야 그때는 할 수가 없습니다. 자타가 없는 것이고, 이 몸뚱이도 내 것이라는 생각도 없는 것인데 그런 분상에서 무슨 욕심이 나오겠습니까. 그러기 때문에 견도위만 되어도 마음대로 행하여도 법도에서 어긋남이 없단 말입니다. 완전한 것은 못 된다 하더라도 견도위 이상을 올라간 사람들은 파계무참(破戒無慚)한 그런 행동을 할 수가 없습니다. 남하고 쓸데없이 희락질도 할 수가 없습니다.

그런데 근세에 있어서 무애행(無碍行) 그래서 견도한 도인이라 한 분들이 이상한 짓을 한 사례가 있습니다. 그것은 결국 앞서 말씀드린 바와 같이 암증선이라, 그런 한계를 모르는 데서 오는 것입니다. 그래서 견도를 한번 한 뒤에는 그야말로 무거운 번뇌는 이미 다 녹여서 끝나버렸기 때문에 범행일입(梵行一立)이라. 그때는 청정한 계율을 저절로 지켜야 한단 말입니다.

그래서 이 유식오위를 기억을 해두시고, 두 번째 가행위(加行位)에서 세분된 법상(法相)이 있습니다. 즉 사선근(四善根), 그래서 난법(煖法), 정법(頂法), 인법(忍法), 세제일법(世第一法)이라 합니다. 우리가 가행정진을 할 때 나오는 경계들입니다.

 난법(煖法)

맨 처음에 난법상 그럽니다. 따스할 난(煖)입니다.

그것은 어떠한 경계인가 하면 우리가 맨 처음에 공부하고 앉아 있으면 처음에는 그 어두운 구름만 왔다, 갔다 하고 갑갑하고 말입니다.

답답하고 막힐 때가 즉 말하자면 보통 처음 들어갈 때고, 그렇게 되다가 오랫동안 정진을 계속하면 그때는 자기도 모르게 확 앞이 이렇게 개운해 온단 말입니다. 시원하게 말입니다.

그런 경계가 그 개인에 따라서 굉장한 차이가 있습니다. 더러 업장이 무거운 분들은 몇 개월 동안 지나가도 그런 경계를 얻지 못합니다.

그런 경계가 나온다고 생각할 때는 이른바 꾸벅꾸벅하는 혼침 때문에 괴롭지는 않습니다. 혼침이 있는 것은 아직 그 난법상이 못 나오기 때문입니다.

난법상은 마치 전류(電流)에 감전된 모양으로 몸이 찌르르해지면서 몸이 아주 가뿐하고 시원해 옵니다. 가슴도 시원하고 눈도 시원하고 머리도 시원합니다. 이 난법상은 사선근 가운데 맨 처음 허두에 옵니다.

 정법(頂法)

난법상에서 오히려 가행정진(加行精進)이라, 우리가 정진을 용맹으로 한다고 생각하면 그때는 이마 정(頂), 정법이라. 정법상은 그 시원한 것이 더 증가가 되어 가지고 그때는 어렴풋이 광명(光明)이 나온단 말입니다.

어렴풋한 광명이 말입니다. 마치 아주 그 얕은 구름 속에 달이 있는 것 모양으로 아주 밝은 그야말로 달 같은 광명이 나온단 말입니다.

그러다 공부를 그만 두어버리면 그때는 사라져 버리지요. 이렇게 되므로 출가한 스님들도 산중에만 있을 것이 아니라 더러 나와서 무엇을 하라고 하지만 공부를 한번 시작한 사람들은 그렇게 안 됩니다. 하나의 그 과정이 있으니까요.

인법(忍法)

거기서 안 쉬고 공부를 한다고 생각할 때는 아까 말씀드린 바와 같이 이제 정법상이 되고 또 더 나아가면 인법상이라. 참을 인(忍), 인법상은 그야말로 보다 뚜렷하니 광명이 나온단 말입니다. 맑은 광명이 그리고 더 시원하고 말입니다.

그럴 때는 그냥 인법상만 되어도 자기 몸에 대한 감각을 잃어버립니다. 자기 몸이 어디가 있는지 잘 알 수가 없습니다.

 세 제 일 법(世第一法)

그러다 거기서도 더 가행정진(加行精進)을 한다고 생각할 때는 세제일법(世第一法)이라, 이 범부세상에서는 제일 높은 법이란 말입니다. 그때는 달 같은 광명이 아주 빛나는 금색광명(金色光明)의 해 같은 광명으로 변색이 된단 말입니다. 그것이 이른바 우리가 견성을 하기 전에 통달하기 전의 네 가지 선근입니다.

그것을 비약적으로 한 번에 해버린 분도 있고 차근차근 올라간 분도 있고 그것은 근기에 따라서 차이가 있습니다. 아무튼 그것은 더디 가고 빨리 가고 비약적으로 그야말로 띄엄띄엄 넘든지 차츰차츰 가든지 간에 그것을 경과는 해야 되거든요.

그런데 그런 경계가 너무나 상쾌하므로 사선근 위에서 공부가 다 되었다고 하는 분들이 있단 말입니다. 한계를 모르면 결국 앞서 말씀드린 바와 같이 그때는 암증선이 되겠지요.

그래서 우리가 꼭 이 수도의 위차 유식오위 정도는, 즉 우리가 먼 길을 갈 때 노자를 장만하듯이 준비를 하는, 자기 몸도 함부로 안하고, 음식도 삼가고, 될수록 근기도 기르고 그래서 하여튼 가행정진을 할 수 있는, 오로지 내가 정진을 해도 배길 수 있다고 자기 훈련을 시키는 이것이 자량위이고, 가행위는 그야말로 자기 온 힘을 다해서 용맹정진을 하는 사선근을 거치는 위이고, 그 다음 통달위에서는 사선근을 뛰어 넘어 견성오도를 하는 위이고, 다음 수습위는 같은 도인도 역시 습기가 적고 많고 차이가 있기 때문에 습기를 떼기 위해서 습관성을 녹이기 위해서 이렇게 초, 2, 3, 4지부터 10지까지 닦아 올라가는 것입니다.

그래서 결국 불지(佛地)에서 구경위(究竟位)이라 아주 완벽한 정각을 성취해서 부처가 되는 것입니다.

지금 우리 한국불교도 그런 개념적인 정리가 잘못되어 있는 것 같아요. 그러므로 자기 공부에 대한 점검을 제대로 잘 못한단 말입니다. 그렇기 때문에 혼란스럽습니다.

자기 공부가 지금 가행위밖에는 안 된다, 그렇게 알게 되면 통달을 하기 위해서 애를 쓸 것인데 재미를 좀 본 사람들은 거기가 통달위라고 생각을 해서 그냥 공부를 안 해버린단 말입니다.

그러므로 보통 이십 몇 세에 조실되고 삼십에 조실되고 한 분들은 제가 생각할 때는 좀 실례되는 말씀이나 통달위까지 가지 않고서 사선근 위의 적당한 곳에서 재미있고 알음알이가 생기니까 공부가 되었다고 그래가지고 평생 동안 그 자리에서 있는 것 같단 말입니다.

그렇기 때문에 그런 문제는 저는 미국에 가서도 봤습니다만 한국불교에 국한되는 문제가 아니라 일본불교도 다분히 그런 경향이 있습니다. 그래서 그 티베트불교, 일본불교, 스리랑카불교, 저는 지금 다 가봤습니다. 그런데 역시 그런 식으로 해서는 도인이 나올 수가 없다고 생각이 된단 말입니다.

그러니까 현재 모두 정체해 있는 상태이고, 그로 인해서 일반 사람들한테 환멸을 주고 있는 실정입니다.

 세계일가를 만드는 한국의 정통선맥

그래서 역시 우리 한국에서 원효대사(元曉大師), 의상대사(義湘大師), 대각국사(大覺國師), 보조국사(普照國師), 서산대사(西山大師) 그렇게 흘러 내려오는 그 선맥(禪脈)이 역시 세계 불교를 틀림없이 앞으로 제패(制覇)를 한다고 저는 확신을 합니다. 그분들은 정확히 깨달은 분들이기 때문입니다. 우리 한국의 정통 선맥만이 세계일가(世界一家)를 만들 수 있다고 확신합니다.

꼭 앞서 말씀드린 사선근, 난법은 우리 범부의 어둠컴컴한 마음이 가시면 마음이 활짝 열리는 단계입니다. 이른바 우리 마음이 열려 오면서 머리도 가슴도 시원하단 말입니다.

그러한 것은 우리 생리적인 건강하고는 관계가 지대합니다. 그런 경계를 맛본 사람들은 어디가 피로해도 그냥 풀려버린단 말입니다. 그리고 웬만한 병균 같은 것이나 유행병 같은 것도 침범을 못합니다. 혈액 순환이 왕성하고 맑으므로 자연히 그렇게 되는 것입니다.

이렇게 난법상은 전신이 전류에 감전된 모양으로 시원스럽게 될 때고, 정법상은 어렴풋이 이제 시원스러운 가운데 그야말로 맑은 그런 광명이 바로 나올 때고, 인법상은 그 광명이 보다 더 영롱하고, 그리고 세제일법상은 그런 광명이 그야말로 자마금색(紫磨金色)으로 변화해 오는 것입니다.

이렇게 되면 이제 우리 생리도 바뀌지는 것입니다. 그런 경계를 참고로 하셔서 공부하시기 바랍니다.

 큰스님의 「마음의 고향」 법문집에서 정법의 향기를 항상 느낍니다만, 재가불자들이 세속에서도 닦을 수 있는 몇 가지 방편을 말씀해 주시면 감사하겠습니다.

공사상과 중도사상

제 경험으로 비추어 보나 일반적인 많은 수행자들을 접하면서 느낀 바도 있고 다 그럽니다만 앞서도 말씀드린 바와 같이 먼저 공사상(空思想)에 대해서 보다 철저해야 되겠어요. 그와 동시에 중도사상(中道思想)을 우리 공부하는 수련과정에서 참구를 하셔야 되겠지요.

그래서 반야심경을 제가 먼저 많이 읽힙니다. 반야심경은 금강경에 들어있는 반야 공사상의 이른바 압축이라고 볼 수가 있습니다. 그렇기 때문에 짤막해도 절에서나 어디서나 반야심경을 독송을 많이 하지 않습니까.

그런데 일반 분들은 반야심경을 읽기만 하지 사실은 별로 깊은 뜻을 음미를 별로 하지 않은 것 같은 생각이 든단 말입니다. 그래서 앞으로 반야심경을 바르게 해석하시면서 누구든지 읽어야 한다고 생각이 됩니다.

그리고 여기 있는 분들은 물리학도 공부도 많이 하시고 석학들이 계십니다만 사실 현대물리학도 공도리는 다 증명을 하고 있으므로 그런 면으로 본다고 할지라도 공사상은 현대 젊은이들이 우리가 설명만 좀 잘 하면 충분히 납득하리라고 생각합니다.

우선 그 에너지라는 것이 하나의 공간성이나 시간성이 없는 것이기 때문에 공간성이나 시간성이 없는 파동이 적당히 모양을 나투고 결합해서 여러 가지 원소가 생기고, 인간세포가 생기고, 물질이 형성된다고 생각할 때에 원래 시공이 없는 존재이기 때문에 그것이 결합되고 어떻게 모양을 나투어도 내내야 똑같은 공 아닙니까.

  그렇기 때문에 그런 의미에서 공으로만 일단 철저하면 모두는 슬슬 풀려 갑니다. 그러나 공이라는 것은 다만 공이 아니지 않습니까.

  진여불성으로 우주는 충만해 있다.

  우리가 보는 현상적인 허상보고 없다는 것이지 아무것도 없는 허무는 아닙니다. 알맹이는 결국 이른바 순수에너지는 존재한단 말입니다. 그것이 바로 진여불성입니다. 그렇기 때문에 진여불성 자리를 제대로 말한 것이 이른바 중도법문인데 불교에서는 가장 고도한 법문입니다.

  화엄경, 법화경, 또는 용수보살의 중관론(中觀論)의 법문이 중도법문 아닙니까. 대승불교는 용수보살 때 비로소 빛이 났습니다.

  그 이전에 부처님께서도 다 포함해서 말씀을 하였겠지만 정식으로 대승적인 것을 똑 떨어지게 구분해서 말씀하신 것은 용수보살 때 비로소 했습니다.

그렇기 때문에 부처님 때의 사상도 중도사상이 다 포함은 되어 있었지만 이렇게 별도로 세우지는 안했는데 용수보살 때 비로소 따로 떼어서 중도 대승을 말씀을 한 셈입니다.

 일심삼관과 보리방편문

용수보살이 내놓은 책 가운데 보리심론(菩提心論)이라는 책이 있습니다.

용수보살이 출현하신 때는 부처님 가신 지 약 250년 뒤입니다. 그러니까 서기보다는 약 300년 전의 분이지요. 헌데 그 분이 그 당시에 최고 지성들한테 설한 가장 고도의 수행 법문이 보리심론에 있습니다.

이와 같이 고도한 대승의 수행 법문이 있는 용수보살의 보리심론의 수행문을 보다 압축시켜서 금타대화상(金陀大和尚)께서는 보리방편문(菩提方便門)을 찬술하셨습니다. 그것은 중도사상을 아주 간명하게 표현했습니다. 지금까지 나와 있는 모든 불교 서적을 보아도 중도사상을 이처럼 간명히 압축한 것은 저는 아직 못 보았습니다.

그리고 그 중도사상을 하나의 체계로 세우신 분은 중국의 천태(天台)스님입니다. 천태스님의 중도사상의 불교체계가 가장 세밀합니다. 때문에 불교를 학문적으로 공부할 때는 꼭 천태학을 먼저 하라는 그런 말씀이 있습니다.

그런데 천태학의 결론 같은 것이 일심삼관(一心三觀)입니다. 내 한 마음에서 세 가지의 경계를 본단 말입니다. 세 가지 경계는 공, 가, 중(空, 假, 中)이라, 빌 공(空), 거짓 가(假), 가운데 중(中)입니다.

불교철학에서 가장 고도한 수행법은 일심삼관입니다. 이 마음에서 느끼는 모두가 본래로 비었다. 그것이 공인 것이고, 그러나 또 인연이 있으면 다시 모양이 나오나 그것은 참말로 있는 것이 아니라 인연 따라 잠시간 모양을 나투기 때문에 그때는 거짓 가(假)자 가를 써서 가라고 그러지요. 그러나 실상은 공도 아니고 가도 아니며 공과 가를 다 포함하므로 그때는 중(中)이란 말씀입니다.

그와 같이 어느 것에나 다 내 마음에도 역시 공과 가와 중이 다 들어 있고, 어떠한 존재나 우리가 바로 본다고 생각할 때는 이제 공과 가와 중이란 말씀입니다. 그래서 모두를 다 일체존재를 공, 가, 중으로 우리가 관찰하는 것이 이른바 실상관(實相觀)입니다.

그런데 그 보리방편문의 법, 보, 화 삼신불(三身佛)은 공, 가, 중하고도 유사합니다. 공, 가, 중은 하나의 원리로만, 지적으로만 추구한 것인데 보리방편문은 원리인 동시에 하나의 생명으로 추구했던 것입니다. 부처님이라는 것은 하나의 생명입니다.

그렇기 때문에 법신(法身), 보신(報身), 화신(化身)이란 이름을 붙인 것이고 따라서 우리 마음의 본체인 동시에 우주 모두의 근본 궁극적인 것은 아미타불(阿彌陀佛)입니다.

다시 말씀드리면 일시삼관의 공이 바로 법신이고, 그러나 다만 빈 것이 아니라 그 가운데는 자비나 지혜나 행복이나 일체만공덕이 충만해 있단 말입니다. 그것이 이른바 보신이고, 또 법신과 보신을 근거로 해서 이루어지는 현상계 이것은 그때는 화신입니다.

그러므로 이제 법신, 보신, 화신으로 그때는 우주를 다 하나의 체계로 포괄해버린단 말입니다.

그러나 셋이 아니고 하나이기 때문에 이른바 삼신일불(三身一佛), 그래서 아미타불(阿彌陀佛)입니다.

나무아미타불! 나무아미타불!

미래를 여는 지식의 힘—
(주)상상나무 :: 도서출판 상상예찬
http://www.smbooks.com Tel. 02-325-5191